Gabriele Kawamura-Reindl, Rolf Keicher, Wolfgang Krell (Hrsg.)

Migration, Kriminalität und Kriminalisierung
Herausforderung an Soziale Arbeit und Straffälligenhilfe

Gabriele Kawamura-Reindl, Rolf Keicher,
Wolfgang Krell (Hrsg.)

Migration, Kriminalität und Kriminalisierung
Herausforderung an Soziale Arbeit
und Straffälligenhilfe

Lambertus

Die Deutsche Bibliothek – CIP-Einheitsaufnahme

Ein Titeldatensatz für diese Publikation ist bei
Der Deutschen Bibliothek erhältlich

Alle Rechte vorbehalten
© 2002, Lambertus-Verlag, Freiburg im Breisgau
Umschlaggestaltung: Christa Berger, Solingen
Satz und Layout: Ursi Aeschbacher, Emmendingen
Herstellung: Franz X. Stückle, Druck und Verlag, Ettenheim
ISBN 3-7841-1411-3

Inhalt

Vorwort

Der lange von der Politik bestrittene Wandel zu einer ethnisch pluralen Gesellschaft in Deutschland ist längst in vollem Gang. Seit 1954 sind rund 31 Millionen Deutsche und Nichtdeutsche aus dem Ausland in die Bundesrepublik gezogen. Die Ursachen für Migrationsbewegungen von einem Land in ein anderes liegen, wie die Vereinten Nationen 1994 feststellten, in den internationalen wirtschaftlichen Ungleichheiten, in der Armut, in der Verschlechterung der Umweltbedingungen, in der Verletzung der Menschenrechte, in Unfrieden und Unsicherheit. Manchmal reicht schon einer dieser Faktoren, damit sich Menschen zur Migration entschließen; vielfach aber sind es mehrere, sich anhäufende Gründe. Viele Aufnahme-Migrationsgesellschaften unterscheiden zwischen den verschiedenen Gruppen von Migranten. Die einen werden als Arbeitsmigranten, andere als Exilanten, wiederum andere als (Bürgerkriegs- oder Kontingent-)Flüchtlinge, Aussiedler, Vertriebene, Asylbewerber, als legal und gesetzmäßig Eingewanderte oder als illegale Einwanderer bezeichnet.[1]

Weltweit, europa- und auch bundesweit gibt es zunehmend mehr Menschen, die – mehr oder minder freiwillig – aus den oben genannten, unterschiedlichen Gründen Grenzen von wirtschaftlich bzw. demokratisch weiter entwickelten Ländern überschreiten, um innerhalb dieser Grenzen ihre Existenz neu zu begründen. Wenngleich die Reglementierung der Anzahl und der Bedingungen der in die Bundesrepublik Deutschland zuwandernden Menschen wieder zur politisch-symbolischen Verfügungsmasse im Wahlkampf zu werden droht, haben tatsächlich bereits heute etwa 30% aller Kinder und Jugendlichen in Deutschland einen Migrationshintergrund. Hierzu zählen die Kinder und Kindeskinder der Arbeitsmigrantinnen und -migranten, der Asylbewerberinnen und -bewerber sowie der Aussiedlerinnen und Aussiedler und der Kontingentflüchtlinge.

Während wir nun einerseits eine Tendenz zur Globalisierung aller wichtigen Aspekte des gesellschaftlichen Lebens verzeichnen, ist andererseits – und

---

[1] Aus Gründen der besseren Lesbarkeit wird weitgehend die männliche Form verwendet, obwohl in Bezug auf Migration beide Geschlechter gemeint sind. Die überwiegende Verwendung der männlichen Form trägt u.a. dem Umstand Rechnung, dass sich Kriminalisierung und Kriminalität vorwiegend als männliches Problem darstellen.

nicht unabhängig davon – eine gegenläufige Tendenz beobachtbar, eine gesellschaftliche Fragmentierung, „ein Zerfall der Einheiten zu Bruchstücken bis hin zur vordergründigen Bevorzugung des Eigenen, des Nächsten, des Ortes und der kleinen und überschaubaren Gruppe, der man angehört".[2] Die durch Teile der Politik und der Medien immer wieder geschürte Angst vor „Überfremdung" hat – gepaart mit allgemeinen Unsicherheitsängsten – in der bundesdeutschen Gesellschaft zu einem oft feindseligen Umgang mit Nichtdeutschen und Menschen mit Migrationshintergrund geführt, zu deren stärkerer Kriminalisierung und letztlich zu einer rigiden Abschiebungs- und Ausweisungspraxis. Gleichzeitig sind Migrationsprozesse für Migrantinnen und Migranten selbst begleitet von überaus belastenden Lebensumständen, Risiken, Krisen und Belastungen, die im günstigsten Fall konstruktiv bewältigt werden und in ungünstigen Fällen zu Ausgrenzungs-, Stigmatisierungs- und Selbststigmatisierungstendenzen führen können. Hiervon scheinen besonders Jugendliche betroffen zu sein. Für einen Teil dieser Jugendlichen findet keine Eingliederung in die Gesellschaft, sondern eine identitätsstabilisierende Integration in die eigene ethnische Randgruppe statt.

Eine der Konsequenzen ist, dass die Straffälligenhilfe sich seit vielen Jahren im (Jugend-)Strafvollzug und in der Untersuchungshaft, aber auch in den sog. ambulanten Maßnahmen und der Bewährungshilfe mit den Herausforderungen eines steigenden Anteils an Migranten auseinander zu setzen hat. Zu der kriminologisch beobachteten, registrierten und kommentierten Kriminalität von Nichtdeutschen ist in den letzten Jahren die Kriminalität und Kriminalisierung von Aussiedlern getreten. Das kompetente Interagieren von Fachkräften mit Migrantinnen und Migranten stellt die Praxis der Straffälligenhilfe angesichts der Kriminalisierungs-, Ausgrenzungs- und Abschiebungsprozesse von straffällig gewordenen Migranten vor ganz besondere Anforderungen, die nicht nur durch die fachliche Kompetenz, sondern ganz zentral durch den institutionellen und politischen Rahmen dieser Arbeit geprägt ist.

Der in den letzten Jahren deutlich gestiegene Anteil an (jungen) Menschen mit Migrationserfahrungen hat in der Sozialen Arbeit aber auch Ansätze kulturübergreifender (interkultureller) Kompetenz erzeugt, die das notwendige Wissen um Migrationshintergründe und -biografien, Lebenslagen von Migrantinnen und Migranten, den Einsatz adäquater Methoden, die Bereit-

---

[2] Aristu, Jesús Hernández: Die Migrationsgesellschaft: Situation, Entwicklung, Konsequenzen, Vortrag auf dem 10. Bocholter Forum: 20.-22. Oktober 2000, URL: http://www.ibs-network.de/ferkel/hernandez-migration.shtml, am 6.4.2002.

schaft und Fähigkeit, sich auf verschiedene Lebenswelten einzulassen und die sozialadministrativen und ausländerrechtlichen Kenntnisse zur Durchsetzung der fachlichen Ziele zum Inhalt haben. In der Konsequenz dieser Entwicklung vollzieht sich dabei eine teilweise Abkehr von einer ehemals spezialisierten Ausländerberatung für bestimmte ethnische Gruppierungen hin zu einem neuen Anforderungsprofil, das interkulturelle Kompetenz als allgemeine und generelle Handlungskompetenz in einer als kulturübergreifend verstandenen Sozialen Arbeit fordert.

Der vorliegende Band will mit seinen unterschiedlichen Beiträgen die Grundlagen für diese Entwicklungen aufgreifen, beschreiben und weiterführen. Die Beiträge in diesem Band basieren weitgehend auf Vorträgen anlässlich der Fachwoche Straffälligenhilfe 2001, die unter dem Thema „Migration, Kriminalität und Soziale Arbeit" vom 26. bis 30. November 2001 von der Evangelischen Konferenz für Straffälligenhilfe und der Katholischen Bundesarbeitsgemeinschaft für Straffälligenhilfe in Bergisch-Gladbach veranstaltet wurde.

Wolf-Dietrich Bukow beschäftigt sich in seinem Beitrag „Fremdheitskonzepte in der multikulturellen Gesellschaft" mit der Frage, wie wir mit Eigenem und mit Fremdem umgehen und nach welchen Kriterien wir bereit sind, Fremdes und Fremde zu integrieren. Den Ausgangspunkt seiner konstruktivistischen Überlegungen bildet die Annahme, dass Fremdheit keine „vorgängige Eigenschaft" ist, wie traditionelle Deutungsversuche glauben machen, sondern Fremdheit ist eine Konstruktion, die der Konstruktionsleistung des „Eigenen" gegenübergestellt wird. Damit haben sich in unterschiedlichen persönlichen und gesellschaftlichen Handlungskontexten keine einheitlichen, sondern eher funktionale, situations- und interessengebundene Formen und Kriterien für Ausgrenzung und Integration herausgebildet.

Rainer Geißler und *Gabriele Kawamura-Reindl* treffen eine kriminologische Einschätzung der Kriminalität von Nichtdeutschen oder im Ausland geborenen Deutschen. Rainer Geißler greift in seinem Beitrag „‚Ausländerkriminalität' – Vorurteile, Missverständnisse, Fakten; Anmerkungen zu einer vielschichtigen Problematik" einige Verzerrungseffekte auf, die sich bei genauerer Betrachtung der offiziellen Kriminalstatistiken stets ergeben und die das öffentliche Bild vom „kriminellen Ausländer" erheblich relativieren. Er zeigt, wie der Mediendiskurs zum Thema verläuft und entlarvt Art und Umfang einer undifferenzierten Dramatisierung und Stigmatisierung von Nichtdeutschen im Kontext zu Kriminalität als funktional für eine restriktive Ausländerpolitik und Legitimierung fremdenfeindlicher Gewalt.

In ihrem Beitrag „Der ‚kriminelle Aussiedler' – das neue Problemkind der Institutionen sozialer Kontrolle?" beleuchtet Gabriele Kawamura-Reindl kritisch die seit einigen Jahren in der Kriminologie und der Sozialen Arbeit mit Straffälligen anhaltende Thematisierung der Kriminalität von überwiegend aus der ehemaligen Sowjetunion stammenden jungen Aussiedlern. Einer Betrachtung von möglichen Ursachen für Kriminalität und Kriminalisierung dieser Gruppe folgen Perspektiven für den Umgang mit Delinquenz und Kriminalisierung junger Aussiedler, die insbesondere auf die Verantwortung der Jugendhilfe und der Jugendstraffälligenhilfe verweisen.

Einen Perspektivwechsel hin zu einer subjektiven Sichtweise eines Betroffenen nimmt *Klaus Jünschke* mit seinem Beitrag „Just for Fun" vor, in dem er einen in Deutschland geborenen türkischen Jugendlichen schildern lässt, wie seine persönliche Entwicklung in die vorläufige Endstation Strafvollzug verlaufen ist. Mit seiner qualitativen Studie, die die Aussagen des Jugendlichen zwar aus sozialwissenschaftlicher Perspektive kommentiert, aber bewusst dessen subjektive Sichtweisen und Deutungsmuster in den Mittelpunkt stellt, trägt Jünschke dazu bei, Ausgrenzung als einen allmählichen, teilweise subtilen und jedenfalls nicht einseitigen Prozess von struktureller Benachteiligung, Stigmatisierung, Selbststigmatisierung, Entmutigung und Rückzug verstehbar zu machen.

Das Spannungsfeld der Straffälligenhilfe in der Arbeit mit Migrantinnen und Migranten zwischen Integrationserfordernissen und gesellschaftlichen Ausgrenzungen, die sich in einer Vielzahl ausländerrechtlicher Normierungen niederschlagen, nimmt schließlich *Kai Bammann* in den Blick. In deutlicher Schärfe zeigen sich die ausländerrechtlichen Konsequenzen von Delinquenz im Strafvollzug. Bammann schildert die besonderen Belastungen und Benachteiligungen nichtdeutscher Inhaftierter im Hinblick auf Ausbildungs-, Freizeitmaßnahmen und Vollzugslockerungen, die sich v.a. aus ihrem oftmals ungeklärten ausländerrechtlichen Status ergeben.

Den strafvollzuglichen Aspekt ergänzt *Stephan Schlebusch* durch seinen Praxisbeitrag „Ausländer im Erwachsenenvollzug – Zur Situation und Möglichkeiten der Hilfe". Er konstatiert erhebliche strukturell-konzeptionelle Mängel bei der Ausländerarbeit im Strafvollzug, verzeichnet – wie Bammann – deutliche Benachteiligungen von inhaftierten Ausländern hinsichtlich der Teilhabe an reintegrativen Maßnahmen und entwickelt Eckpunkte für eine konzeptionell angemessene Gestaltung der Betreuung Nichtdeutscher im Strafvollzug.

Dietmar Czycholl beleuchtet in seinem Beitrag „Migration als Krise und Prozess – Anforderungen an sozialpädagogische Hilfen" die besonderen

Probleme, die eine Migration und ein Neubeginn in einer anderen Welt mit sich bringen, und formuliert – vor dem Hintergrund von Erfahrungen aus der Drogenhilfe – grundsätzliche Anforderungen, die eine sozialpädagogische Arbeit mit Migranten aus dieser oft tiefgreifenden Identitätskrise ziehen sollte.

Ausgehend von einer überholten, die Migrationsarbeit weitgehend an nationalitäten- und migrantenspezifische Sonderdienste delegierenden Sozialen Arbeit formuliert *Stefan Gaitanides* in seinem Beitrag „Interkulturelle Kompetenz als Anforderungsprofil in der sozialen Arbeit" die Notwendigkeit einer interkulturellen Ausrichtung und Öffnung der sozialen Regeldienste, für die freilich entsprechende Rahmenbedingungen geschaffen werden müssen. Er beschreibt fachliche Aspekte und Ziele interkultureller Kompetenz, plädiert für eine ressourcenorientierte Soziale Arbeit mit Migrantinnen und Migranten und beleuchtet den Machtaspekt in der interkulturellen Sozialen Arbeit aus dem Blickwinkel der verschiedenen Beteiligten.

Die Tatsache, dass vor allem in den sozialpädagogischen „Endstationen" (Strafvollzug, Psychiatrie, Inobhutnahme von Jugendlichen) zunehmend und überproportional Menschen mit Migrationshintergrund repräsentiert sind, verweist nicht nur auf das teilweise Versagen der (präventiven) Regeldienste, sondern auch auf die Notwendigkeit der Straffälligenhilfe, sich mit interkulturellen Ansätzen zu beschäftigen. Den Beitrag von Gaitanides, der Notwendigkeiten, Hindernisse und Möglichkeiten interkultureller sozialer Arbeit in Regeldiensten beleuchtet, ergänzt *Steffen Kircher* durch eine praxisbezogene Darstellung der Ziele, Inhalte, Methoden interkultureller Trainings für Regeldienste und Einrichtungen und beschreibt deren Relevanz und potentiellen Nutzen für die Soziale Arbeit.

Der staatliche und gesellschaftliche Umgang mit Migration, mit Migrantinnen und Migranten ist selbst innerhalb Europas keineswegs einheitlich. Abschließend beleuchtet *Günther Sander* in seinem Aufsatz „Soziale Arbeit und Migration in Europa am Beispiel Schwedens, Italiens und Portugals" drei Länder, die mit ihrer Einwanderungspolitik und ihren Hilfsangeboten für Migranten sehr unterschiedliche Wege beschreiten und stellt v.a. die portugiesische Legalisierungs- und Integrationspolitik als beispielhaft für den Umgang mit Migranten dar.

Die große Bandbreite der Beiträge und Perspektiven zum Thema „Migration, Kriminalität und Kriminalisierung – Herausforderung an Soziale Arbeit und Straffälligenhilfe" zeigt die Vielschichtigkeit und die verschiedenen Dimensionen der Thematik. Der vorliegende Band kann nur einen Teil der relevanten Aspekte beleuchten und soll erste Ansatzpunkte für eine konzeptionelle Weiterentwicklung der Arbeit mit Migrantinnen und Migranten in der Sozialen Arbeit, auch mit straffällig gewordenen Menschen, bieten. Dass die fachliche Weiterentwicklung gerade in diesem Bereich aber nicht losgelöst von politischen, strukturellen und finanziellen Rahmenbedingungen erfolgen kann, zeigen übereinstimmend alle Beiträge.

Nürnberg, Stuttgart, Augsburg im April 2002

Gabriele Kawamura-Reindl, Rolf Keicher und Wolfgang Krell

Aneignen und fremd machen. Über Einheimische und Fremde in einer Gesellschaft ohne Zentrum

Wolf-Dietrich Bukow

Sobald man sich dem Thema „Fremdheit" nähert, stellt man fest, dass es hier extrem unterschiedliche Ansichten gibt und dass diese Ansichten aus sehr verschiedenen Perspektiven heraus entwickelt werden. Die einen benutzen eine anthropologische Perspektive und beziehen sich auf so etwas wie tief eingeschriebene Fremdheitsängste, andere verwenden eine eher historische oder ethnologische Sicht und argumentieren mit der immer schon bzw. überall zu beobachtenden Abwehr von Fremdheit. Aus psychologischer Sicht wird auf das „Fremdeln" kleiner Kinder verwiesen. Soziologen und Pädagogen wiederum thematisieren die Fremdheit häufig im Blick auf Zuwanderer, die als Fremde eintreffen, sich folglich der neuen Gesellschaft einzupassen und ihre mitgebrachten Einstellungen (ihre Fremdheit) zu transformieren haben. In jedem Fall erscheint die Fremdheit als eine Thematik, die auf einer dem anderen eigenen („intrinsischen") Eigenschaft beruht und der in der Begegnung eine geradezu grundständige Bedeutung zukommt. Diese grundständige Bedeutung wird dann noch einmal besonders in Richtung „bedrohlich", „gefährlich", „unüberwindbar" akzentuiert.

Allerdings gibt es in der einschlägigen Diskussion auch noch eine andere Tendenz. So macht schon sehr früh Alfred Schütz darauf aufmerksam, dass im Grunde jeder im Blick auf jeden ein „Fremder" ist. Und heute finden wir in konstruktivistischen Arbeiten die These, dass das „Fremde eine Konstruktionsleistung des „Eigenen" darstellt, dass Fremdes also nur als Projektionsfolie für eigene Entwürfe und Interessen existiert. So hat z.B. Nora Räthzel gerade erst die Funktionalisierung des Fremden für die Etablierung einer eigenen nationalen Identität beschrieben.[1] Und ich selber habe an anderer Stelle ähnlich argumentierend dargelegt, dass der Fremde (z.B. in der Chiffre „Feindbild") nur aus der Perspektive der Durchsetzung eigener Ansprüche zu begreifen ist.[2] In eine ähnliche Richtung weisen auch die Arbeiten von Ortfried Schäffter, der das Fremde einerseits als Projektionsfolie, andererseits aber auch als Stimulus beschreibt und deshalb geradezu ein

---

[1] N. Räthzel: Gegenbilder: Nationale Identität durch Konstruktion des Anderen. Opladen 1997.
[2] W.-D. Bukow: Feindbild Minderheit. Opladen 1997.

Lob der Fremdheit anstimmt.[3] Genau besehen heißt das, das Fremde wird aus der Perspektive des „Eigenen" entworfen und in diesem Fall für die Zwecke des Eigenen auch noch instrumentalisiert.

So zeichnet sich eine Umkehr der Perspektive bei der Einschätzung des „Fremden" ab. Und diese Umkehr ist nicht ganz zufällig entstanden. Sie hat damit zu tun, dass in den Sozialwissenschaften wichtige Eigenschaften zunehmend aus einer lebenspraktischen Perspektive und damit als Konstruktionen gesehen werden. Wenn man so verfährt, sehen die Dinge anders aus: Die Bedeutung der Fremdheit erschließt sich im Kontext des Entwurfs und Vollzug des Alltagslebens als das, was als Nicht-Gültiges außerhalb des Horizontes vorgestellt wird und dann gegebenenfalls auch für bestimmte Zwecke instrumentalisiert wird. Machen wir es noch etwas deutlicher: Die traditionellen Deutungsversuche rechneten der Fremdheit eine vorgängige Eigenschaft zu, argumentierten also unter den Bedingungen einer gelebten Alltagserfahrung, übernahmen also immer die mit dem Konzept „Fremdheit" historisch verknüpfte bedeutungsmäßige Ausstattung. Aus konstruktivistischer Perspektive dagegen werden diese Ausstattungen „als erst noch zu Deutende" mit einbezogen. Jetzt geht es nicht mehr darum, die Auswirkungen einer bedrohlichen Fremdheit zu erfassen und von dort aus noch einmal auf die tatsächliche Bedrohlichkeit zurückzuschließen, sondern anders herum darum, zu fragen, aus welcher Perspektive heraus es dazu kommt, dass und in welchem Kontext es im Alltagshandeln zu Fremdheitsbeschreibungen und ggf. zu deren Instrumentalisierung der Bedrohlichkeits- oder Unüberwindlichkeitsvorstellung kommt.[4]

In der zuletzt angedeuteten konstruktiven Richtung möchte ich nun einige Überlegungen skizzieren. Das bedeutet, sich zunächst mit dem Aufbau des Alltagslebens zu befassen und hier die Punkte zu markieren, an denen Fremdheitsentwürfe verankert werden. Es bedeutet dann aber auch, sich über die konkreten gesellschaftlichen Besonderheiten zu verständigen, die heute und jetzt die Fremdheit zu einer „story" von unerhörter Kraft werden lassen.[5] Und zum Schluss wäre zu überlegen, inwieweit und mit welchen

---

[3] Vgl. O. Schäffter (Hg.): Das Fremde. Erfahrungsmöglichkeiten zwischen Faszination und Bedrohung. Opladen 1991.

[4] Vgl.: W.Winterstein: Pädagogik des Anderen. Münster 2000 S.166ff.

[5] „Als story line lassen sich Erzählungen sozialer Wirklichkeit definieren, durch die Elemente aus vielen unterschiedlichen Gebieten miteinander verknüpft werden und dabei den Akteuren ein set symbolischer Assoziationen an die Hand geben, die so ein geteiltes Verständnis suggerieren ..." (so Maarten A. Hajer in: Soziale Welt 1997/2, S.107ff, hier S.13).

Folgen es zu der uns heute schon fast selbstverständlichen Instrumentalisierung des Fremden kommt.

1. WIE SICH DER ALLTAG ZUSAMMENFÜGT UND WELCHE ROLLE DIE FREMDHEIT SPIELT

Wenn wir, wie angemerkt, der „Fremdheit" im Alltag keine a priori verankerte Rolle und damit auch keine vorgängigen Eigenschaften zubilligen wollen, dann müssen wir die Fremdheit als eine spezifische Konstruktion deuten, die im Vollzug des Alltagslebens mit konstruiert wird. Dann aber müssen wir uns zunächst über die Schnittstelle im Aufbau des Alltags verständigen, an der überhaupt eine solche Konstruktion ein- oder angefügt werden mag. Wir sollten uns zusätzlich noch einen Schritt davor zunächst einmal darüber Klarheit verschaffen, wie sich der Alltag zusammenfügt und unter welchen Bedingungen es überhaupt zu einer solchen „Schnittstelle" kommen mag, zu so etwas wie einer Schnittstelle, die dann für die vorliegende Fragestellung relevant werden kann. Gehen wir schrittweise vor. Bei der Frage, wie sich der Alltag zusammenfügt, stößt man sehr schnell auf den Begriff des sinnhaften, sozialen Handelns (Max Weber) und damit zu der Vorstellung, dass wir unser Alltagshandeln um bestimmte Themen herum konzentrieren. Wie schon Alfred Schütz[6] das beschrieben und später z.B. Erving Goffman[7] ausgeführt hat, entwerfen wir unseren Alltag zwar gewohnheitsmäßig, aber doch stets unter einem bestimmten thematischen Gesichtspunkt. Mein Vorschlag ist hier, sich zunächst relativ unbefangen damit zu befassen, wie wir unser Alltagshandeln zentrieren, thematisch aufbauen und dann auch durchführen.

Wir handeln im Alltag nach bestimmten Zielen und mit entsprechenden Mitteln. Je nach der Art der Ziele und Mittel erfasst unsere Tätigkeit kleinere oder größere Aspekte dessen, was denkbar, verfügbar, erreichbar oder begreifbar ist. Handeln erscheint dann zeitlich, räumlich und inhaltlich konzentriert. Das bedeutet aber umgekehrt auch: zeitlich, räumlich und inhaltlich begrenzt. Bei genauerer Betrachtung ist also die Begrenzung einer Handlungssituation eine logische Konsequenz der erforderlichen thematischen Konzentration. Sie erzwingt geradezu die Setzung eines relativ engen

---

[6] A. Schütz: Das Problem der Relevanz. Frankfurt 1971.
[7] E. Goffman: Interaktionsrituale. Über Verhalten in direkter Kommunikation. Frankfurt 1978.

Horizontes und zieht damit eine situative Beschränkung nach sich, die sich dann als räumliche, zeitliche und inhaltliche Beschränkung darstellt. Der thematische Gesichtspunkt wirkt im Handeln wie ein Kristallisationskern oder Fokus. Der Fokus bildet dann gewissermaßen die Leitdifferenz für die Frage, was jetzt alles wichtig ist, welche Handlungsmuster in der aktuellen Situation „Sache sind", welches Drehbuch verwendet werden soll, welche Deutungen einzubeziehen sind, welche Normen und Werte für den Augenblick konstitutiv erscheinen. Dies gilt für mich selbst genauso wie für den oder die anderen, die hier mit teilnehmen. Damit ist aber auch noch etwas anderes gesagt und das wird für die vorliegende Fragestellung besonders wichtig: Alles, was nämlich nicht thematisch ist, bleibt, ob es nun ins Blickfeld rückt oder ob es das nicht tut, grundsätzlich „außen vor", es wird bis auf Weiteres ignoriert.

Man kann sich das sehr gut an einem lebenspraktischen Beispiel, etwa einem Kinobesuch klar machen: Ein Besuch wird geplant, Freunde werden angesprochen, ein Film wird ausgesucht, die Zeiten werden abgeklärt, die Unternehmung wird wie üblich bis zum Schluss „abgewickelt". Im Verlauf der Unternehmung wird man automatisch mit vielen Personen, Vorkommnissen, ja gelegentlich auch Zwischenfällen konfrontiert, die alle ausgeklammert werden müssen, um sich von seinem Ziel nicht ablenken zu lassen bzw. um den Kinobesuch nicht zu gefährden. Freunden, die man unterwegs zufällig trifft, wird allenfalls zugenickt, Schaufenster, die einen locken, werden geflissentlich ignoriert. Die thematische Konzentration leitet gradlinig zum Ziel und erzeugt über die Leitdifferenz „Kino" eine Relevanzstruktur, vor der alles andere als irrelevant erscheint, mag es auch unter anderen Bedingungen noch so relevant erscheinen.

Freilich wird es gelegentlich unklar sein, was tatsächlich zur Sache dazugehört und was nicht, wer sich z.B. noch als Mitspieler eignet, welche Bausteine für die Situation ggf. zusätzlich erforderlich sind, was also noch einbezogen werden muss, um unter den aktuellen Bedingungen auch effektiv handeln zu können. In diesem Fall geht es um die richtige Eingrenzung und damit auch um die richtige Einschätzung dessen, was „noch nicht" bzw. „nicht" bzw. „nicht mehr" dazugehört.

Im Beispiel oben wäre daran zu denken, dass ein Bekannter auftaucht, den man eventuell fragt, ob er noch mitkommen will; im Kino noch ein weiterer Film spielt, der möglicherweise mehr Interesse erweckt; man im Kino neben jemandem zu sitzen kommt, der ständig stört ...

In diesem Fall wird der gewohnheitsmäßige Erwartungshorizont fraglich, scheint eine Prüfung der Angelegenheit angebracht. Dann bedarf es bestimmter Ordnungsmaßnahmen, Anpassungsstrategien, Verfahren der Abklärung. Je nach den Vorerwartungen gegenüber dem zu prüfenden Sachverhalt werden diese entweder positiv, negativ oder offen bzw. testend angelegt. Besonders beliebt sind in diesem Zusammenhang erfahrungsgemäß Rituale. Sie machen es in jedem Fall leichter, solche Anpassung zu organisieren und hinreichend schnell zu einem Ergebnis zu gelangen.

Insgesamt betrachtet ergeben sich aus der Perspektive des Alltagshandelns damit drei Ebenen:

• Zunächst erscheint das Handeln unter einem eher gewohnheitsmäßigen Vorzeichen. Eine Handlung wird im Rahmen eines entsprechenden Settings entwickelt, realisiert und abgeschlossen, eben „in Selbstverständlichkeit".

• Treten besondere Ereignisse ins Blickfeld, muss geprüft werden, inwieweit sie sich mit der Leitdifferenz der Situation vertragen. Hier sind verschiedene Praktiken der Prüfung denkbar.

• Entscheidend ist schließlich, dass alles, was sich sonst noch ereignen mag und auf die Situation einwirken könnte, aber letztlich irrelevant bleiben soll, systematisch ausgeblendet bleibt. Entweder wird es überhaupt nicht erst wahrgenommen, oder es wird sofort wieder aus dem Blickfeld verdrängt.

Man kann davon ausgehen, dass die thematische Konzentration durch die Fülle aller denkbaren Möglichkeiten gleichsam eine Schneise zieht und damit nur einen verschwindend geringen Anteil dessen, was alles möglich wäre, tatsächlich für das eigene Vorhaben realisiert und in den Entwurf des gewollten Handelns einbezieht. Das soll die folgende Tabelle knapp andeuten:

Was zur Situation thematisch gehört:		Was sich außerhalb des Situationshorizontes befindet:
... wird gehandhabt	... wird geprüft	... bleibt außerhalb
in Selbstverständlichkeit	Positive Rituale Testrituale Negative Rituale	unbemerkt ignoriert tabuisiert

Der Stellenwert des „Fremden" wird vor diesem Hintergrund schnell deutlich. Alles, was sich außerhalb der thematischen Relevanz befindet, erscheint damit zunächst einmal als „fremd" als virtuell fremd. Fremd heißt

nichts anderes als „nicht-thematisch". Zugleich wird aber auch deutlich, dass das Fremde nicht aus sich selbst heraus fremd ist und auch nicht auf Dauer fremd bleiben muss. Vielmehr kommt es auf die Situation und auf die thematische Linie an, was alles von „außen" eine Chance hat, einbezogen zu werden, und was generell außen vor bleibt. Die Thematik der Situation spiegelt sich gewissermaßen negativ-reziprok in der Fremdheit. Damit wird zugleich deutlich, dass von Situation zu Situation jeweils etwas anderes zum Fremden wird. Fremd „an sich" ist danach nichts. Noch etwas ist zu betonen. Das Fremde ist auch nicht an sich bedrohlich oder gefährlich. Vielmehr kommt es auch hier auf die Situation an, ob etwas bedrohlich wirken kann oder nicht. Wenn etwas Fremdes zu einer wirklichen Bedrohung wird, dann nicht wegen seiner Fremdheit, sondern wegen einer Eigenschaft, die die Situationsthematik selbst aufweist, etwa weil sie besonders sensibel, labil, instabil oder sonst wie gefährdet erscheint oder eben weil das Fremde in einer bestimmten Absicht mit Bedrohlichkeit „aufgeladen" wird.
Am Beispiel oben wäre an den Betrunkenen in der Straßenbahn oder den Chef vor dem Eingang zum Kino zu denken. Beide sind in der jeweiligen Situation Fremde, sogar irgendwie bedrohliche Fremde. Aber sie sind es qua Situation, in der man sich auf das Kino freut, keine Konflikte will ... Bei einer anderen Gelegenheit mag das ganz anders aussehen.

2. UNTER DEN BEDINGUNGEN DER MODERNE KOMMT ES EINERSEITS ZU VERMEHRTEN ABGRENZUNGEN UND DAMIT ZU MEHR „FREMDHEITSBESCHREIBUNGEN"

Im Alltag fortgeschrittener Industriegesellschaften findet sich eine Reihe von Entwicklungen, die das oben skizzierte Bild quantitativ verändern. Eher holzschnittartig möchte ich auf folgende Eigenschaften verweisen:

(a) Während in vormodernen Gesellschaften viele Alltagshandlungen mehr oder weniger fest gefügt, also in einem größeren Rahmen der Klasse oder Schicht und der spezifischen Familie und damit wohlumgrenzt erschienen, gestaltet sich das Handeln heute in deutlich kleineren Kontexten, allenfalls im Kontext eines spezifischen Milieus, oft aber auch hochsituativ.

(b) Während in vormodernen Gesellschaften die „Grundmelodie" des Alltags von Produktion und Reproduktion bestimmt war, also beim Handeln sehr viel von der Sache her gebotene äußere wie innere Zwänge leitend waren, erleben wir heute in vielen Bereichen eine spezifische Ausdifferenzierung des Handelns nach sehr unterschiedlichen Zielsetzungen, wobei weniger sachlich gebotene als vielmehr frei oder selbst gesetzte Themen leitend werden, sich also der individuelle Freiheitsspielraum deutlich erhöht hat.

(c) Während in vormodernen Gesellschaften die soziale, kulturelle und territoriale Mobilität wohlumgrenzt erschien, das vorhandene soziale, kulturelle und lokale Wissen beschränkt und kaum variierbar war, erleben wir heute eine Ausdifferenzierung sozialer, kultureller und lokaler Möglichkeiten, die dazu führen, dass Situationen nicht mehr fixiert, sondern virtuell und hochvariabel erscheinen. Eine Familie ist nicht mehr durch den Sonntagstisch definierbar, sondern verläuft, ja verliert sich in hochkomplexen Interaktionsmustern, deren Grundmelodie für den Außenstehenden gelegentlich schon nicht mehr rekonstruierbar ist: Ist das noch eine Familie? Oder: Ein Kinobesuch ist nicht mehr im Quartier und nicht mehr thematisch vorfixiert, sondern kann in eine entfernte Region und in eine bislang unvertraute Thematik führen.

Das hat für das Alltagshandeln selbstverständlich erhebliche Folgen. Der Alltag gliedert sich nicht mehr in großräumige Phasen, sondern hochkomplexe kleinste situative Einheiten mit entsprechend kleinen, aber hoch spezialisierten Drehbüchern. Solche Kleinstsituationen mögen dann in enger Abfolge und zum Teil sogar parallel nebeneinander „abrollen". In solchen „vervielfältigten" Situationen ist man mehr denn je ununterbrochen tätig, die Dinge „am Laufen" zu halten. Der Alltag wird zu einem virtuosen Geschäft. Es werden mehr und differenziertere Aktivitäten verlangt und die situativen Erfordernisse müssen deutlich zügiger bearbeitet werden. Handlungen werden nicht nur in sich komplexer, sondern die jeweilige Leitdifferenz durchzuhalten, erfordert auch mehr Situationsarbeit. Das was gilt, ist schwieriger zu bestimmen, schwieriger einzuhalten und das Ziel ist schwieriger zu erreichen. Zugleich wird es auch erforderlich, mehr als bisher auf das Aus- bzw. Einblenden von dem, was nicht gilt, zu achten.

Damit sind wir bei einer zunehmenden Beschäftigung der Ein- und Ausgrenzung und mit einer zunehmenden Sensibilität für das, was von außerhalb eventuell relevant werden mag, oder eben nicht relevant werden soll. Zwar gilt weiter, dass die Fremdheit die Beschreibung von etwas darstellt, was als ein außerhalb Befindliches auf seine Relevanz hin zu bedenken ist, aber jetzt gilt auch, dass immer mehr zu prüfen ist, weil sich einfach immer mehr in das Blickfeld drängt. Das liegt nicht nur an der Verkleinerung der Situationsverläufe, die automatisch mehr Abgrenzung bedeutet. Es liegt auch an der Ausdifferenzierung der Umwelt der Situationen, die mehr und mehr Material anbietet.

Die heutige Zunahme an zeitlicher wie räumlicher Mobilität lässt mehr Inhalte und Beziehungen am Horizont auftauchen und intensiviert die Prüfungsaktivitäten. Die Bearbeitung von Fremdheit im eigenen Umfeld, im gemeinsamen Umfeld von Familien, Cliquen und Peers, in Gruppen und Milieus übersteigt die gewohnheitsmäßige Praxis und wird zu einem herausragenden Thema. Es kommt geradezu zu einer Polarisierung dessen, was außerhalb ist: Zum einen wird das, was außerhalb ist, immer reizvoller, weil es eine Anreicherung verspricht: ausgehen, besuchen, reisen, esoterische Ausflüge. Zum anderen mag genau dies aber mitunter auch als eine Überforderung und als eine zunehmende Gefährdung des gewohnheitsmäßigen Vor-sich-Hinlebens erscheinen. Allerdings ist dabei ganz wichtig zu sehen, dass das Fremde eine relative Größe darstellt. Das bedeutet, dass in einem von Einwanderung geprägten Stadtquartier Fremdes etwas anderes meint als in einem traditionell geprägten, also homogenen und von Alteingesessenen bewohnten Quartier.[8]

3. UNTER DEN BEDINGUNGEN DER MODERNE KOMMT ES ANDERERSEITS ZU EINER FORMALISIERUNG DES HANDELNS UND ZU EINER BEDEUTUNGSVERLAGERUNG VON FREMDHEIT

Wir haben bisher nur berücksichtig, dass sich das Alltagshandeln quantitativ diversifiziert und damit auch die Notwendigkeit zur Abgrenzung zugenommen hat. Was dabei jedoch nicht bedacht wurde, ist, dass sich zugleich die Art der Themen, um die es beim Alltagshandeln geht, erheblich verändert hat. Sie werden zwar auch weiter, wie bisher, aber seit der Entstehung der modernen Gesellschaften zunehmend unter formal rationalem Vorzeichen, bzw. im Kontext metakommunikativer Bemühungen und damit oft gänzlich anders als bislang entworfen. Was bisher geschildert wurde, mag weiterhin für selbstverantwortete Alltagsangelegenheiten, aber jetzt nur noch im Bereich des Privaten und der Freizeit usw. gelten. Diese beiden neuen Varianten des Alltagshandelns stellen sich anders dar und müssen deshalb etwas genauer betrachtet werden. Sie sind auch für das Fremde folgenreich.
Zunächst einmal wird der moderne Alltag zunehmend formal strukturiert, also nach technischen, rechtlichen, ökonomischen und anderen, eben syste-

---

[8] W.-D. Bukow: Ein Rückblick auf die Rekonstruktion urbanen Zusammenlebens. In: W.-D. Bukow, C. Nikodem, E. Schulze, E. Yildiz: Die multikulturelle Stadt. Von der Selbstverständlichkeit im städtischen Alltag. Opladen 2001 S.440ff.

mischen Gesichtspunkten ausgestaltet. Dementsprechend sind die Themen, um die sich die Situation zentriert, nicht länger um personal gehaltene Leitdifferenzen zentriert. Für viele moderne Situationen ist nicht mehr z.b. ein Spiel oder ein Kinobesuch typisch, wo es stets um eine individuell zurechenbare Handlung mit entsprechenden „Mitspielern" und „Zuschauern" bzw. „Unbeteiligten" geht, sondern z.b. der Kauf oder die Teilnahme an einem Infrastruktursystem, wo es um eine formale Handlung und einen entsprechenden formalen Abschluss, um ökonomische Akzeptanz eines Kaufes und die Vermeidung von Überteuertem geht. Wenn man unter den Bedingungen formal-rationaler Systeme arbeitet, treten ganz neuartige Themen und – damit verbunden – ganz neuartige Abgrenzungen in der Form von System-/ Systemumwelt-Abklärungen auf. Die vertrauten, ggf. negativ-reziprok konstruierten Abgrenzungen bis hin zu Fremdheitsbeschreibungen sind in diesem Zusammenhang unbrauchbar, deplatziert oder erscheinen völlig sinnlos. Insoweit wäre hier von einem Bedeutungsverlust solcher Beschreibungen wie Fremdheit zu sprechen.

Beim Kauf eines Kraftfahrzeugs ist es nicht mehr vorstellbar, die Handlungsthematik gegebenenfalls negativ-reziprok mit Fremdheit zu beschreiben. Es kommt darauf an, ein Geschäft zu starten, im Fluss zu halten und zum Erfolg zu bringen sowie andere Formen der Übereignung des Eigentums wie Betrug oder Diebstahl außen vor zu halten. Juristisch definierte Situationsthemen zum Beispiel werden rechtlich ein- und ausgegrenzt.

Was mithin auszugrenzen bleibt, lässt sich nicht mit Fremdheitsbeschreibungen markieren, sondern hier sind entsprechend der Handlungsthematik zunächst einmal rechtliche Beschreibungen geboten. Nur sie korrespondieren mit der Leitdifferenz der Situation und können ein- und ausgrenzend wirken.

Sodann werden im modernen Alltag noch ganz andere Situationen wichtig, solche, die sich zum Beispiel in Diskussionen, in rechts-, verkehrs-, vereins-, kommunal-, lokal- oder parteipolitischen Veranstaltungen oder in öffentlicher oder kultureller Metakommunikation etablieren. Was diese Situationen und damit das situierte Handeln bestimmt, sind also Themen, die sich reflexiv auf etwas Vorgängiges beziehen und im Blick darauf etwa eine Verständigung oder zumindest eine Abstimmung erstreben. Im Mittelpunkt dieser, wie Jürgen Habermas es einmal formuliert hat, „zivilgesellschaftlichen Kommunikation" stehen also die Verständigungsprozesse, die auf die Abklärung, die Durchsetzung bestimmter Einschätzungen im Zusammenhang mit Argumenten, Thesen, Behauptungen oder Ideen, beispielhaften Erklärungen und Erzählungen wie auch immer abzielen. Natürlich sind auch hier Grenzen einzuhalten und alles, was außerhalb ist, daraufhin einzuschätzen, ob es ungültig bleiben muss oder ob es (unter welchen Bedingungen) einbezogen werden kann. Wenn es innerhalb dieser Situationen um Argumente und Behauptungen usw. geht, dann ist zu fragen, ob es eventuell noch bislang berücksichtigungsfähige Ideen usw. gibt. In derartigen metakommunikativen Situationen erscheint das Fremde als zusätzliches Argumentationspotential. Das Fremde enthält hier gewissermaßen eine neue Chance, diesmal allerdings nicht, nachdem es geprüft und für relevant befunden wurde, sondern bevor es seine Bedeutung erwiesen hat, eben als offenes Potential. Der Unterschied liegt in dem Situationstyp oder in der besonderen Konzeptionalisierung der Thematik, die dementsprechend anders auf die Situationsumwelt rekurriert. Dies ist genau der Punkt, der z.b. Ortfried Schäffter zu dem Lob der Fremde veranlasste. Und etwas nüchterner betont Hans-Jürgen Heinrichs die Nützlichkeit des fremden Blicks, um das Eigene besser, anders oder jenseits althergebrachter Zwänge auch gänzlich neu verstehen zu lernen.[9] Das Fremde tritt als neuer Blick in Erscheinung. Dieser Aspekt wird in der ethnologischen Forschung unterdessen ganz vehement in den Mittelpunkt gestellt, wobei allerdings der Bezugsrahmen für derartige Überlegungen innerhalb der eigenen Gesellschaft nicht weiter diskutiert wird. Allerdings bei genauerem Hinsehen wird deutlich, dass wie selbstverständlich davon ausgegangen wird, dass das Fremde einen Beitrag zur eigenen kulturellen Metakommunikation leistet. Insofern zielt es auf den hier markierten Zusammenhang.[10] Dementsprechend erscheinen die Eigenschaften des Handelns modifiziert. Vereinfacht kann man das nach folgendem Schema zusammenfassen:

---

[9] H.J. Heinrichs: Inmitten der Fremde. Von In- und Ausländern. Reinbek 1992, S. 227ff.

[10] Vgl. K. Amann, S. Hirschauer: Das Befremden der eigenen Kultur. Ein Programm. In: S. Hirschauer, K. Amann (Hg.): Die Befremdung der eigenen Kultur. Frankfurt 1997, S. 7ff.

Kontexte	Thematik/ Leitdifferenz	Abgrenzungs- modalitäten	Außerhalb verbleibend
Handeln innerhalb formaler Systeme	Themen gemäß den jeweiligen Systemen (ökonomische, recht- liche ... Themen)	Abgrenzung unter dem Vorzeichen ökonomisch, rechtlich ... anschlussfähig	negativ-reziprok: was ökonomisch oder rechtlich ... nicht interessiert oder stört
Handeln unter lebensweltli- chen Bedingungen	Themen von persön- licher Bedeutung, für den Lebensstil relevant ...	Relevant: + „ja", − „nein", ? „zu prüfen"	Fremdheit als Beschreibung von etwas, was ggf. einbezogen werden kann
Handeln in der Öffentlichkeit	Richtigkeit einer zur Diskussion stehen- den Angelegenheit	Gibt es weitere Argumente, Ideen, Erfahrungen ...	Fremdheit als neuer Blick

Damit ergibt sich:
Fremdheit erscheint quantitativ betrachtet in fortgeschrittenen Industriegesellschaften, die vorwiegend systemisch konzipiert sind, nur noch am Ran-
de: In der Lebenswelt erhält sie sich als Beschreibung dessen, was nicht
gilt. Und in der Öffentlichkeit erscheint sie in einer neuen Rolle als externes
Argumentations- und Erfahrungspotential, als horizonterweiternder Blick.
Aber wenn moderne Gesellschaften wesentlich systemisch organisiert sind
und hier formal-rationale Prinzipien vorherrschen, erscheint die Fremdheit
qualitativ betrachtet zunächst einmal konstitutiv belanglos. Innerhalb der
Lebenswelt wird sie in dem Maß quantitativ häufiger, wie sie qualitativ be-
deutungsloser erscheint. Und innerhalb der kulturellen Metakommunikation (zivilgesellschaftliche Kommunikation) übernimmt sie eine ganz neue
Rolle im Sinn einer Argumentationsressource.
Damit erhält die Fremdheit eine marginale, aber keineswegs ganz unwich-
tige Rolle im Alltagshandeln.[11]

---

[11] Vgl. das Beispiel des Umgangs mit der Fremdheit in einer kleinen Gemeinde in
Baden: W.-D. Bukow: Plädoyer für die Neubestimmung von kulturellen Diskursen
innerhalb der modernen gesellschaftlichen Entwicklung. In: Geographische Revue
1/4 S. 18ff.

4. ZUR STRATEGISCHEN INSTRUMENTALISIERUNG DES FREMDHEITSDISKURSES IN DER AKTUELLEN GESELLSCHAFTLICHEN ENTWICKLUNG

In der bisherigen Skizze wurde die Fremdheit zunächst aus konstruktivistischer Sichtweise gewissermaßen „konstruktiv" in das Alltagshandeln eingeordnet, wenn behauptet wurde, die Fremdheitsbeschreibungen dienen dazu, alles, was außerhalb des Handlungshorizontes liegt, zu markieren, aber auch für eine mögliche Einbeziehung offen zu halten. In diesem Rahmen wurde ganz bewusst darauf verzichtet, zu überlegen, was es bedeutet, wenn man Fremdheit ganz anders einsetzt, etwa als Zuchtmittel, um die Situationsteilnehmer auf Linie zu halten, oder als Waffe gegen interne oder externe Zumutungen bzw. als Steuerungsinstrument, um alle unliebsamen Einstellungen oder Praktiken zu diskriminieren. All diese Vorgehensweisen lassen sich jetzt eindeutig als strategische Umwidmung von Fremdheitskonstruktionen beschreiben, die zunächst quer zum Aufbau des Alltagshandelns stehen und auch in diesem Sinn a priori problematisch erscheinen. Einleitend wurde schon darauf hingewiesen, dass man heute eine zunehmende Instrumentalisierung des Fremden im Dienst des „Eigenen" beobachten kann.

Dieser Gebrauch von Fremdheit ist sicherlich schon deshalb problematisch, weil er dem Fremden eine ihm ursprünglich nicht eigene Qualität zuschreibt und diese dann dienstbar macht. Und diese Verwendung ist auch nicht ganz neu. Auch die Hochreligionen und diverse Nationalstaaten haben Fremdheit z.b. dämonisiert und immer wieder für ihre Zwecke funktionalisiert. Möglicherweise noch folgenreicher und damit hochproblematisch ist dieser Gebrauch von Fremdheit heute, zumal unter den Bedingungen fortgeschrittener Industriegesellschaften mit ihrer extremen Mobilität. Hier wird „Fremdheit" nämlich zunehmend zur „Bewältigung" der Folgen von Mobilität eingesetzt. Dies geschieht auf der Ebene eines Quartiers[12] genauso wie auf regionaler oder nationaler Ebene und sogar im internationalen Kontext,[13] wie die Rede vom Kampf der Kulturen und der Umgang mit dem 11. September belegt. Sie wird dafür reaktiviert, strategisch instrumentalisiert und für diesen Einsatz ganz neu gestaltet:

---

[12] Vgl. W.-D. Bukow, E. Yildiz: Der Wandel von Quartieren in der metropolitanen Gesellschaft am Beispiel Keupstraße in Köln. In: H. Karpe, M. Ottersbach, E. Yildiz (Hg.): Urbane Quartiere zwischen Zerfall und Erneuerung. Edition der Andere Buchladen. Köln 2001 S. 145ff.

- Sie wird auf dem Hintergrund der eben skizzierten Marginalisierung jenes konventionellen Fremdheitsdiskurses reaktiviert,

- strategisch instrumentalisiert, um Träger von Ansprüchen, Erwartungen oder Rechten zu diskriminieren

- und schließlich für Mobilitätsfolgen aktualisiert, wenn ganze Bevölkerungsgruppen zu Fremden zusammengefasst werden, um ihnen auf dieser Weise pauschal das „Mitspielen" zu untersagen.

Das schon fast klassische Beispiel dafür ist die Schule. Als formales System organisiert, kann man davon ausgehen, dass hier der Beschreibung „fremd" keine Bedeutung mehr zukommt. So ist es doch im Fachunterricht und genauso in der Unterweisung in den Weltreligionen völlig gleichgültig, wie die Lernenden diese Dinge letztlich beurteilen. Es kommt allein auf den Erwerb eines entsprechenden Wissens an. Die Schule stellt auch für junge ImmigrantInnen eine gute Gelegenheit dar, die Welt des Aufnahmelandes samt all ihrer Techniken kennen zu lernen. Es geht ja um universalistische Ansprüche, die hier eingelöst werden. Zugleich aber lernen sie das erste mal in der Schule kennen, was völlige Ausschließung heißt, weil sie eben Fremde sind.[14]

Dieser Gebrauch der Fremdheit enthält noch eine Pointe, die erst deutlich wird, wenn man sich die einzelnen Schritte ganz exakt vergegenwärtigt: Das Fremde wird ohne Rücksicht auf die konkrete Situation – und damit automatisch ohne Prüfung dessen, was jenseits des Horizontes überhaupt vorliegt, – für eine Auseinandersetzung innerhalb einer Situation instrumentalisiert. Die besondere Pointe liegt in der Generalisierung der Situation und der darauf bezogenen Fremdheitszuschreibungen. Es geht ja längst nicht mehr um eine konkrete Situation, in der gewissermaßen „Externa" für „Interna" überprüft werden, sondern um eine globale gesellschaftliche Lage, den Alltag, in der Gesellschaftsmitglieder daraufhin thematisiert werden, ob sie weiterhin teilnehmen dürfen bzw. als Fremde dies eben nicht mehr dürfen. Das Besondere besteht letztlich darin, einen Eigenanteil zum Fremdanteil zu erklären, den Fremdanteil „intrinsisch" zu fundieren und anschließend abzuwerten.

---

[13] W.-D. Bukow: Die gesellschaftliche Konstruktion der Postmoderne als metropolitane Gesellschaft. In: W.-D. Bukow, C. Nikodem, E. Schulze, E. Yildiz: Auf dem Weg zur Stadtgesellschaft. Die multikulturelle Stadt zwischen globaler Neuorientierung und Restauration. Opladen 2001 S. 25ff.

[14] P. Bourdieu: Die Abdankung des Staates. In: Ders.: Das Elend der Welt. Konstanz 1997, S. 207ff., hier S. 213.

Der Fremdheitsdiskurs wird damit zu einem Bestandteil eines kulturrassistischen Diskurses.[15] Damit erweist sich der Fremdheitsdiskurs als eine ubiquitäre Waffe im Kampf um Zugänge zu Situationen. Diese Waffe „reimt" sich mit dem, was in der aktuellen gesellschaftlichen Entwicklung mit ihren zunehmenden Verteilungskämpfen angesagt ist. Diese im Augenblick massiv zunehmenden Verteilungskämpfe lassen sich so schnell auf einen Lösungsweg bringen, der noch dazu einerseits traditionell plausibel erscheint und andererseits in seinen Auswirkungen bloß eine Minderheit trifft. Damit ist dieser Weg im Vorteil gegenüber anderen Formen der Konfliktregulierung, zumal gegenüber Formen, die auf Gerechtigkeit oder Ausgleich abheben. Der kulturrassistische Lösungsweg hat allerdings den gravierenden Nachteil, dass er quer steht zu den Anforderungen, die eine moderne Zivilgesellschaft an gesellschaftlich verantwortliche Lösungen stellen muss. Der Fremdheitsdiskurs erweist sich als eine neofeudale Lösung, die eine extreme Alternative zu modernen Formen von partizipativer und gerechter Konfliktlösung bildet. Sie stellt die Bürgergesellschaft insgesamt auf den Kopf.[16]

---

[15] W.-D. Bukow: Ethnizität und Rassismus. In: H.-J. Roth (Hg.): Integration als Dialog. Hohengehren 1994, S. 52ff.
[16] Vgl. z.B. K. Selle: Kooperation im intermediären Bereich. In: K. Schmals, H. Heinelt (Hg.): Zivile Gesellschaft, Opladen 1997, S. 29ff.

„Ausländerkriminalität" – Vorurteile, Missverständnisse, Fakten
Anmerkungen zu einer vielschichtigen Problematik

Rainer Geißler

Die Prognosen der Bevölkerungswissenschaft lassen erwarten, dass sich das multi-ethnische Segment der deutschen Sozialstruktur in den nächsten drei Jahrzehnten in etwa verdoppeln und auf ca. ein Fünftel der Wohnbevölkerung anwachsen wird. Die deutsche Bevölkerungsmehrheit steht also vor der Herausforderung, mit den zahlenmäßig zunehmenden ethnischen Minderheiten „fairständnisvoll" umzugehen und Integrationsbarrieren beiseite zu räumen. Das Problem der Gesetzestreue der ethnischen Minderheiten – es wird in Deutschland unter dem Schlagwort der „Ausländerkriminalität" diskutiert – spielt dabei eine wichtige Rolle. Die Art und Weise, wie diese Problematik im letzten Jahrzehnt in der deutschen Öffentlichkeit behandelt wurde, hat jedoch der notwendigen Integration geschadet. Der öffentliche Diskurs zur „Ausländerkriminalität" enthält Vorurteile und produziert Missverständnisse. Ich werde in diesem Beitrag versuchen, eine nüchterne – weder dramatisierende noch beschönigende – Bestandsaufnahme zu einem zentralen Aspekt der „Ausländerkriminalität" auf der Basis sozialwissenschaftlicher Befunde vorzunehmen. Die Forschungsergebnisse erhellen nicht alle Einzelheiten der vielschichtigen Problematik, aber sie lassen durchaus einige sichere und wichtige Schlussfolgerungen zu. Ich konzentriere mich dabei auf die Gesetzestreue der Kerngruppe der in Deutschland lebenden Migranten – auf die ca. sechs Millionen Arbeitsmigranten und ihre Familien. Diese machen etwa vier Fünftel der „Ausländer" aus und müssen daher im Zentrum künftiger Integrationsbemühungen stehen. Andere, völlig anders gelagerte Aspekte der öffentlichen Sicherheit, die ebenfalls unter dem Etikett „Ausländerkriminalität" diskutiert werden, klammere ich aus – so z.B. das länderübergreifende, international organisierte Verbrechen oder die Kriminalität und Kriminalisierung von Asylbewerbern, die stark mit einer extremen, vorübergehenden psycho-sozialen Notsituation verknüpft ist.

Das Bild vom „kriminellen Gastarbeiter" ist in Deutschland weit verbreitet. In einer repräsentativen Umfrage in den neuen Bundesländern im Jahr 1993 wurden „Gastarbeiter" – wie es im Fragebogen hieß – für deutlich krimineller und weniger gesetzestreu gehalten als Deutsche. Für die alten Bundesländer fehlen entsprechende Untersuchungen. Vermutlich sieht es jedoch in den Köpfen der Westdeutschen ähnlich aus. Entsprechen diese Vorstellungen von der besonderen kriminellen Anfälligkeit der Arbeitsmigranten der Realität oder sind sie Vorurteile, die eine sozioökonomisch wichtige und zahlenmäßig immer stärker zunehmende Gruppe in der deutschen Gesellschaft in unzulässiger Weise diffamieren? Sind Arbeitsmigranten stärker kriminell belastet als Deutsche?

DER VERGLEICH VON ÄPFELN MIT SAUREN GURKEN

Eine sozialwissenschaftliche Antwort auf diese einfach klingende Frage ist kompliziert, denn die „Verbrechensrealität" ist dem sozialwissenschaftlichen Zugriff nur schwer zugänglich. Was für Statistiken im Allgemeinen gilt, gilt erst recht für Kriminalstatistiken: ihre Zahlen müssen mit großer Sorgfalt interpretiert werden.

Die in Deutschland übliche Aufbereitung der Kriminalstatistiken verführt jedoch zu einem leichtfertigen Umgang mit ihren Angaben und zur gefährlichen Legendenbildung zum Thema „Ausländerkriminalität". So enthält z.b. das Statistische Jahrbuch der Bundesrepublik die Anteile der „Ausländer" an den polizeilich ermittelten strafmündigen Tatverdächtigen und an den Verurteilten. Unter den Tatverdächtigen lag der „Ausländeranteil" 1997 bei 28,5%, unter den Verurteilten war er mit 26,5% etwas niedriger (Statistisches Bundesamt 1999, S. 356f.). Pauschale Zahlen dieser Art zur „Ausländerkriminalität" sind auch in vielen Tabellen und Grafiken der jährlich veröffentlichten Polizeilichen Kriminalstatistik (PKS) enthalten, die alle Jahre wieder mit großem Public Relations-Aufwand auf einer Pressekonferenz den Medienvertretern präsentiert werden und von dort dann Eingang in die Öffentlichkeit finden.

Hohe „Ausländeranteile" unter den Tatverdächtigen, Verurteilten oder auch Häftlingen im Strafvollzug lassen auf den ersten Blick aufhorchen: Der assoziative Vergleich mit dem „Ausländeranteil" an der Wohnbevölkerung – er beträgt weniger als zehn Prozent – liegt nahe. Warum ist die relativ kleine Gruppe der „Ausländer" so stark unter den „Kriminellen" vertreten? Sind Ausländer erheblich krimineller als Deutsche? Werden sie doppelt oder gar dreimal so häufig kriminell wie Deutsche? Oft wird der Vergleich der „Ausländeranteile" in den Kriminalstatistiken mit den „Ausländeranteilen" in der Bevölkerungsstatistik auch direkt dazu benutzt, um die besonders hohe kri-

minelle Belastung der Migranten – die Arbeitsmigranten sind darin eingeschlossen – „wissenschaftlich zu belegen". So schrieb z.b. „Der Spiegel" in
einer um Ausgewogenheit bemühten Titelgeschichte zum Thema „Zu viele
Ausländer?": „Zwar geht die Ausländerkriminalität minimal zurück – 1996
waren noch 28,3% aller Tatverdächtigen keine Deutschen, im vergangenen
Jahr waren das 27,9%. Doch stellen Ausländer eben nur insgesamt rund 9
Prozent der Bevölkerung ... Ausländer sind im Schnitt krimineller, da hilft
kein Schönreden" (Der Spiegel 48/1989, S. 32).

Wer Zahlen der Polizeilichen Kriminalstatistik – oder auch Daten über Verurteilte oder Häftlinge – und Zahlen der Bevölkerungsstatistik in dieser
Form einander gegenüberstellt, geht grob leichtfertig mit scheinbar gut ge-
sicherten Daten um. Er begeht zwei folgenreiche Denkfehler:

(1) Er vergleicht Unvergleichbares – nicht nur Äpfel mit Birnen, sondern
Äpfel mit sauren Gurken.

(2) Er fasst verschiedene Gruppen, die aus sozialwissenschaftlichen und kriminologischen Gründen getrennt werden müssen, unter der pauschalen
Sammelsuriumskategorie „Ausländer" zusammen. Durch die Pauschalkategorie „Ausländer" in den Kriminalstatistiken und die damit zusammenhängende pauschale Vorstellung einer „Ausländerkriminalität" werden falsche
Assoziationen geweckt. Unter anderem wird in der Debatte um die sog.
„Ausländerkriminalität" ein Sachverhalt übersehen, der für einen „fairständnisvollen" Umgang mit ethnischen Minderheiten einen zentralen Stellenwert besitzt: Die große Masse der in Deutschland lebenden Migranten – die
Arbeitsmigranten – ist genauso gesetzestreu wie die Deutschen und sogar
gesetzestreuer als Deutsche in ähnlicher Soziallage bzw. mit ähnlichem Sozialprofil. Ich werde diese These im Folgenden in vier Schritten in kritischer
Auseinandersetzung mit den Daten der Polizeilichen Kriminalstatistik entwickeln.

Schritt eins: Ausländerspezifische Delikte

1998 waren unter den polizeilich registrierten Tatverdächtigen 27 Prozent
„Nichtdeutsche", wie die Polizeiliche Kriminalstatistik diese Personen-
gruppe nennt. Die einfachste, einleuchtendste und daher auch am meisten
bekannte Korrektur des „Ausländeranteils" besteht darin, die ausländerspe-
zifischen Delikte auszuklammern. Dabei handelt es sich um Verstöße gegen die Einreise- und Aufenthaltsbestimmungen, die Deutsche in der Regel
gar nicht begehen können. Circa ein Viertel der Ausländer hat sich aus-

schließlich Verstöße gegen das Ausländer- oder Asylverfahrensgesetz zuschulden kommen lassen. Lässt man diese Delikte unberücksichtigt, reduziert sich der Ausländeranteil unter den Tatverdächtigen von 27 Prozent auf 22 Prozent (berechnet nach Bundeskriminalamt 1999, S. 105).

Schritt zwei: Arbeitsmigranten und Ausländer sind nicht dasselbe

Bedeutsamer als Schritt eins ist eine differenzierte Betrachtung der sehr unterschiedlichen Gruppen, die grob als „Ausländer" zusammengefasst werden. Aus erhebungstechnischen Gründen ist es für die Statistiker einfach, zwischen Deutschen und „Ausländern" bzw. „Nichtdeutschen" zu unterscheiden. Aus der Sicht der Sozialwissenschaften, der Migrationsforschung und der Kriminologie ist diese Kategorisierung jedoch äußerst problematisch. Einerseits werden eingebürgerte Migranten sowie Migranten mit doppelter Staatsangehörigkeit zur ansässigen Bevölkerung gezählt. Andererseits werden unter der Pauschalkategorie „Ausländer" Gruppen subsummiert, die sich im Hinblick auf ihre Einreise- und Aufenhaltsmotive sowie ihre Lebensbedingungen und Zukunftsperspektiven in Deutschland grundlegend unterscheiden. Die Unterschiede in den Lebensumständen wirken sich erheblich auf die Gesetzestreue bzw. Kriminalität dieser Gruppen aus. Diese unterscheiden sich deutlich im Hinblick auf Art und Häufigkeit der Delikte.

Zudem ist ein Teil der Gruppen, aus denen die ausländischen Tatverdächtigen, Verurteilten oder Häftlinge stammen, in der Bevölkerungsstatistik gar nicht erfasst, so z.b. die „Illegalen" und die „Touristen/Durchreisenden", die1998 immerhin mit 22 Prozent bzw. sieben Prozent unter den nichtdeutschen Tatverdächtigen vertreten sind (Bundeskriminalamt 1999, 110). Bei letzteren handelt es sich vor allem um „kriminelle Grenzgänger" ohne Wohnsitz in der Bundesrepublik, die die zunehmende Offenheit der Grenzen nutzen, um ihre Straftaten im vergleichsweise reichen und daher attraktiven Deutschland zu begehen (vgl. Rommelfanger 1998). Ausländische Arbeitnehmer, Gewerbetreibende, Studenten und Schüler machten 1998 lediglich ein gutes Viertel der nichtdeutschen Tatverdächtigen aus, genau 26,5 Prozent (berechnet nach Bundeskriminalamt 1999, S. 116 und 119). Die große Masse der Migranten – die Kerngruppe der ca. sechs Millionen Arbeitsmigranten – ist also unter den polizeilich registrierten „Ausländern" nur mit einem Viertel vertreten! Unter allen Tatverdächtigen stellen sie lediglich 7,2%; dieser Anteil entspricht in etwa ihrem Anteil an der Wohnbevölkerung. Damit lässt sich ein erstes wichtiges Zwischenresultat festhalten:

Auch wenn man die Verzerrungen der Kriminalstatistiken zu Lasten der ethnischen Minderheiten, die in den Schritten drei und vier zu diskutieren sind, nicht beachtet, sind Arbeitsmigranten im Durchschnitt nicht häufiger polizeiauffällig als Deutsche.

Schritt drei: Der ethnisch selektive Anzeigeeffekt

In den Polizei-, Gerichts- und Häftlingsstatistiken spiegelt sich die Verbrechensrealität nur unzureichend wider, weil lediglich ein kleiner Teil der Gesetzesverstöße und ein noch kleinerer Teil der Straftäter den Strafverfolgungsinstanzen bekannt wird. Die Mehrheit der Täter und Taten bleibt „im Dunkeln". Die Dunkelfeldforschung bemüht sich, das tatsächliche kriminelle Geschehen besser auszuleuchten, als es die offiziellen Kriminalstatistiken können und dabei auch den Selektionsprozessen auf die Spur zu kommen, die sich beim Bekanntwerden von Straftaten vollziehen. Zwei neuere Dunkelfeldstudien belegen, dass bei der Strafverfolgung ethnische Selektionseffekte zugunsten der Deutschen und zu Lasten der ethnischen Minderheiten existieren. Straftaten von Kindern und Jugendlichen aus Migrantenfamilien werden bei der Polizei häufiger angezeigt und registriert als Straftaten von jungen Deutschen.

• Die Bielefelder Soziologen Jürgen Mansel und Klaus Hurrelmann befragten 1988 und 1996 repräsentative Stichproben von jeweils ca. 1600 Schülern und Schülerinnen der siebten und neunten Klassen in nordrhein-westfälischen Schulen nach den von ihnen begangenen Gewaltdelikten (Sachbeschädigung, Körperverletzung, Erpressung, Raub) und Eigentumsdelikten (Diebstahl, Einbruchdiebstahl, Unterschriftenfälschung). Sie fragten auch danach, ob ihre Straftaten bei der Polizei registriert wurden. Der ethnische Selektionseffekt tritt in diesen Studien deutlich zutage: Nur jeder sechste männliche junge Deutsche, der von einer oder mehreren Straftaten berichtet, ist auch polizeilich registriert, von den Migrantensöhnen ist es dagegen jeder zweite. Mansel und Hurrelmann sprechen daher von einer „erhöhten Anzeigebereitschaft der autochthonen Bevölkerung gegenüber Personen fremder Ethnie" (Mansel/ Hurrelmann 1998, S. 84).

• Eine Opferbefragung von Christian Pfeiffer und Peter Wetzel bestätigt den ethnischen Selektionseffekt. Die beiden Hannoveraner Kriminologen befragten 1997 9700 Schülerinnen und Schüler der neunten Klassen aus Hamburg, Hannover, Leipzig und Stuttgart, ob sie Opfer eines Gewaltdelikts geworden waren, welchen ethnischen Gruppen die Täter bzw. Täterinnen angehörten und ob sie den Vorfall der Polizei gemeldet hatten. Stammten Täter und Opfer aus verschiedenen ethnischen Gruppen, so war die Anzeigewahrscheinlichkeit deutlich höher als bei „innerethnischen" Delikten, wo Täter und Opfer derselben ethnischen Gruppe angehörten. So zeigten deutsche Opfer nur 22 Prozent der deutschen, aber 31 Prozent der nichtdeutschen Täter und Täterinnen an. Pfeiffer und Wenzel ziehen aus ihren Ergebnissen den Schluss, dass „das ethnisch selektive Anzeigeverhalten zu einer Überrepräsentation von Jugendlichen aus Migrantenfamilien in der Tatverdächtigenstatistik" führt (Pfeiffer/Wenzel 1999, S. 5).

Der ethnische selektive Anzeigeeffekt muss also bei der Interpretation aller Kriminalstatistiken beachtet werden. Er überhöht nicht nur die Ausländeranteile unter den Tatverdächtigen, sondern mit großer Wahrscheinlichkeit auch unter den Verurteilten und Häftlingen. Leider lässt sich der Anzeigeeffekt in Bezug auf die zuvor berechneten Anteile der Arbeitsmigranten unter allen Tatverdächtigen von gut sieben Prozent nicht quantifizieren. Sicher ist jedoch, dass dieser Anteil im Vergleich zur Verbrechensrealität überhöht ist.

Empirisch ungeklärt ist auch die Problematik eines ethnisch selektiven Polizeieffekts. Es gibt bisher keine Untersuchung zu der Frage, ob sich die deutsche Polizei ähnlich selektiv verhält wie die deutsche Bevölkerung, das heißt, ob sie angezeigte oder selbst ermittelte Vorkommnisse eher als „aufgeklärte" Fälle an die Staatsanwaltschaft weiterleitet, wenn nichtdeutsche Tatverdächtige beteiligt sind. Bisherige Studien belegen lediglich, dass es bei Teilen der Polizei erhebliche Vorbehalte und Vorurteile gegenüber ethnischen Minderheiten gibt. So kommt eine soziologisch-psychologische Analyse zum Umgang der Polizei mit Fremden, die von den Innenministern der Länder in Auftrag gegeben und von der Polizei-Führungsakademie in Münster betreut wurde, zu folgendem Ergebnis: Fremdenfeindlichkeit entwickelt sich insbesondere bei solchen Polizeieinheiten, die in sozialen Brennpunkten mit hoher Ausländerkriminalität spezifischen psychischen Belastungen ausgesetzt sind. Zwei Zitate aus dem Forschungsbericht sollen das Problem verdeutlichen:

• „Die Vorbehalte gegen Ausländer und gegen das Fremde wurden im Seminar offen genannt. Eine Äußerung wie ‚98% aller Polen sind Abzocker' belegt exemplarisch die Einstellung einiger Beamten zu dieser Ausländergruppe. Dieser Aussage wurde kaum widersprochen und zeigt, dass es starke Vorbehalte gegen einige Ausländergruppen gibt" (Polizei-Führungsakademie 1996, S. 86).

• „Einer Vielzahl von Konfliktsituationen mit ausländischen Straftätern steht die fehlende Gelegenheit gegenüber, diese negativen Erfahrungen durch Kontakte zu nichtdelinquenten Ausländern zu relativieren. Diese Verengung des polizeilichen Blickwinkels bewirkt daher eine (selektive und damit verzerrte) Wahrnehmung der Realität, die zu einer Verallgemeinerung negativer Erfahrungswerte führen kann" (ebenda, S. 92).

Der Politikwissenschaftler Hans-Gerd Jaschke wertet in seiner Expertise für die Polizei-Führungsakademie andere vorliegende Studien zu den Einstellungen und Orientierungen der Polizeibeamten aus: „Sie belegen ... ein Potential fremdenfeindlicher Einstellungen, dessen Größenordnung auf etwa zehn bis fünfzehn Prozent geschätzt werden kann" (Polizei-Führungsakademie 1996, S. 207).

Es wäre schon verwunderlich, wenn offene oder subtile, bewusste oder auch unbewusste Vorbehalte gegenüber ethnischen Minderheiten, die bei der Polizei in einer zumindest ähnlichen Form wie unter der deutschen Bevölkerung insgesamt vorhanden sind, keine selektiven Folgen für das polizeiliche Handeln hätten. Diese Vermutung, dass der ethnisch selektive Anzeigeeffekt durch einen ethnisch selektiven Polizeieffekt verstärkt wird, bedarf allerdings – wie erwähnt – noch der empirischen Überprüfung.

Schritt vier: Sozialprofil beachten!

Bei einer angemessenen Interpretation der sieben Prozent Arbeitsmigranten unter den Tatverdächtigen müssen des Weiteren die Unterschiede im Sozialprofil von deutschen und ausländischen Erwerbstätigen und ihren Familien beachtet werden. Es gehört zu den Binsenweisheiten der Kriminologie, dass das Sozialprofil einer Gruppe – dieses gibt wichtige Hinweise auf deren Soziallage und entsprechende Lebensumstände – das kriminelle Verhalten maßgeblich beeinflusst. Kenner wissen zudem, dass auch die Selektionsprozesse bei der Strafverfolgung vom Sozialprofil abhängig sind. Die Unterschiede verschiedener Gruppen in ihrer „kriminellen Belastung" – in den üblichen Kriminalstatistiken sind die Unterschiede in der „kriminellen Belastung" eine Mischung aus Unterschieden im tatsächlichen Verhalten und Unterschieden in der Behandlung durch die Strafverfolgungsinstanzen – hängen stark mit den Unterschieden im Sozialprofil zusammen. So sind Männer erheblich höher kriminell belastet als Frauen, junge Menschen höher als alte, Großstadtbewohner höher als Landbewohner, schlecht Ausgebildete höher als Hochqualifizierte, Statusniedrige höher als Statushohe. Arbeitsmigranten und die ansässige deutsche Bevölkerung unterscheiden sich in allen genannten Merkmalen des Sozialprofils. Bei Arbeitsmigranten ist der Anteil von Männern und jungen Menschen höher, sie wohnen häufiger in Ballungszentren und gehören erheblich häufiger den niedrigeren Qualifikations- und Statusgruppen an.

Leider liegen die Daten der Kriminalstatistiken nicht in einer Form vor, die es erlauben würde, Arbeitsmigranten und Deutsche mit ähnlichem Sozialprofil direkt miteinander zu vergleichen. Die Effekte der verschiedenen Einzelfaktoren des Sozialprofils lassen sich jedoch mit einer relativ einfachen Formel berechnen (Einzelheiten bei Geißler/Marißen 1990, S. 670f.). Berechnungen dieser Art wurden in verschiedenen Studien mit unterschiedlichen Datensätzen durchgeführt; sie kommen zu einem übereinstimmenden Ergebnis: Arbeitsmigranten halten sich deutlich besser an die Gesetze des Aufnahmelandes als Einheimische mit vergleichbarem Sozialprofil (Staudt 1986; Mansel 1989, Geißler/Marißen 1990; Geißler 1995).

Die letzte Berechnung dieser Art – durchgeführt auf der Basis von Statistiken des Jahres 1992 für die alten Bundesländer – ergibt folgendes Resultat: Der Geschlechtereffekt (überhöhter Männeranteil) müsste die Belastung durch polizeilichen Tatverdacht bei Arbeitsmigranten um neun Prozent erhöhen und der Regionaleffekt (mehr Großstadtbewohner) um zwölf Prozent; der Alterseffekt (mehr junge Menschen) schlägt mit einer Erhöhung von 33 Prozent zu Buche. Am dramatischsten wirkt sich der Schichteffekt, hier gemessen am Anteil der Un- und Angelernten, aus. Die erheblich höheren Anteile von Un- und Angelernten unter den Arbeitsmigranten lassen eine Erhöhung der Tatverdachtsbelastung um 129 Prozent erwarten, in der zweiten, etwas besser qualifizierten Generation um 78 Prozent (Einzelheiten bei Geißler 1995, S. 36f.). Die verschiedenen Einzeleffekte lassen sich nicht einfach aufaddieren, da sie miteinander verknüpft sind. Dennoch lassen sich aus den Berechnungen sichere Schlussfolgerungen ziehen: Wegen der Unterschiede im Sozialprofil müsste die kriminelle Belastung der Arbeitsmigranten erheblich über derjenigen der deutschen Bevölkerung liegen. Da Arbeitsmigranten aber nicht häufiger als Tatverdächtige registriert werden als Deutsche, ergibt sich: die Gefahr, dass eine kriminelle Handlung begangen wird, ist unter Arbeitsmigranten in vergleichbarer Soziallage keinesfalls größer als unter Deutschen, sie ist auch nicht gleich groß, sondern sie ist deutlich niedriger als unter Deutschen.

Die nachgewiesene besondere Gesetzestreue der Arbeitsmigranten überrascht nur angesichts der in Deutschland weit verbreiteten Vorurteile. Wer dagegen die Ergebnisse der internationalen Migrationsforschung kennt, dürfte kaum anderes erwartet haben. In Einwanderungsländern wie Israel, USA oder Australien haben Sozialwissenschaftler ebenfalls festgestellt, dass die Einwanderer die Gesetzes des Aufnahmelandes besser respektieren als die Einheimischen selbst. Auch eine neuere Studie aus der Schweiz, die – ähnlich wie Deutschland – durch ethnische Minderheiten „unterschichtet" ist, widerlegt das Vorurteil vom „kriminellen Gastarbeiter": „Aus sozialwissenschaftlicher Sicht wäre daher angesichts der durchschnittlich niedrigen Stellung der ausländischen Wohnbevölkerung eine im Vergleich mit Schweizerinnen und Schweizer höhere Verurteilungsbelastung zu erwarten. Dies ist nicht der Fall; vielmehr erscheint die Gruppe der ausländischen Wohnbevölkerung als hoch konform" (Storz u.a. 1996, S. 43).

MIGRATIONSEFFEKT GESETZESTREUE – ARBEITSMIGRANTEN ARRANGIEREN SICH BESSER MIT STRUKTURELLEN BENACHTEILIGUNGEN ALS DEUTSCHE

Die Beachtung des Sozialprofils trägt nicht nur zu einem angemesseneren Verständnis der Kriminalität von Arbeitsmigranten bei, sondern hat auch wichtige theoretische Konsequenzen für den Zusammenhang von Migration und Kriminalität. In der Regel wird in Deutschland davon ausgegangen, dass Migration die kriminelle Belastung erhöhe, und es wird nach den Ursachen für die hohe Ausländerkriminalität gefragt. Bei den Arbeitsmigranten besteht jedoch der Migrationseffekt nicht in höherer Kriminalität, sondern in höherer Gesetzestreue. Auf relative strukturelle Benachteiligung („Unterschichtung") reagieren Arbeitsmigranten deutlich seltener mit krimineller Abweichung als benachteiligte deutsche Schichten. Die übliche theoretische Fragestellung muss daher umgekehrt werden: Es gilt nicht zu erklären, warum Arbeitsmigranten häufiger kriminell werden, sondern warum sie sich besser an die Gesetze halten als Deutsche mit vergleichbarem Sozialprofil.

Auf diese Frage gibt es eine plausible Antwort: Arbeitsmigranten sind bescheidener in ihren Ansprüchen als Einheimische und finden sich daher leichter mit strukturellen Benachteiligungen ab. Die These von der Anpassungswilligkeit der Arbeitsmigranten – von ihrer besonderen Bereitschaft und Fähigkeit, sich mit im Vergleich zu Einheimischen relativ benachteiligten Lebensbedingungen im Aufnahmeland zu arrangieren – wird auch durch arbeitswissenschaftliche Untersuchungen belegt. Obwohl Ausländer überproportional häufig Nacht- und Schichtarbeit sowie belastende und gefährliche und wenig Selbstgestaltung und Mitentscheidung erlaubende Tätigkeiten verrichten und auch häufiger von Arbeitslosigkeit bedroht sind als Deutsche, sind sie mit ihrer Arbeit genauso zufrieden wie ihre deutschen Kolleginnen und Kollegen (vgl. Seifert 1991, S. 25 und Schultze 1995, S. 12).

DIE PROBLEMGRUPPE DER ZWEITEN GENERATION

Die These von der besonderen kriminellen Gefährdung der zweiten Migrantengeneration wird in Deutschland bereits seit den siebziger Jahren kontrovers diskutiert (vgl. z.B. Schrader/Nikles/Griese 1976). Dunkelfeldanalysen aus den achtziger Jahren deuteten darauf hin, dass sich die Indizien für eine teilweise misslungene Integration der Migrantenkinder nicht in einer besonders hohen Rate krimineller Handlungen niederschlug. Bremer Jugendliche und nordrhein-westfälische Sekundarschüler/innen ohne deutschen Pass waren gar nicht oder nur geringfügig höher belastet als Deutsche (Schumann u.a. 1987, S. 70ff.; Mansel 1990). Offensichtlich war der Migrationseffekt Gesetzestreue stärker als die kriminogenen Faktoren der sozialen Ausgrenzung im Zuwanderungsland. Diese Situation hat sich jedoch in den letzten eineinhalb Jahrzehnten verändert. Drei neuere Studien, die relativ differenzierte Einblicke in einige Aspekte der Jugendkriminalität der zweiten Generation vermitteln, belegen, dass die Integrationsdefizite inzwischen auch auf die Gesetzestreue durchschlagen und Migrantenkinder für Gewalt- und Eigentumsdelikte besonders anfällig machen.

• Die bereits erwähnte Bielefelder Dunkelfeldstudie förderte Folgendes zutage: Unter den ausländischen Schülerinnen und Schülern lag 1996 der Anteil von denjenigen, die mindestens eine strafbare Gewalthandlung begangen hatten, um acht Prozent niedriger als unter den Deutschen, aber der Anteil mit mindestens einem Eigentumsdelikt um 34 Prozent höher. Die „kriminelle Energie" war allerdings bei delinquenten Migrantenkindern in beiden Deliktarten höher. Mehrfachtäter waren unter ihnen zahlreicher: die Zahl der aggressiven Aktionen von Ausländern war um ca. ein Drittel höher als die von Deutschen begangenen, die Zahl der Eigentumsdelikte war um ca. zwei Drittel höher (Mansel/Hurrelmann 1998, S. 97).

• In der ebenfalls erwähnten Schülerbefragung (Neunte Klasse) von Pfeiffer und Wetzel fallen die Unterschiede zwischen Deutschen und Migrantenkindern noch deutlicher aus. 31 Prozent der ausländischen Jugendlichen berichten mindestens eine gewalttätige Handlung im Vergleich zu 19 Prozent der Deutschen; unter Türken ist die „Täterrate" mit 36 Prozent am höchsten. Insbesondere Vielfachtäter (fünf und mehr Gewaltdelikte) sind unter Türken (14 Prozent), Ex-Jugoslawen (13 Prozent) und Südeuropäern (12 Prozent) erheblich häufiger anzutreffen als unter Deutschen (fünf Prozent). Unter Jugendlichen mit niedrigem Qualifikationsniveau (Sonderschule, Hauptschule, Berufsvorbereitungsjahr) sind die ethnischen Unterschiede nur gering (dreißig Prozent Täter/innen unter Deutschen – 35 Prozent unter Ausländern); da aber die Gewaltbereitschaft unter Migrantenkindern mit steigendem Qualifikationsniveau nicht in dem Maße abnimmt wie unter Deutschen, sind die „Täterraten" unter ausländischen Gymnasiasten mit 21 Prozent fast doppelt so hoch wie unter deutschen Gymnasiasten mit 12 Prozent (Pfeiffer/Wetzel 1999, S. 8).

• Einblicke in die Situation bei schweren Delikten, die mit einer vollzogenen Haftstrafe geahndet werden, vermittelt eine neuere Studie zum Jugendstrafvollzug in Nordrhein-Westfalen (Wirth 1998). 37 Prozent der Häftlinge des Jahres 1997 waren Ausländer, 28 Prozent der Häftlinge gehörten zur ausländischen Wohnbevölkerung. Da Ausländer unter der gleichaltrigen Wohnbevölkerung Nordrhein-Westfalens nur mit ca. 19 Prozent vertreten sind, ist diese Gruppe unter den Häftlingen daher um etwa die Hälfte überrepräsentiert. Kinder von Arbeitsmigranten sind also mit vollzogenen Haftstrafen deutlich höher belastet als deutsche Jugendliche, aber die Mehrbelastung ist nicht so ausgeprägt wie die Mehrbelastung bei selbstberichteter Gewaltdelinquenz. Dabei ist zu beachten, dass ein Teil der Mehrbelastung mit hoher Wahrscheinlichkeit auf die ethnischen Selektionseffekte bei der Strafverfolgung zurückzuführen ist.

Ins Gefängnis geraten insbesondere junge Menschen mit Ausbildungsdefiziten, die dann auch auf dem Arbeitsmarkt nicht Fuß fassen können. 96 Prozent der ausländischen Häftlinge hatten keine Berufsausbildung abgeschlossen, 77 Prozent waren ohne Hauptschulabschluss, 74 Prozent zum Zeitpunkt der Straftat arbeitslos. Da im Vergleich zu deutschen Jugendlichen etwa doppelt so viele Migrantenkinder ohne Hauptschulabschluss bleiben und etwa viermal so viele keine Berufsausbildung abschließen, müsste die Mehrbelastung bei Beachtung der Sozialprofileffekte eigentlich höher liegen. Im Vergleich zu jungen Deutschen, die unter ähnlich benachteiligten Lebensbedingungen leben müssen, ergibt sich daher wieder das bereits bekannte Bild: Junge Deutsche mit derartigen Ausbildungsdefiziten geraten häufiger hinter Gitter als die Niedrigqualifizierten der zweiten Zuwanderergeneration (Berechnungen nach Daten bei Wirth 1998).

Die drei Studien machen Folgendes deutlich: Die Mehrbelastung der Kinder von Zuwanderern ist nicht so hoch, wie es die offiziellen Kriminalstatistiken suggerieren. Aber gleichzeitig belegen sie, dass die Migrantenkinder in den neunziger Jahren im Durchschnitt kriminell anfälliger sind als deutsche Jugendliche. Der eingewanderten Generation der Arbeitsmigranten ist es z.T. nicht gelungen, das Maß der eigenen Gesetzestreue im Umfeld des letzten Jahrzehnts an ihre Kinder weiterzugeben. Pfeiffer und Wetzel können einen Teil der Ursachen dafür empirisch herausarbeiten: Arbeitslosigkeit und Armut der Eltern, Misshandlung durch elterliche Gewalt, mangelhafte Einbindung in Jugendcliquen. Zudem steigt die kriminelle Belastung mit der Dauer des Aufenthalts in Deutschland an, am höchsten ist sie bei den hier Geborenen (Pfeiffer/Wetzel 1999, S. 12). Offensichtlich gelingt es einem Teil der Elterngeneration nicht, ihr eigenes bescheidenes Anspruchsniveau an ihre Kinder weiterzugeben, so dass die Anpassungshypothese für die Migrantenkinder bereits nach wenigen Jahren Aufenthalt in Deutschland nicht mehr gilt. Viele Migrantenkinder orientieren sich offensichtlich nicht mehr an den Ansprüchen ihrer Eltern, sondern an denen ihrer deutschen Bekannten und Klassenkameraden. Sie empfinden dann die strukturelle Benachteiligung und das damit zusammenhängende Chancendefizit als soziale Ungerechtigkeit und reagieren auf diese Situation – ähnlich wie Einheimische in dieser Lage – mit Abweichung. Ob darüber hinaus die Welle fremdenfeindlicher Gewalt seit Beginn der neunziger Jahre sowie die Versäumnisse einer „Ausländerpolitik", die keine wirkliche Integrationspolitik war, sondern, wie es auch das Wort besagt, Migranten abwehrend und auch ausgrenzend als „Ausländer" ansah, ist empirisch kaum überprüfbar.

DER „KRIMINELLE AUSLÄNDER" IM ÖFFENTLICHEN DISKURS

Das einleitend erwähnte, weit verbreitete, aber nachweisliche falsche Bild vom „kriminellen Gastarbeiter" ist gefährlich. Menschen richten sich bei ihren Einstellungen und Handlungen nicht so sehr nach der „objektiven Realität", sondern nach dem, was sie für diese Realität halten. „Wenn Menschen Situationen als real definieren, sind diese real in ihren Konsequenzen" – so formulierte der amerikanische Soziologe William Isaak Thomas diese wichtige Einsicht. Und der amerikanische Politikwissenschaftler Walter Lippmann hat bereits vor einem Dreiviertel Jahrhundert in seinem Klassiker zur „Öffentlichen Meinung" darauf aufmerksam gemacht, dass die „Bilder in unseren Köpfen" über die Strukturen der „äußeren Welt" völlig anders aussehen können als diese äußere Welt selbst (Lippmann 1922). Seine Feststellung trifft auch auf das Verhalten der Arbeitsmigranten gegenüber den Gesetzen zu. Das Verhalten dieser Gruppe in der Realität hat sich im Bewusstsein von vielen Deutschen in sein Gegenteil verkehrt. Eine in Wirklichkeit besonders gesetzestreue Minderheit verwandelt sich in den Köpfen von vielen Deutschen in eine besonders kriminelle Gruppe. Wo liegen die Ursachen für diese verhängnisvolle und gefährliche Metamorphose des gesetzestreuen Arbeitsmigranten zum kriminellen Ausländer?

Eine wichtige Ursache ist der z.T. undifferenzierte und vorurteilsbeladene öffentliche Diskurs über die „Ausländerkriminalität". Die Massenmedien spielen dabei eine zentrale Rolle – so eine zweite wichtige Grundeinsicht Lippmanns über den Prozess der öffentlichen Meinungsbildung. Die „Bilder in unseren Köpfen" werden in einer komplexen und unübersichtlichen Gesellschaft wesentlich beeinflusst durch die „veröffentlichte Realität", wie sie in den Medien präsentiert wird. Viele systematische Inhaltsanalysen über die Darstellung von Migranten in deutschen Massenmedien kommen zu dem übereinstimmenden Ergebnis, dass das mediale Bild vom Migranten ein negativ eingefärbtes Zerrbild ist. Es wird nur Weniges über Migranten und ihre Probleme berichtet, aber das Wenige ist ausgesprochen einseitig-selektiv. Dies gilt insbesondere für die Printmedien. Die dominierende Facette des Zerrbildes vom Migranten in vielen Printmedien ist der „bedrohliche Ausländer" – der Ausländer als eine Gefahr und Belastung für den Arbeitsmarkt, für das soziale Netz, für die öffentlichen Haushalte. Die markanteste Kontur des „bedrohlichen Ausländers" ist wiederum der „kriminelle Ausländer": Ausländer gefährden insbesondere die öffentliche Sicherheit (vgl. die Zusammenfassungen der Inhaltsanalysen z.B. bei Ruhrmann 1998 und Geißler 1999).

Wie übermächtig das Stereotyp vom „kriminellen Ausländer" bestimmte Printmedien dominiert, wurde auch durch eine kleine Inhaltsanalyse zutage gefördert, deren wichtigste Ergebnisse kurz vorgestellt werden sollen (weitere Einzelheiten bei Geißler 1999).

Untersucht wurden fünf Wochen lang (27.10. bis 29.11.1997) alle Artikel und Kommentare der überregionalen „Frankfurter Allgemeinen Zeitung" (FAZ) und der regionalen „Siegener Zeitung" (SZ), in denen Ausländer erwähnt wurden; in der FAZ die drei Rubriken Politik, Vermischtes („Deutschland und die Welt") sowie Leserbriefe, in der SZ, die im Raum Siegen über ein Quasi-Monopol verfügt, die drei Rubriken Politik, Vermischtes („Zeitgeschehen") und Lokales.

Die Ergebnisse sind bedrückend. 59% aller Beiträge in der SZ, in denen ethnische Minderheiten erwähnt wurden, hatten kriminelle Handlungen zum Gegenstand. Am einseitigsten werden Ausländer in der Rubrik Vermischtes präsentiert, die in der SZ die Bezeichnung „Zeitgeschehen" trägt: drei von vier Artikeln berichten über Ausländerkriminalität. Aber auch im politischen Teil und im Lokalteil beziehen sich 43% bzw. 40% der Beiträge auf kriminelle Handlungen.

In der FAZ stellt sich das quantitative Bild etwas weniger dramatisch dar. Wegen ihres erheblich größeren Informationsgehalts im politischen Teil (58 „Ausländer"-Beiträge in der FAZ im Vergleich zu 14 in der SZ) ist die Berichterstattung über ethnische Minderheiten erheblich vielfältiger. Aber auch in der „seriösen" FAZ entfallen mehr als ein Viertel der Beiträge auf die Straftaten der ethnischen Minderheiten, und in der Rubrik „Deutschland und die Welt" ist die Berichterstattung über Ausländer sogar noch stärker als in der SZ zur Berichterstattung über Ausländerkriminalität verkommen: 18 von 19 Beiträgen sind dem „kriminellen Ausländer" gewidmet.

Die folgenden Beispiele illustrieren, wie die deutsche Öffentlichkeit seit vielen Jahren immer wieder pauschal und dramatisch vor der „hohen Ausländerkriminalität" gewarnt wurde. „Kriminalität steigt alarmierend – 27% Ausländeranteil" (Welt am Sonntag vom 13. März 1992). – „Kanter: Ausländerdelikte geben Anlass zur Sorge" (SZ vom 31. Mai 1994). Schlagzeilen dieser und ähnlicher Art tauchen jedes Jahr wieder auf, wenn über Daten aus der Polizeilichen Kriminalstatistik berichtet wird. Manchmal wird die Meldung von der „hohen Ausländerkriminalität" auch etwas dezenter nur im Text der Artikel dargeboten. So meldet Bild seinen Millionen von Lesern und Leserinnen am 31.5.1994: „Der Innenminister: ‚Große Sorge macht mir die Entwicklung der Ausländerkriminalität.' Fast ein Drittel aller ermittelten Tatverdächtigen haben nicht die deutsche Staatsangehörigkeit". Insbesondere die Welt am Sonntag unternimmt große Anstrengungen, das Bild vom kriminellen Ausländer zu verbreiten: „22.719 von 68.230 Häftlingen in Deutschland sind Ausländer – jeder Dritte" (5. Nov. 1995) – „Forschungsgruppe der Polizei: ‚Ausländer sind zweieinhalbfach stärker mit Kriminalität belastet als Deutsche'" (21. April 1996). So lauten z.B. die Schlagzeilen von zwei ganzseitigen Artikeln, reich bebildert mit Fotos von Tätern, die auf den ersten Blick an ihrem Aussehen als „Nichtdeutsche" zu erkennen sind. Auch „seriöse" Zeitungen beteiligen sich mit Beiträgen „seriöser" Autoren an diesem Diskurs. So schreibt z.B. der ehemalige niedersächsische CDU-Justizminister Hans-Dieter Schwind, heute Kriminologe in Bochum, in der FAZ (24. Juni 1993): „Die Polizeiliche Kriminalstatistik für das gesamte Bundesgebiet zeigt, dass inzwischen mehr als dreißig Prozent aller Raubtaten, Vergewaltigungen und gefährlichen schweren Körperverletzungen von Nichtdeutschen verübt werden." Erheblich drastischer äußert sich in derselben Zeitung der ostdeutsche Hochschullehrer Eike Lippert, Biologe an der Universität Rostock: „Die hohe Kriminalität unter Ausländern und Asylbewerbern ist bekannt. Dabei stehen die Rumänen mit Abstand an der Spitze. Genau das sind die Sinti und Roma, die illegal über Polens Westgrenze strömen und zu Hunderten vor der hoffnungslos überfüllten zentralen Aufnahmestelle für Asylbewerber in Lichtenhagen campierten ... Dort entfalteten sie ihren Anteil einer multi-kulturellen Gesellschaft: bettelten, lärmten, liebten sich, belästigten Frauen und Kinder. Die Grünflächen versanken in Unrat und Kot. Verbrechen grassierten: Betrug, Diebstahl, Einbruch, Körperverletzungen, Vergewaltigungen grausamster Art" (7. Januar 1993).

Der sorglose Umgang mit dem Begriff „Ausländerkriminalität" und mit entsprechenden Daten der Kriminalstatistiken hat schlimme Folgen: Er verwischt wichtige Differenzierungen. Die Straftaten der Arbeitsmigranten werden zusammen mit denjenigen von Illegalen, kriminellen Grenzgängern, Asylbewerbern und Mitgliedern internationaler Verbrecherbanden im großen Topf der „Ausländerkriminalität" zu einem Einheitsbrei verrührt. Dabei geht der wichtige Sachverhalt unter, dass die Elterngeneration der Arbeitsmigranten genau so gesetzestreu ist wie die deutsche Bevölkerung. Der undifferenzierte Diskurs diffamiert – bewusst oder auch unbewusst – die Kerngruppe der in Deutschland lebenden ethnischen Minderheiten.

An einem differenzierten Diskurs über die Kriminalität von Migranten sind Viele nicht interessiert, weil das Stereotyp vom kriminellen Ausländer zwei wichtige politische Funktionen erfüllt:

(a) Der Hinweis auf die hohe Ausländerkriminalität ist ein wichtiges Argument, mit der sich eine restriktive Ausländerpolitik (auch gegen Arbeitsmigranten) begründen und legitimieren lässt. Dieser Zusammenhang ist in den Medien z.T. direkt, z.T. indirekt sichtbar. So wird z.B. bei dem bereits erwähnten ganzseitigen Artikel mit der Schlagzeile „22.719 von 68.230 Häftlingen in Deutschland sind Ausländer – jeder Dritte" erkennbar. Auf derselben Seite ist eine kleiner Beitrag mit der Schlagzeile „Stoiber warnt vor doppelter Staatsbürgerschaft" abgedruckt. Der groß aufmachte und bebilderte Artikel über die bedrohlich hohe Zahl „ausländischer Häftlinge" soll bei den LeserInnen den Resonanzboden dafür bereiten, der restriktiven CSU-Ausländerpolitik, insbesondere gegenüber den schon lange in Deutschland lebenden Arbeitsmigranten, zuzustimmen.

41

(b) Hinweise auf die hohe Ausländerkriminalität dienen des Weiteren dazu, Fremdenfeindlichkeit oder auch Gewalt gegen ethnische Minderheiten verständlich zu machen, zu entschuldigen oder gar zu rechtfertigen. Sie sollen verständlich machen, warum Gefühle der Bedrohung in der deutschen Bevölkerung ernst zu nehmen sind. Drastisch und unverblümt argumentiert z.b. der bereits erwähnte Rostocker Biologe Eike Lippert in der FAZ: Mit seinem Schreckensgemälde über die lärmenden, schmutzigen, bettelnden, sexuell zügellosen und verbrecherischen Sinti und Roma erklärt und rechtfertigt er die international berüchtigten gewalttätigen Ausbrüche von Fremdenhass in der Rostocker Trabantenstadt Lichtenhagen: „In Lichtenhagen brodelte der Zorn wie in zahlreichen Gemeinden ganz Deutschlands." Diese Argumentation ist ein typisches Beispiel für die häufig praktizierte Umkehrung der Täter-Opfer-Beziehung: ethnische Minderheiten sind nicht Opfer der gewalttätigen Attacken von deutschen Jugendlichen unter dem Applaus der Anwohner und den Augen einer untätigen Polizei, sondern sie werden als verwahrloste Sittenstrolche und Kriminelle dargestellt, gegen die sich der „Volkszorn" mit Recht zur Wehr setzt.

Um nicht einseitig zu verallgemeinern, sei darauf hingewiesen, dass der Mediendiskurs auch andere Elemente enthält. Die Frankfurter Rundschau oder Die Zeit zeichnen z.b. Migrantenbilder, deren Konturen völlig anders aussehen. Die öffentlich-rechtlichen Radio- und Fernsehsender vermitteln den Eindruck, als seien sie überwiegend bemüht, Bedrohungsszenarios möglichst zu vermeiden. Und Bundesinnenminister Kanter (CDU) hat bei seinen letzten Pressekonferenzen zur Polizeilichen Kriminalstatistik darauf aufmerksam gemacht, dass sich die „seit langem in Deutschland lebenden und meist schon gut integrierten Personen ohne deutsche Staatsangehörigkeit ... weitgehend strafunauffällig verhielten" (FAZ vom 13.5.1998). Kanters Nachfolger, Innenminister Schily (SPD), äußert sich auf der entsprechenden Pressekonferenz des Jahres 1999 noch deutlicher: „Falschen Behauptungen, dass Ausländer anfälliger für kriminelle Handlungen als Deutsche seien, müsse entgegengetreten werden" (FAZ vom 26.5.1999). Der SZ ist diese wichtige Aussage allerdings keine Mitteilung wert.

WAS TUN?

Als grobes Resümee lässt sich festhalten: Die eingewanderten Arbeitsmigranten verhalten sich in besonderem Maße gesetzestreu, aber ein Teil ihrer Kinder ist kriminell gefährdet – wenn auch nicht so stark, wie es mangelhaft interpretierte Kriminalstatistiken suggerieren. Für eine zukünftige Integrationspolitik ergibt sich daraus Handlungsbedarf auf zwei Feldern:

(1) Bei der Gefährdung der zweiten Generation ist insbesondere die Sozial- und Bildungspolitik gefragt – Abbau von sozialen Ausgrenzungen (Armut, Arbeitslosigkeit) der Migrantenfamilien und bessere Chancen für Migrantenkinder im Bildungssystem, vor allem in der Berufsausbildung.

(2) Zu einem allgemein „fairständnisvollen", integrationsfördernden Umgang mit ethnischen Minderheiten gehört die Reinigung des öffentlichen Diskurses über „Ausländer" und „Ausländerkriminalität" von falschen, einseitigen oder missverständlichen Aussagen, Meldungen, Begriffen und Daten, die das Vorurteil vom „kriminellen Gastarbeiter" begünstigen (Abschwächung des medialen Zerrbildes vom „kriminellen Ausländer", keine Verwendung von pauschalen Begriffen und statistischen Daten zum „kriminellen Ausländer" ohne differenzierende Kommentare, Ersatz der Pauschalkategorie „Ausländer" in den Kriminalstatistiken durch sinnvollere, genauere Kategorien wie z.b. „Grenzkriminalität", „Kriminalität von Arbeitsmigranten" u.a.).

LITERATUR

Bundeskriminalamt (Hrsg.) 1999: Polizeiliche Kriminalstatistik 1998. Wiesbaden

Geißler, Rainer 1995: Das gefährliche Gerücht von der hohen Ausländerkriminalität. In: Aus Politik und Zeitgeschichte B 35, S. 30-39

Geißler Rainer 1999: Der bedrohliche Ausländer. Zum Zerrbild ethnischer Minderheiten in Medien und Öffentlichkeit. In: Markus Ottersbach/Sebastian K. Trautmann (Hrsg.): Integration durch soziale Kontrolle. Zur Kriminalität und Kriminalisierung allochthoner Jugendlicher. Köln, S. 23-38

Geißler, Rainer 1999: Bessere Präsentation durch bessere Repräsentation. Anmerkungen zur medialen Integration von ethnischen Minderheiten. Paper zur Tagung „MigrantInnen und Medien" an der Universität Duisburg (im Druck)

Geißler, Rainer/Norbert Marißen 1990: Kriminalität und Kriminalisierung junger Ausländer. In: Kölner Zeitschrift für Soziologie und Sozialpsychologie 42, S. 663-687

Lippmann, Walter 1961: Public Opinion. London (zuerst 1922)

Mansel, Jürgen 1989: Die Selektion innerhalb der Organe der Strafrechtspflege am Beispiel von jungen Deutschen, Türken und Italienern. Frankfurt a.M.

Mansel, Jürgen 1990: Kriminalisierung als Instrument zur Ausgrenzung und Disziplinierung oder „Ausländer richten ihre Kinder zum Diebstahl ab". In: Kriminalsoziologische Bibliographie 17, S. 47-65

Mansel, Jürgen/Klaus Hurrelmann 1998: Aggressives und delinquentes Verhalten Jugendlicher im Zeitvergleich. In: Kölner Zeitschrift für Soziologie und Sozialpsychologie 50, S. 78-109

Pfeiffer, Christian/Peter Wetzel 1999: Zur Struktur und Entwicklung der Jugendgewalt in Deutschland. In: Aus Politik und Zeitgeschichte B 26, S. 3-22

Polizei-Führungsakademie (Hrsg.) 1996: Fremdenfeindlichkeit in der Polizei? Lübeck

Rommelfanger, Ulrich 1998: Wir brauchen die internationale Zusammenarbeit von Polizei und Justiz. Grenzkriminalität an der östlichen Außengrenze der Europäischen Union. In: Frankfurter Allgemeine Zeitung vom 5. Februar 1998, S. 11

Ruhrmann, Georg 1998: Mediendarstellung von Fremden. In: Siegfried Quandt/ Wolfgang Gast (Hrsg.): Deutschland im Dialog der Kulturen. München, S. 35-52

Schrader, Achim/Bruno Nikles/Hartmut Griese 1976: Die zweite Generation. Kronberg

Schultze, Günther 1995: Arbeitsmarktintegration von türkischen Migranten der ersten und zweiten Generation. In: Wolfgang Seifert (Hrsg.): Wie Migranten leben. Berlin (WZB-Paper FS III 95-401), S. 10-16

Schumann, Karl F./Claus Berlitz/Hans-Werner Guth/Reiner Kamlitzki 1987: Jugendkriminalität und die Grenzen der Generalprävention. Neuwied-Darmstadt

Seifert, Wolfgang 1991: Ausländer in der Bundesrepublik – Soziale und ökonomische Mobilität. Berlin (WZB-Paper P 91-105)

Statistisches Bundesamt (Hrsg.) 1999: Statistisches Jahrbuch für die Bundesrepublik Deutschland 1999. Stuttgart

Staudt, Gerhard 1986: Kriminalität, soziale Lage und Rechtsetzung sowie Rechtsanwendung aus der Perspektive von jungen Türken, Italienern und Deutschen. Diss. Saarbrücken

Storz, R./S. Ronez/S. Baumgartner 1996: Zur Staatszugehörigkeit von Verurteilten. Kriminalistische Befunde. Bern

Wirth, Wolfgang 1998: Ausländische Strafgefangene im Jugendstrafvollzug NRW. Manuskript

ANHANG

Sozialprofileffekte bei Arbeitsmigranten

Erhöhung der erwarteten Belastung durch polizeilichen Tatverdacht durch den

Geschlechtereffekt	9%
Großstadteffekt	12%
Alterseffekt	33%

Schichteffekt

    alle Arbeitsmigranten   129%

    zweite Generation   78%

Anteil der ausländischen Arbeitnehmer, Gewerbetreibenden, Studenten und Schüler an den polizeilich registrierten Tatverdächten (1998)

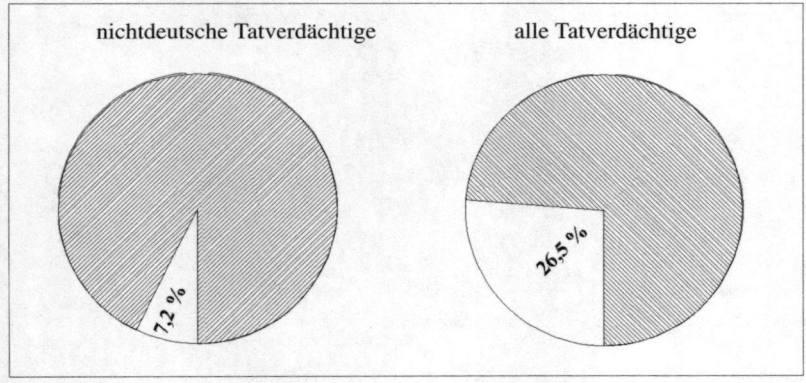

Quelle: berechnet nach Bundeskriminalamt 1999, S. 105 und 116

45

Der „kriminelle Aussiedler" – das neue Problemkind der Institutionen sozialer Kontrolle?

Gabriele Kawamura-Reindl

1. KRIMINALITÄT JUNGER AUSSIEDLER ALS PROBLEM

Mit der Öffnung Osteuropas sind die Zahlen der Aussiedler sprunghaft angestiegen. Während zwischen 1950 und 1988 nur etwa 1,5 Mio. Aussiedler nach Deutschland kamen, wanderten seit 1989 3 Mio. Aussiedler ein, über 90% aus Gebieten der ehemaligen Sowjetunion (Dolde 2001: 3; Kerner u.a. 2001: 370). Seit einigen Jahren nimmt die Problematisierung der Kriminalität junger Aussiedler in der kriminalpolitischen Debatte, aber auch unter Institutionen sozialer Kontrolle einen breiten Raum ein. Polizei, Parlamentarier, Wohlfahrtsverbände, Vereine, BewährungshelferInnen, MitarbeiterInnen in Jugendstrafvollzugsanstalten und DrogenberaterInnen eint die Sorge um die vermeintliche Zunahme der Aussiedlerkriminalität. So äußert z.b. die Evangelische Kirche Besorgnis: „Wie andere Einwanderer auch verhalten sich junge Aussiedlerinnen und Aussiedler in den ersten zwei bis drei Jahren sehr angepasst und unauffällig. Sobald aber zunehmend Enttäuschungen eintreten, schlägt das Verhalten bei vielen jungen Leuten um und äußert sich in den bekannten Phänomenen von Gewalt, Sucht und Kriminalität." Weiter heißt es: „Dennoch lässt sich auf Grund von Erfahrungen in Schulen und Jugendgefängnissen Folgendes sagen: Weniger als 20% der jungen Aussiedlerinnen und Aussiedler besuchen das Gymnasium. Etwa 15% werden straffällig. Das ist eine knapp doppelt so hohe Anzahl wie bei den einheimischen Jugendlichen" (Kirchenamt der EKD: 1999). Auch BewährungshelferInnen und JugendgerichtshelferInnen sowie MitarbeiterInnen im Strafvollzug beschreiben junge Aussiedler als die eigentliche und neue Problemgruppe. Der Ausschreibungstext einer Akademietagung für BewährungshelferInnen in Oldenburg beschreibt die Befürchtungen: „Die Bewährungshilfe in der Bundesrepublik Deutschland wird seit Jahren vermehrt mit der Straffälligkeit junger Aussiedler aus den Nachfolgestaaten der Sowjetunion konfrontiert. Seit 1988 sind etwa 2 Millionen Aussiedler aus der ehemaligen Sowjetunion in die Bundesrepublik übergesiedelt. Kulturelle Entwurzelung, soziale Desorientierung und mangelnde Chancen und Perspektiven sind u.a. Ursachen für ihr kriminelles Verhalten, wobei die erhöhte Aggressivität und die Gewalttaten zu Sorgen Anlass geben."

Die Polizei berichtet von „ungewöhnlicher Gewaltbereitschaft, von regelmäßigen Alkoholexzessen, von rasanten Drogenkarrieren, von beängstigenden Bandenkriegen, von vermehrten Sexualdelikten und sich häufenden Widerstandshandlungen" (Sasse 1999: 225) und zieht das bedrückende Fazit, dass die Integration junger Aussiedler in zunehmendem Maße misslingt.

Nicht nur in der Politik, bei der Polizei und der Justiz, sondern auch in den Medien scheint die Kriminalität von Aussiedlern die Sorge um die sog. Ausländerkriminalität verdrängt zu haben. Bei genauerem Hinsehen drängen sich allerdings eine Reihe von Parallelen auf: Thematisiert wird die Kriminalität von Aussiedlern – wie zuvor die Ausländerkriminalität – im Wesentlichen unter zwei Aspekten: dem der Bandenbildung, der Beziehung zur organisierten Kriminalität (Russenmafia)[1] und dem der Kriminalität junger Menschen. Dass Drogen und Gewalt in der Debatte eine zentrale Rolle spielen, erinnert ebenfalls an die Kreuzzüge gegen die vermeintlich bedrohliche „Ausländer"- und „Asylantenkriminalität" vor einigen Jahren.

Im Kontext zur Themenkarriere der „Ausländerkriminalität" und der „Asylantenkriminalität" setzten sich Metaphern vom überfüllten Boot und vermeintlich notwendigen Ausweisungen und Abschiebungen nicht nur verbal, sondern auch politisch durch. Beim Umgang gefährdeter junger Aussiedler dagegen stehen eher präventive Maßnahmen wie sportliche Aktivitäten,[2] Sprachkurse und Forderungen nach sozialer Betreuung im Vordergrund, seitens der Strafverfolgungsinstanzen allerdings durchaus auch der Ruf nach härterem Durchgreifen.

---

[1] So spekulieren etwa Pfeiffer u.a. über die Frage, ob sich die russische Mafia die Tatsache zunutze macht, dass es in Regionen mit einem hohen Anteil von Aussiedlern „eine wachsende Zahl von perfekt russisch sprechenden Deutschen gibt, die sozial nicht gut integriert sind. Werden junge Aussiedler von ihr vermehrt dafür rekrutiert, in Deutschland als Zwischenhändler oder direkt in der Drogenszene agierende Händler aufzutreten?" (Pfeiffer u.a. 1997: 46).

[2] Neben dem Projekt „Ost-West-Integration" des deutschen Volkshochschulverbandes wird vom Aussiedlerbeauftragten des Bundesministeriums des Inneren die Aktion „Sport mit Aussiedlern" als besonders erfolgreiches Integrationsbeispiel genannt. In enger Zusammenarbeit mit dem Deutschen Sportbund unterstützt die Bundesregierung im Rahmen der Aktion mehr als 5.000 Einzelmaßnahmen mit einem Gesamtvolumen von ca. 8 Millionen DM.

2. ZUR KRIMINALITÄT JUNGER AUSSIEDLER

Wie aus zahlreichen kriminologischen Studien zur sog. Ausländerkriminalität bekannt, sind vergleichende Betrachtungen zur Kriminalitätsbelastung von Migranten und Einheimischen von vornherein mit einer Reihe von Problemen und Einschränkungen verbunden. Dies trifft auch für die jungen Aussiedler zu. Grundsätzlich ist – jenseits aller kultur- und sozialisationsspezifischer Besonderheiten – schon deshalb bei jugendlichen Spätaussiedlern mit vermehrtem abweichendem Verhalten zu rechnen, weil Kriminalitätsbelastungszahlen länder- und relativ zeitunabhängig zeigen, dass die Straffälligkeit männlicher Personen bis zum 18. bzw. 25. Lebensjahr stark ansteigt, bis zum 31. Lebensjahr ähnlich steil wieder abfällt, um dann langsam abzusinken (Kerner u.a. 2001: 370). Wie viele andere Migrantengruppen unterscheidet sich auch die Gruppe der SpätaussiedlerInnen von der Aufnahmegesellschaft durch ihre demografische Zusammensetzung: „35,6% der Spätaussiedler sind unter 20 Jahre alt, gegenüber nur 21% in der einheimischen Bevölkerung" (Kerner u.a. 2001: 370). Ein Vergleich der Kriminalität junger Aussiedler mit der junger Deutscher wäre darüber hinaus nur dann sinnvoll, wenn beide sozialen Gruppen unter gleichen gesellschaftlichen und sozialen Bedingungen leben. Im Falle der jungen Einheimischen und der jungen Aussiedler trifft dies überhaupt nicht zu: 76,9% der einheimischen Jugendlichen kommen aus privilegierten Familien, gegenüber 31,5% der jungen Aussiedler. Als „privilegiert" werden hier Jugendliche verstanden, die 1. die Realschule oder das Gymnasium besuchen, die 2. nicht von Sozialhilfe oder Arbeitslosigkeit bedroht sind und die 3. weder in der Kindheit noch im vergangenen Jahr Opfer schwerer elterlicher Gewalt gewesen sind (vgl. Pfeiffer u.a., zit. in Walter, J. 2001 a: 54).

Kriminalstatistisch abgesicherte Aussagen zur Kriminalität jugendlicher Aussiedler werden ferner dadurch erschwert, dass sie aufgrund ihrer deutschen Staatsangehörigkeit in der Polizeilichen Kriminalstatistik, aber auch in der Strafverfolgungs- und der Strafvollzugsstatistik nicht getrennt von Deutschen aufgeführt werden; sie sind also „kriminalstatistisch unauffällig" (Reich u.a. 1999: 350). Das Fehlen abgesicherter Aussagen zu Art und Umfang ihrer strafrechtlich relevanten Auffälligkeit ließ lange Zeit einen breiten Raum für Spekulationen.

Belegt scheint die Zunahme der Kriminalität junger Aussiedler auf den ersten Blick durch die Zunahme der Zahl der inhaftierten jungen Aussiedler. So zeigten die Ergebnisse einer Umfrage aus dem Sommer 1998 (Pfeiffer/ Dworschak 1999), dass in 19 Jugendstrafvollzugsanstalten in zehn westlichen Bundesländern der Anteil der jungen Aussiedler am Stichtag 30.04.1998 bereits bei 10% der jungen Inhaftierten lag. Im Vergleich zu ihrem Anteil an der Gesamtbevölkerung ist diese Gruppe damit erheblich überrepräsentiert. Ein Vergleich des Aussiedleranteils der Jahre 1992 bis 1998 aus fünf Jugendstrafanstalten, die die hierfür notwendigen Daten zur Verfügung stellten, ergab eine Verzwölffachung des Aussiedleranteils von 0,9% im Jahr 1992 auf 8,2% im Jahr 1998 (Pfeiffer/Dworschak 1999: 186). Bestätigt wird die starke Zunahme des Aussiedleranteils im Jugendstrafvollzug auch durch Grübl und Walter (1999), die für die baden-württembergische Jugendstrafvollzugsanstalt Adelsheim – dort befinden sich fast alle jugendlichen und heranwachsenden Strafgefangenen Baden-Württembergs – eine Zunahme von weniger als 3% jugendlicher Russlanddeutscher im Jahr 1993 auf 12,3% im Jahr 1998 mit einer Tendenz hin zu 13-14% im Jahr 1999 konstatierten (Grübl/Walter 1999: 362). Noch deutlicher zeigt sich die steigende Tendenz jugendlicher Aussiedler im Jugendstrafvollzug anhand der Daten der Zugänge in den Jugendstrafvollzug Baden-Württembergs. Dort stieg der Anteil der Aussiedler aus der GUS von 0,5% 1993 auf 18% im Jahr 2000 (Walter, J. 2001 b).

Diese deutliche Tendenz wirft die Frage auf, ob der im Jugendstrafvollzug zu verzeichnende Anstieg der jugendlichen Aussiedler die offizielle Kriminalitätsentwicklung widerspiegelt. Eine neuere und bundesweit erste detaillierte Studie zum Thema „Kriminalität von Aussiedlern" hat die Kriminologische Forschungsgruppe beim Bayerischen Landeskriminalamt im Auftrag des Bayerischen Innenministeriums erarbeitet und 2000 herausgegeben.[3] Einige Ergebnisse:

Die Kriminalität von Aussiedlern ist nicht Besorgnis erregend. Die weitaus größte Zahl der in Bayern lebenden Aussiedler wird polizeilich nicht registriert. Aussiedler verübten 7% aller 1999 in Bayern geklärten Straftaten; sie weisen damit eine ähnlich hohe Kriminalitätsbelastung auf wie Deutsche. Aussiedler kommen vor allem wegen Ladendiebstählen mit dem Gesetz in Konflikt. Bei den am häufigsten festgestellten Straftaten der Aussiedler handelt es sich um einfache Diebstähle (34%), dabei vor allem um Ladendiebstähle.

---

[3] Ziel war es, erstmalig umfassende Erkenntnisse über die polizeilich registrierte Kriminalität von Aussiedlern und ihren Integrationsverlauf in Bayern zu erhalten. Die methodisch aufwändige Untersuchung (Luff 2000) beruht auf Sonderauswertungen der polizeilichen Kriminalstatistik, einer Längsschnittuntersuchung, der Auswertung von Kriminalakten und Interviews mit Spätaussiedlern.

Der überwiegende Anteil der polizeilich registrierten Aussiedler fällt innerhalb der ersten dreieinhalb Jahre mit der ersten Straftat auf (sehr häufig mit Formen des einfachen Diebstahls), bei den meisten (bei 64%) bleibt es innerhalb der ersten fünf Jahre in Deutschland bei einer Straftat (Luff 2000: 190). Zwischen tatverdächtigen Aussiedlern, Deutschen und Nichtdeutschen zeigt die Studie auch keine nennenswerten Unterschiede hinsichtlich der Einfach- und Mehrfachauffälligkeit. So genannte Rohheitsdelikte wie einfache oder gefährliche Körperverletzung oder Raubüberfälle begehen der Studie zufolge überwiegend Aussiedler, die sich schon länger in Deutschland aufhalten.

Entgegen landläufigen Vorurteilen zeigt die Studie, dass es „den typischen Aussiedler" mit einer spezifischen Kriminalität genauso wenig gibt wie den typischen Nichtdeutschen. „Zwar dürften Aussiedlung und erste Erfahrungen in Deutschland individuell vergleichbar prägende Einflüsse hinterlassen, zu vielgestaltig sind allerdings die mannigfachen sozialisatorischen Einflüsse der unterschiedlichen Regionen, aus denen Migranten zu uns kommen, als dass in der Folgezeit einheitliche Verhaltensmuster ausgeprägt werden würden. Innerhalb der Staaten der ehemaligen Sowjetunion sind es z.B. die Aussiedler aus Kasachstan, die bei uns bevorzugt mit Delikten des einfachen Diebstahls auffallen, wohingegen Tatverdächtige mit dem Geburtsland ‚Russische Förderation' vermehrt mit Rohheitsdelikten und zugleich bei der Straftatbegehung polizeilich registriert werden" (Luff 2000: 191 f.).

Auf ganz Bayern und alle registrierten Aussiedler bezogen ist übrigens festzustellen, dass Taten unter Alkoholeinfluss zahlenmäßig prinzipiell nicht aus dem Rahmen fallen. 9,5% ihrer Delikte verübten Aussiedler unter Alkoholeinfluss, der Vergleichswert in der Polizeilichen Kriminalstatistik für alle Tatverdächtigen (also Deutsche und Nichtdeutsche) beträgt 8,8% (Luff 2000: 191). Auch die Auswertung des Gewaltpotenzials bringt keine beunruhigenden Ergebnisse. 56% der im Rahmen der Studie analysierten 50 Gewaltstraftaten wiesen aus Sicht der Forscher ein geringes Gewaltpotential auf, „zu 34% wurde mit hohem Gewalteinsatz vorgegangen und nur in 10% der Fälle war ein äußerst brutales Verhalten zu diagnostizieren" (Luff 2000: 191).

Auffallend sind allerdings hohe Steigerungsraten bei der strafrechtlichen Registrierung von Aussiedlern. In den vergangenen drei Jahren ist der bayerischen Studie zufolge die Zahl der entdeckten Straftaten von Aussiedlern deutlich gestiegen, während die Kriminalität von Deutschen und Ausländern im Vergleichszeitraum dagegen abgenommen hat.[4] Eine Entwicklung, die sich tendenziell auch in Niedersachsen gezeigt hat (vgl. Pfeiffer u.a. 1997) und die ein bisschen an alte Forschungsergebnisse der Chicagoer Schule erinnert, die zeigten, dass „die jeweils neueste Einwanderergruppe von den Kontrollinstanzen als das Hauptproblem betrachtet wurde und – in Chicago jedenfalls – in die entsprechenden Wohnquartiere der in der Zwischenzeit zum Teil abgewanderten vorherigen Problemgruppe und auf die Gefängnisplätze nachrückte" (Walter, J. 2001 b).

3. URSACHENFORSCHUNG UND HANDLUNGSANSÄTZE

Auf das Phänomen der „Migrationskriminalität" gibt es im Wesentlichen zwei unterschiedliche Sichtweisen (vgl. Walter, M. 2001): Die erste ist eine eher ursachenbezogene Forschung. Die zweite ist die des Labeling-Ansatzes, bei dem man davon ausgeht, dass Migranten, also auch Aussiedler, als Fremde mit negativen Momenten oder Zuschreibungen belegt werden.

3.1 Der erste Erklärungsstrang: Sozialisation und kriminologische Ursachentheorien

Bei der ursachenbezogenen Forschung fragt man nach konkreten Lebensbedingungen oder Lebensumständen, die sich in einen sinnvollen Zusammenhang mit existierenden Kriminalitätstheorien bringen lassen. „In diesem Rahmen erscheinen dann der Prozess der Migration oder andere Ortsveränderungen als Vorgänge, deren gesamte Umstände und Folgen das Kriminalitätsrisiko erhöhen" (Walter, M. 2001: 215). Die umfangreiche Literatur zur Integrationsproblematik verweist mit diversen Akzentsetzungen auf folgende prägende Konditionen:

*   schlechtere Schul-, Ausbildungs-, Bildungs- und Berufssituation;

*   geringere Möglichkeiten der Eltern, ihre Kinder zu fördern;

*   für die Eltern sowie evtl. die Kinder: ungünstigere Einkommensverhältnisse, Hindernisse auf dem Arbeitsmarkt, Arbeitslosigkeit;

*   beengte und schlechtere Wohnverhältnisse (vgl. Walter, M. 2001: 218 f.).

---

[4] „Von den tatverdächtigen Aussiedlern sind in der (bayerischen, Anm. d.V.) Polizeilichen Kriminalstatistik 1997 21.054 Straftaten registriert, im Jahr darauf 25.593 (+21,6%), 1999 beträgt die absolute Anzahl 28.286 (+10,5%)" (Luff 2000: 190).

Hinzu kommen soziale Erfolgslosigkeit, sprachliche Probleme, eine instabilere emotionale Befindlichkeit und kulturelle Dissonanzen aufgrund des Herausgerissenseins aus früheren sozialen Bezügen. Von AussiedlerInnen muss nicht selten ein sozialer Abstieg mit entsprechenden Rollenverlusten verarbeitet werden. Die Eltern sind oft überfordert durch eigene, existentielle Probleme, die mit der Neuorganisation ihres Lebens verbunden sind (Giest-Warsewa 2001: 21). Aussiedlerfamilien erzielen ein geringeres Einkommen als einheimische Haushalte. Besonders ungünstig ist die materielle Situation von Aussiedlerfamilien mit mehreren Kindern (Dietz 1998: 467). Nicht zuletzt durch die Kürzung der Zahlung von Eingliederungshilfe, die, wenn Aussiedler in der GUS in einem Arbeitsverhältnis gestanden haben, zwischen 460-490 Euro liegt, (vgl. Giest-Warsewa 2001: 21) bis auf sechs Monate in den letzten Jahren sind Aussiedlerhaushalte in immer höherem Maße von Sozialhilfe abhängig. Ihre Wohnsituation ist höchst beengt. Die Unterbringung in Übergangswohnheimen dauert in Baden-Württemberg, einem Bundesland, das neben Bayern als Wunschregion besonders bedeutsam ist, (Kerner u.a. 2001: 370) durchschnittlich ca. 18 Monate (Giest-Warsewa 2001: 21). „Nach dem Auszug aus dem Übergangswohnheim wird festgestellt, dass viele Aussiedlerfamilien versuchen, dort zuzuziehen, wo schon im näheren Umfeld Verwandte oder Bekannte wohnen. In der Folge entstehen dann oft russlanddeutsche Enklaven, in Gemeinwesen oft verbunden mit einem gravierenden Anstieg der Sozialhilfekosten und von Problemlagen" (Giest-Warsewa 2001: 21). Schließlich erschwert die hohe Arbeitslosigkeit auch die berufliche Integration der Aussiedler. Die Kinder, die teilweise schneller und besser Deutsch sprechen als die Eltern, müssen oft nicht angemessene Funktionen übernehmen. Daraus folgen nicht nur Überforderungsphänomene, sondern – angesichts autoritärerer und hierarchischerer Familienstrukturen – auch Autoritätsprobleme.

All dies erzeugt Stress und prägt die weiteren Lebens- und Sozialisationsbedingungen. In Kasachstan und Russland waren die heutigen Aussiedler „Deutsche", hier werden sie als „Russen" stigmatisiert. Die bundesdeutsche Gesellschaft interessiert sich letztlich wenig für ihre Herkunft, ihre Erfahrungen und Ressourcen. All dies führt – gut beobachtbar – zu dem Rückzug in die eigene, identitätsstabilisierende „russische" Clique, in der man stolz darauf ist, „Russe" zu sein. Dass sich hier neben positiven Effekten der Stressreduzierung, der Suche nach Heimat und der Überwindung von Fremdheit für Jugendliche auch Lern- und Subkulturtheorien bestätigen, darf nicht verwundern. Eventuelle kulturspezifische Verhaltensmuster männlicher Jugendlicher, wie die offensichtlich weit verbreitete Lösung konflikthafter Auseinandersetzungen mittels Gewalt[5] tun ein Übriges, um in Schule und Freizeit auf Unverständnis und Ablehnung zu stoßen. Solche Cliquen stellen nicht nur „Bühnen für die Inszenierung von Männlichkeit" dar, sondern es werden dort auch Neutralisierungstendenzen eingeübt (Walter, J. 2001 a: 57).

3.2 Der zweite Erklärungsstrang: Kriminalisierung junger Aussiedler

Untersuchungen, die auf Daten der Polizeilichen Kriminalstatistik fußen, – man kann es nicht oft genug sagen – sind immer mit gewissen Einschränkungen zu betrachten, weil sie – wie die PKS selbst – lediglich das Hellfeld ausweisen. Der Umfang des Dunkelfeldes, so das Bundeskriminalamt Wiesbaden, hängt von der Art des Deliktes ab (wobei auch hierzu seitens der Wissenschaft aus verschiedenen Gründen keine exakten Angaben gemacht werden können) und kann sich unter dem Einfluss variabler Faktoren (z.B. Anzeigebereitschaft der Bevölkerung, Intensität der Verbrechenskontrolle) auch im Zeitablauf ändern. Die Polizeiliche Kriminalstatistik, Grundlage auch für die vorliegenden Untersuchungen zur Kriminalität von Aussiedlern kann also nicht als objektive Grundlage für eine realistische Einschätzung der Kriminalität bestimmter Bevölkerungsgruppen herhalten. Sie bietet genau sowenig ein Spiegelbild der Kriminalitätswirklichkeit wie subjektive Eindrücke von SozialpädagogInnen, JuristInnen oder MedienvertreterInnen. Bei der Betrachtung und Bewertung der Kriminalität von Aussiedlern können eine Reihe von Einschränkungen und Verzerrungen wirksam sein. So könnte es im Bereich der Gewaltstraftaten bei den jugendlichen Spätaussiedlern ein nicht unerhebliches Dunkelfeld geben: So weisen Dietz/Roll (1998: 122) darauf hin, dass Gewaltdelikte innerhalb der Gruppe junger Aussiedler selten zur Anzeige gebracht werden. Hier spielen zum einen das traditionelle, aus dem Herkunftsland mitgebrachte Misstrauen gegenüber staatlichen Institutionen und deren Vertreter (Polizei, aber auch Schule und Sozialarbeit) eine große Rolle, ferner der Wunsch, nicht aufzufallen und – bei den männlichen jungen Aussiedlern ein auf Zusammenhalt, Männlich-

---

[5] Kerner u.a. fragten in ihrer Untersuchung zum Freizeitverhalten und den sozialen Beziehungen jugendlicher Spätaussiedler, welche Erfahrungen die jungen Aussiedler in ihren Herkunftsländern mit Gewalt gemacht haben. Auf diese Frage gaben 81% der Jugendlichen an, dass sie körperliche Auseinandersetzungen/Schlägereien in der Schule miterlebt haben. 23,8% dieser Jugendlichen erlebten dies nach eigenen Angaben sogar „häufig" (Kerner u.a. 2001: 377).

keit und Stärke beruhender Ehrenkodex (vgl. Otto, Pawlik-Mierzwa 2001), der in einer Anzeige einen Schaden für den Einzelnen und die Gruppe sieht. Aber nicht nur die Frage, welche Straftaten im Dunkelfeld verbleiben, sondern auch die Frage, welche Straftaten warum ins Hellfeld gelangen, lohnt eine genauere Betrachtung. Ich will das anhand verschiedener Thesen tun.

• Bei Aussiedlern erstatten Geschädigte eher Strafanzeige.

Wenn man weiß, dass der allergrößte Teil strafrechtlich relevanter Konflikte und Verhaltensweisen durch eine Anzeige des Geschädigten (und ein geringer Teil durch selbstständige Ermittlungstätigkeit der Polizei) vom Dunkelins Hellfeld befördert wird, so erhalten Faktoren wie die Anzeigebereitschaft der Bevölkerung und die Intensität und Dichte polizeilicher Kontrolle eine erhebliche Bedeutung für die offizielle Kriminalitätsentwicklung. „Bezüglich der Bereitschaft der Bevölkerung, Straftaten von Spätaussiedlern anzuzeigen, dürften zwei Überlegungen greifen. Einerseits fallen die Delikte unter Umständen stärker auf, weil sich die Spätaussiedler sehr häufig in Gruppen in der Öffentlichkeit aufhalten und auch hier ihre Straftaten begehen. Diese werden besonders stark wahrgenommen und als Aussiedlerkriminalität interpretiert. Man könnte daher folgern, dass die Delikte somit auch vermehrt zur Anzeige gelangen" (Sasse 1999: 227).

Dieser Mechanismus ist in der Kriminologie als ein wesentlicher Selektionsmechanismus schon oft beschrieben worden und trägt dazu bei, dass die sog. Straßenkriminalität Jugendlicher leichter entdeckbar und verfolgbar ist als etwa bestimmte Formen der Wirtschaftskriminalität. Dass dieser Selektionsmechanismus bei jungen Menschen, die eine fremde Sprache sprechen und/oder im Wohnviertel als kriminelle Aussiedler gefürchtet sind, umso intensiver greifen dürfte, erscheint fast schon trivial.

• Polizei und die Staatsanwaltschaft tragen zu Kriminalisierungs- und Stigmatisierungsprozessen jugendlicher Aussiedler bei.

Zuschreibungsprozesse greifen aber womöglich noch auf eine andere Art und Weise. Ich zitiere aus dem Aufsatz eines Polizeivertreters: „Auf der anderen Seite wird aber eine zunehmende Angst der Bevölkerung vor einer Anzeigenerstattung gegen Spätaussiedler beobachtet. Insbesondere die offensichtliche Gewaltbereitschaft lässt den Bürger vor dem Gang zur Polizei zurückschrecken. So wird gerade im Bereich der Körperverletzungs- und Raubdelikte von einem größer werdenden Dunkelfeld ausgegangen. Häufig handelt es sich um Wiederholungstäter, die wegen der mangelnden Anzeigebereitschaft der Geschädigten und der damit nicht stattfindenden strafrechtlichen Verfolgung in ihrem Handeln noch bestärkt werden. Als Konsequenz wird zum Beispiel in der Polizeiinspektion Ibbenbüren im Rahmen einer Handlungsleitlinie empfohlen, bei Körperverletzungen (also einem Antragsdelikt, Anm. d. Verf.) grundsätzlich eine Strafanzeige zu fertigen (öffentliches Interesse)" (Sasse 1998: 227).

Solche Vorgehensweisen zeigen die Stigmatisierungseffekte auf polizeilicher Ebene und dürften ebenfalls Verzerrungen des Bildes über die Kriminalität einer bestimmten Gruppe Jugendlicher nach sich ziehen. Ähnliches finden wir auch bei Justizvertretern: Ein Zitat eines Oberstaatsanwalts aus Bayern aus den Nürnberger Nachrichten vom 24.08.2000: „Sie sind ziemlich rücksichtslos. Wenn ihr Opfer auf dem Boden liegt, treten sie noch danach und zeigen auch keine Erschütterung über die Folgen ... da fehlt die moralische Hemmschwelle ... wir werden hier noch größere Probleme bekommen." Derselbe Staatsanwalt äußert gegenüber der Presse in demselben Artikel mit der Headline „Es fehlt die moralische Hemmschwelle" weiter, dass die jungen Aussiedler überdurchschnittlich oft bei Straftaten wie Diebstahl, Drogenvergehen und Gewaltdelikten vertreten sind. Bei den „Klauereien" handele es sich oft um Whiskey oder Wodka, denn die Jugendlichen hätten Alkoholprobleme.

Die subjektive Einschätzung von Justizpersonen wird von der Öffentlichkeit oftmals ohne eine weitere Überprüfung als Faktum angesehen. Grundlage für solche subjektiven Einschätzungen aber sind häufig spektakuläre Einzelfälle, deren Merkmale verallgemeinert werden. Die Veröffentlichung solcher Interviews in den Medien kann wiederum zu einer Beeinflussung der öffentlichen und politischen Meinung führen. Scheerer spricht vom politisch-publizistischen Verstärkerkreislauf (Scheerer 1978: 225)

• Junge Aussiedler werden härter sanktioniert.

Der überproportionale Anteil junger Aussiedler in den Haftanstalten weist nicht auf eine intensivere Kriminalität, sondern eher auf verstärkte Kriminalisierungseffekte hin. Der Anteil der jugendlichen Aussiedler in den Haftanstalten ist überproportional zu deren entdeckter Kriminalität gestiegen, und so drängt sich zumindest die Befürchtung auf, dass die in den letzten Jahren intensivierte kriminalpolitische Debatte über die „kriminellen Aussiedler" nicht ohne Auswirkungen auf strafjustitielles Handeln geblieben ist. Diversions- bzw. ambulante Maßnahmen werden bei Aussiedlern seltener angewandt (Walter, Grübl 1999: 180 ff.). Junge Aussiedler gelangen schneller in Untersuchungshaft und werden rascher zu einer Jugendstrafe ohne Bewährung verurteilt als einheimische Deutsche. So argwöhnt auch Müller-Dietz (1999, zit. in Walter, J. 2001b), dass die Verfeinerung der Kriminalitätskontrolle (im Sinne einer Liberalisierung und Differenzierung der Sanktionen und dem Vorrang von Diversionsstrategien) nur für einheimische Bürger Platz greift, während für die Mehrzahl der MigrantInnen, vor allem der Wirtschaftsflüchtlinge aus armen Ländern, der Freiheitsentzug an Bedeutung gewinnt.

4. PERSPEKTIVEN FÜR DEN UMGANG MIT KRIMINALITÄT UND MIT DER KRIMINALISIERUNG JUNGER SPÄTAUSSIEDLER

Den Ausgangspunkt für Überlegungen, welche jugendpolitischen und ggf. strafrechtlichen Strategien im Umgang mit jugendlichen Aussiedlern angesichts der derzeitigen Situation sinnvoll erscheinen, bilden vier Thesen.

• Integration ist kein einseitiger Prozess; Integration setzt gegenseitige Lern- und Eingliederungsbereitschaft voraus.

Der traditionelle Integrationsansatz zielt auf etwas, was bisher nicht erreicht wurde: die Integration von Migranten. Dieser Ansatz „profiliert vermeintliche Defizite auf Seiten seiner Klienten" ... (und) ... „stilisiert diese zu Objekten einer professionellen Modellierung" (Mecheril u.a.2001: 298), und zwar so lange, bis die von der (deutschen) Mehrheit definierten Probleme der Migranten beseitigt sind. Diese auf Assimilation und Anpassung gerichtete Zielperspektive verstellt uns manchmal den Blick für die „prinzipiellen Eingliederungshindernisse, die nicht in der Verantwortung der Einzugliedernden liegen" (Mecheril u.a. 2001: 298). Die generelle Erwartung an eine rasche und möglichst reibungslose Integration gilt für die nach Deutschland eingewanderten Spätaussiedler vielleicht insofern in besonderer Weise, als diese die deutsche Staatsangehörigkeit besitzen, zumindest zum Teil bei ihrer Einreise die deutsche Sprache sprechen und vielleicht auch deshalb, weil sie „aufgrund staatlicher Unterstützungsleistungen als Konkurrenten um materielle Ressourcen gelten" (Kerner u.a.: 372).

Eingliederungschancen sind beeinflusst durch individuelle Dispositionen, Fähigkeiten und kulturelle Voraussetzungen sowie durch die realen und die subjektiv empfundenen Teilhabechancen am gesellschaftlichen Leben. Die Untersuchung des bayerischen Landeskriminalamts (Luff 2000) zeigt: Aussiedler, die gut Deutsch sprechen, sind weit weniger oft polizeilich registriert, sie begehen weniger schwerwiegende Straftaten. Aussiedler, die nicht polizeilich registriert waren, hatten einer Befragung zufolge die Verhältnisse in Deutschland realistischer eingeschätzt, sie erwiesen sich als beruflich mobiler und waren in der Lage, gezielt aussichtsreiche Hilfeangebote, z.B. Fortbildungs- und Umschulungsmaßnahmen zur Stärkung ihrer Position auf dem Arbeitsmarkt zu nutzen (Luff 2000: 192). Dass solche Fähigkeiten und Informationen mittels geeigneter Bildungsangebote gefördert werden können und müssen, liegt auf der Hand.

Gleichwohl ist zu konstatieren, dass Integrationsprozesse von Spätaussiedlern in den letzten Jahren nicht mehr so reibungslos verlaufen wie in den Jahren vor der Wiedervereinigung, in denen sie vor dem Hintergrund einer günstigeren Arbeitsmarktlage hier bessere Bedingungen antrafen. Weit reichenden Reduzierungen der Eingliederungsleistungen (z.b. der Sprachförderung), die mit den hohen Zuwanderungszahlen und leeren Haushaltskassen begründet wurden, stehen schlechtere Voraussetzungen, die die russlanddeutschen Zuwanderer für die Eingliederung mitbringen, gegenüber. Es kommen zunehmend gemischt-nationale Familien, die nur noch geringe bis keine Deutschkenntnisse mitbringen. Geprägt durch ein deutlich anderes sozio-kulturelles Lebensumfeld (zum Beispiel in Russland oder Kasachstan), sind sie möglicherweise weiter von hiesigen Normen, Werten und kulturellen Entwicklungen entfernt, als dies bei anderen Aussiedlergruppen der Fall war.

Verschiedene Untersuchungen belegen, dass eine ursprüngliche soziale und humanitäre Grundsympathie für die Aussiedler umschlägt in eine ablehnende Haltung. Aussiedler wie andere Zuwanderungsgruppen werden zunehmend als Konkurrenz auf dem Arbeits- und Wohnungsmarkt, als Bedrohung der eigenen Zukunftsperspektive und des eigenen Lebensstandards erlebt, wozu eine skandalisierende Berichterstattung der Medien über das Scheitern der Integration junger Aussiedler sicher nicht unerheblich beigetragen hat (Dietz 1998: 471). Bemerkenswert wie beunruhigend ist, dass Integrationsprobleme insbesondere bei den Jugendlichen zu beobachten sind, die gemeinhin als eine vergleichsweise leicht integrierbare Gruppe gegolten hatten. Hierzu zählen brüchige Schul- und Beschäftigungsbiografien, der Rückzug in ethnische Cliquen, massiver Alkohol- und Drogenkonsum als Bewältigungsmuster in schwierigen Lebenslagen (vgl. Giest-Warsewa 2001: 28 f.) Für die Integration junger Spätaussiedler erweisen sich Sprache, Eingliederung in Schule, Ausbildung und Beruf, aber auch die Akzeptanz von Einheimischen als wesentliche Merkmale. Hier müssen integrative und besonders für Jugendliche zukunftsweisende Maßnahmen in intensivierter Form ansetzen. Dies ist ohne Kooperation und Vernetzung der einschlägigen Institutionen kaum denkbar.

• Integration braucht Zeit und Unterstützung.

Die Frage gelingender und misslingender Migrationsprozesse wird häufig unter dem funktionalen Aspekt einer möglichst reibungslosen Einfügung in hiesige Verhältnisse betrachtet. Anders ausgedrückt: Nicht die Probleme, die jugendliche Aussiedler haben, sondern die Schwierigkeiten, die sie verursachen, stehen meist im Zentrum der Debatten. Häufig werden die psychischen Belastungen und Krisen, die mit einer Migration für die Betroffenen selbst einhergehen, dabei unterschätzt. Migration ist ein sich über verschiedene Phasen hinweg entwickelnder Prozess, der erhebliche psychische Erschütterungen hervorrufen kann: „Die Migration stellt eine Veränderung von solchem Ausmaß dar, dass die Identität dabei nicht nur hervorgehoben, sondern auch gefährdet wird. Der massive Verlust erfasst die bedeutsamsten und wertvollsten Objekte: Menschen, Dinge, Orte, Sprache, Kultur, Gebräuche, Klima, manchmal den Beruf, gesellschaftliche bzw. ökonomische Stellung usw. An jedem dieser Objekte haften Erinnerungen und intensive Gefühle. Mit dem Verlust dieser Objekte sind die Beziehungen zu ihnen und manche Anteile des eigenen Selbst ebenfalls vom Verlust bedroht" (Grinberg/Grinberg 1990: 28). Wie sehr diese Aussage für in ihrer Identitätsentwicklung noch wenig gefestigte junge Menschen gilt, zeigen inzwischen verschiedene Untersuchungen über junge Aussiedler.

Hört man Berichte von in der Drogenberatung, in der Justiz und in der Straffälligenhilfe Tätigen, so kann man den Eindruck gewinnen, mit längerem Aufenthalt würde die Häufigkeit problematischen Verhaltens der jungen Aussiedler mehr und mehr ansteigen. Tatsächlich legt die internationale Migrationsforschung einen anderen Verlauf der Eingliederung nahe: Für die meisten Migrantengruppen, gleich ob Erwachsene oder Jugendliche, gilt, dass sie sich mit der Zeit im Aufnahmeland besser zurechtfinden. Die „Neuen" gewöhnen sich nicht nur an Lebensart und Wertorientierungen in ihrer zunächst neuen Umgebung, sondern sie sammeln auch zunehmend Informationen über die Strukturen ihrer Umwelt und lernen diese anzuwenden. Darüber hinaus werden ganz konkrete Probleme wie die Wohnungs- oder Arbeitsfindung mit der Zeit von den meisten Migranten gelöst. Eine Untersuchung von Schülern (Silbereisen u.a. 1999) zeigt, dass sich längst nicht alle jungen Aussiedler in Richtung auf mehr Problembelastung verändern, im Gegenteil: Für etwa drei Viertel der Jugendlichen gilt, dass sie trotz anfänglicher Schwierigkeiten mit der Schule und der emotionalen Befindlichkeit nach ungefähr vier in Deutschland verbrachten Jahren keine wesentlichen Probleme mehr haben. Vergleicht man die Gruppe der nach einigen Jahren gut integrierten jungen Aussiedler mit denen, die Probleme zeigten, so kamen Silbereisen u.a. zu dem Ergebnis, dass es Unterschiede hinsichtlich des Ausgangsrisikos für misslingende Integration gab: Besondere Risikobelastungen wiesen Jungen und Mädchen auf, die nur ungern nach Deutschland gekommen waren, denen die Kontaktaufnahme zu den Einheimischen nicht gelang, deren Familien ihnen keinen genügenden Rückhalt vermitteln konnten, weil die Eltern selbst unter depressiven Verstimmungen litten oder sich miteinander nicht verstanden, und Jugendliche, die die deutsche Sprache nicht beherrschten. Wenn mehrere dieser Risiken zusammenkamen – dies war besonders oft der Fall, wenn der Vater arbeitslos war –, dann verbesserten sich die Schulleistungen nicht und die jungen Aussiedler litten unter depressiven Stimmungen, beides bekannte Vorläufer von anderen auffälligen Verhaltensweisen wie Kriminalität (Silbereisen u.a. 1999). Die Untersuchung zeigt, dass keinesfalls alle jungen Aussiedler mit der Zeit immer gefährdeter sind, in soziale Randständigkeit und Frustration abzustürzen. Vielmehr gelingt es den meisten gut, im Verlauf der ersten paar Jahre festen Boden unter die Füße zu bekommen.

Im Zentrum der öffentlichen und medialen Diskussion steht allerdings weniger diese unauffällige Mehrheit, sondern stehen diejenigen, die auffällig werden. Letztere bedürfen freilich der besonderen Hilfen, denn „wenn sich anfängliche Eingliederungsprobleme zu langfristigen sozialen Nachteilen verfestigen und die ‚deutschen Ansprüche' über mindestens fünf Jahre hinweg nicht durch ‚deutsche Chancen' eingelöst werden und die Distanz zu den Formen und Regeln des Zusammenlebens in der bundesrepublikanischen Gesellschaft kontinuierlich wächst" (Giest-Warsewa 2001 unter Verweis auf Pfeiffer, Wetzels 1998), ist eine Zunahme sozialer Randständigkeit bei jungen Aussiedlern zu befürchten. Zu einer solchen Entwicklungen gegensteuernden lebenswelt- und realitätsbezogenen Alltagsbegleitung junger Aussiedler liegen inzwischen schon eine Reihe von Vorschlägen vor (vgl. Giest-Warsewa 2001: 29 ff.), z.B. Maßnahmen der Jugendbildung, Alltagsbegleitung bei Problemen, „soziales Co-Management" auf Zeit durch verlässliche Bezugspersonen im Rahmen ehrenamtlichen Engagements etc.

• Weniger ist mehr: Die Notwendigkeit ambulanter Alternativen zur Haft gilt für jugendliche Aussiedler in besonderer Weise.

Für junge Aussiedler wird in der Praxis der Sozialen Arbeit immer wieder auch die Hypothese diskutiert, sie seien durch ambulante Maßnahmen der Jugendhilfe nicht oder besonders schwer erreichbar. Die hinlänglich bekannten Gründe für einen eher vorsichtigen Umgang mit Jugendkriminalität sollen in diesem Zusammenhang nur kurz vergegenwärtigt werden. Gegenüber freiheitsentziehenden Maßnahmen haben sich im Bereich der Reaktionen auf Jugendkriminalität in den vergangenen zehn Jahren erzieherische und unterstützende Maßnahmen im ambulanten Bereich bewährt (vgl. Heinz

1999: 13 ff.) und im Hinblick auf die Rückfallquoten keineswegs als unterlegen erwiesen. Diese Aussage lässt sich auch empirisch belegen: „Je früher und je konsequenter auf einen bestimmten Deliktstyp strafend reagiert wird, desto größer ist die Wahrscheinlichkeit, dass die kriminelle Karriere verlängert wird. Bestimmte rein strafende Sanktionsabfolgen erhöhen das Risiko, dass es nach einer dritten noch zu einer vierten Straftat kommt, auf das dreifache" (Albrecht 1990: 110).

Damit tragen zur einer Verfestigung krimineller Karrieren nicht nur individuelle Dispositionen, Verhaltensmerkmale und soziale Hintergrundfaktoren bei, sondern dem Umgang des Kriminaljustizsystems mit abweichendem Verhalten kommt eine wichtige Rolle zu. So genannte Diversionsmaßnahmen, also Maßnahmen der verfahrensrechtlichen Entkriminalisierung, tragen dazu bei, junge Menschen so lange wie möglich aus stigmatisierenden, desintegrativen und psychisch belastenden freiheitsentziehenden Maßnahmen herauszuhalten und damit negative Verfestigungen krimineller Karrieren zu vermeiden, indem außerstrafrechtliche Problemlösungshilfen an die Stelle strafrechtlicher Sanktionen treten. Gerade dies scheint aber bei den jugendlichen Aussiedlern nicht zu gelingen: Hinweise auf „Interventionen der Jugendhilfe vor Inhaftierung findet man in den Akten ausgesprochen selten ... Auch zur Jugendgerichtshilfe scheinen viele junge Aussiedler im Strafverfahren keinen Kontakt zu haben. Etwas jüngeres Alter bei der ersten Inhaftierung, weniger Aussetzungen zur Bewährung, geringere Vorstrafenbelastung und gleichwohl häufigere Untersuchungshaft vor Strafverbüßung – diese Indikatoren deuten zusammengenommen darauf hin, dass die Justiz bei den jungen Aussiedlern mit der Verhängung der unbedingten Jugendstrafe schneller bei der Hand ist als bei Einheimischen, im Falle zur Bewährung ausgesetzter Jugendstrafe wohl auch mit dem Bewährungswiderruf" (Walter, J. 2001 a: 55).

Gerade angesichts neuerer wissenschaftlicher Erkenntnisse über die notwendige Dauer gelingender Integration junger Migranten muss die jugendkriminologische Leitformel „weniger ist mehr" ganz besonders für junge Aussiedler gelten. Dies vor allem vor dem Hintergrund, dass interne wie externe MitarbeiterInnen aus dem Strafvollzug über die Bildung fester „russischer" Gruppen berichten, die subkulturelle Verhaltensmuster und – werte sowie hierarchische Strukturen etablieren und denen sich einzelne Jugendliche kaum entziehen können (vgl. Walter, J. 2001 a, Osterloh 2001: 89). Eine Etikettierung (junger) Aussiedler als besonders kriminell und unsere sozialen Hilfesysteme belastend oder gar ausnutzend erweist sich in diesem Zusammenhang natürlich als ausgesprochen kontraproduktiv.

• Auch die Straffälligenhilfe muss interkulturell ausgerichtete Angebote schaffen, die der Kriminalisierung von jungen Aussiedlern entgegenwirken.

Die besten jugendkriminologischen Leitformeln nützen nichts, wenn die Betroffenen bestehende Angebote nicht nutzen können. Bezogen auf die jungen Aussiedler steht die Straffälligenhilfe allenfalls am Anfang notwendiger Überlegungen zur Integration dieser Gruppe in Regelangebote der Straffälligenhilfe. Hierzu wird man nicht umhin können, sich mit der Frage zu beschäftigen, weshalb die bestehenden Angebote der Konfliktschlichtung und der sog. Ambulanten Maßnahmen im Rahmen des JGG die betreffenden Migranten nicht erreichen. Eine Befassung mit der Lebenswelt und normativen Verständnissen der Klientel ist hierbei unumgänglich, sollen Hilfen dort ansetzen, wo der Klient steht. Dabei dürfte auch eine Auseinandersetzung mit unübersehbaren Abwehrhaltungen und Widerständen auf der MitarbeiterInnenebene nicht nur hilfreich, sondern unabdingbar sein. Gaitanides (1996) beschreibt Ressentiments von MitarbeiterInnen sozialer Dienste und Einrichtungen, die sich in Widerspiegelung gesellschaftlicher Ressentiments „mit dem Faktum der Einwanderungsgesellschaft nicht abfinden mögen und den Sozialstaat als ein Privileg deutscher Stammbürger betrachten" (Gaitanides 1996: 44), die manchmal auch in wohlmeinender Absicht übertriebene pauschalierende ethnozentrische Deutungsmuster für Verhaltensweisen von Migranten verwenden oder die Vorurteile in desinteressiertem, arrogantem oder abweisendem Kommunikationsstil zum Ausdruck bringen. Interkulturelle Kompetenzen, die beschrieben werden mit Empathie, Rollendistanz und Ambiguitätstoleranz, also der „Fähigkeit, Ungewissheit, Unsicherheit, Fremdheit, Nichtwissen und Mehrdeutigkeit auszuhalten" (Gaitanides in diesem Band), sowie kommunikativen Kompetenzen, zu denen etwa zählt, Konflikte auszuhandeln widerspricht tendenziell eher strafjustitiellen Denk- und Handlungsschemata, die auf Eindeutigkeit eines Verhaltens (Notwendigkeit der eindeutigen Subsummierung von Verhalten unter einen strafrechtlichen Tatbestand) normiert sind. Die Tatsache, dass die gerade mit allochthonen Jugendlichen befassten Straffälligenhilfeeinrichtungen und -projekte (Jugendgerichtshilfe, Bewährungshilfe, ambulante Maßnahmen nach den JGG) in enger Kooperation mit der Justiz arbeiten, könnte die Ausbildung interkultureller Kompetenzen erschweren und dazu beitragen, dass dichotome normative Verständnisweisen die Oberhand gewinnen.

Wenn bereits die in der Sozialen Arbeit Tätigen den Strafjuristen beim Umgang mit straffälligen Aussiedlern Hilflosigkeit signalisieren, darf man sich über die Hilfs- und Einfallslosigkeit der Juristen, die zum vermehrten Einsperren tendieren, nicht beklagen. Möglicherweise kann die Straffälligenhilfe von der Drogenhilfe lernen, die z.t. die Entwicklung schon früher diskutiert und aufgegriffen hat. In der Drogenhilfe versteht man allmählich, dass es für Migranten latente Ausschließungsmechanismen gibt, die dazu führen, dass Migranten das System der Drogenhilfe weniger nutzen (vgl. Hunner u.a. 2001: 221, Osterloh 2001). Als ursächlich für die Distanz zum Drogenhilfesystem nimmt man nicht nur sprachliche Probleme an, sondern Misstrauen gegenüber Hilfesystemen (die ja nicht nur zu Sowjetzeiten, sondern auch heute noch in Russland große Nähe zu Strafverfolgungsorganen haben), andere kulturelle Differenzen und Gefühle von Ohnmacht. Das Misstrauen der Klienten gegenüber dem sozialpädagogischen Hilfesystem wird nicht selten ergänzt durch eingeschränkte Kompetenzen der Institutionen im Umgang mit Migranten (vgl. Gaitanides in diesem Band). Mecheril u.a. (2001) verzeichnen nach einer 1998 durchgeführten Befragung von Bielefelder Beratungseinrichtungen hinsichtlich der Angebote für MigrantInnen eine „konzeptuelle Abstinenz". Das heißt, „der größte Teil der Beratungsstellen ... verfügt über kein Konzept für die psychosoziale Arbeit mit Migrantinnen ... Der Mangel an Handlungs- und Arbeitskonzepten in der Arbeit mit Migranten lässt die Frage vordergründig werden, ob die oft beklagte Zurückhaltung von Migrantinnen, das Versorgungssystem in Anspruch zu nehmen, in dieser konzeptuellen Zurückhaltung nicht eine Entsprechung und insofern eine Bedingung findet" (Mecheril u.a. 2001: 302).

Wenn hierzu noch kaum empirisch gesicherte Befunde vorliegen, so legt die Differenz zwischen dem Anteil jugendlicher Aussiedler bei der Begehung von Straftaten (vgl. Luff 2000) und ihrer Überrepräsentation im Jugendstrafvollzug (vgl. Walter, J. 2001a) die Vermutung nahe, dass Selektionsmechanismen auch bei der Nutzung und Passung der sog. ambulanten Maßnahmen, bei der Jugendgerichtshilfe und bei der Bewährungshilfe, aber auch bei der freien Straffälligenhilfe eine nicht zu unterschätzende Rolle spielen. Damit steht die Soziale Arbeit vor der Aufgabe, geeignete Maßnahmen zu ergreifen, für junge Migranten, z.B. aus der GUS, eine wenigstens annähernde Chancengleichheit auch in puncto Entkriminalisierung zu erreichen. Dass diese Aufgabe zuvor und in erster Linie für (präventive) Angebote der Jugendhilfe gilt und nicht in ausreichendem Maße geleistet wird, entlässt die zu einem späteren Zeitpunkt einsetzende Straffälligenhilfe keineswegs aus ihrer diesbezüglichen Verantwortung. Hinweise und Anregungen zu einer interkulturellen Ausrichtung, deren Notwendigkeit und Konsequenzen in der unmittelbaren Praxis der Sozialen Arbeit, auch im Arbeitsfeld Straffälligenhilfe, geben eine Reihe weiterer Beiträge in diesem Band.

LITERATUR

Albrecht, G. (1990): Möglichkeiten und Grenzen der Prognose „krimineller Karrieren". In: DVJJ (Hrsg.): Mehrfach Auffällige – Mehrfach Betroffene, Dokumentation des 21. Deutschen Jugendgerichtstags, Bonn

Brockerhoff, B. (1999): Kriminalität jugendlicher Aussiedler. Ein wachsendes Problem?. In: Sozialmagazin, 24. Jg.1999, H. 4, 22-24

Cremer-Schäfer, H. (1999): Zunehmende Lust auf Jugend, Gewalt und Kriminalität. Die aktuelle kriminalpolitische Jugenddebatte. In: Bürgerrechte Polizei/CILIP 63 (2/1999)

Deutsche Vereinigung für Jugendgerichts und Jugendgerichtshilfen e.V., Regionalgruppe Nordbayern (Hrsg.) (1999): Gefährdete Jugend zwischen Konflikt und Integration. Aktuelle Problemanalysen und Konzepte der Intervention. Dokumentationen der Fachtagungen am 20. Nov. 1998 und am 19. Nov. 1999. Erlangen

Dietz, B. (1998): Zuwanderung und Integration. Aussiedler in Deutschland. In: Dan Diner (Hrsg.): Historische Migrationsforschung. Tel Aviver Jahrbuch für deutsche Geschichte XXVII, Gerlingen, 445-472

Dietz, B., Roll, H. (1998): Jugendliche Aussiedler. Portrait einer Zuwanderergeneration. Frankfurt/M., New York

Dolde, G. (2001): Aussiedler – Russlanddeutsche, in: Pädagogische Arbeitsstelle für Erwachsenenbildung in Baden-Württemberg (Hrsg.): Schwerpunkt: Aussiedler. – Russen? – Deutsche? Russlanddeutsche!, H. 1/2, Villingen-Schwenningen, 2-5

Gaitanides, S. (1999): Zugangsbarrieren von MigrantInnen zu den sozialen und psychosozialen Diensten und Strategien interkultureller Öffnung. In: IZA – Zeitschrift für Migration und Soziale Arbeit, 3/4, 41-45

Giest-Warsewa, R. (2001): Zur Situation junger AussiedlerInnen – eine Auswahl von Beiträgen, in: Pädagogische Arbeitsstelle für Erwachsenenbildung in Baden-Württemberg (Hg.): Arbeitshilfen für die Erwachsenenbildung. Schwerpunkt Aussiedler. Russen? – Deutsche? – Russlanddeutsche! Heft 1/2, Villingen-Schwenningen, 20-32

Grinberg, L.; Grinberg, R. (1990): Psychoanalyse der Migration und des Exils, München und Wien 1990

Grübl, G.; Walter, J. (1999): Russlanddeutsche im Jugendstrafvollzug. In: Bewährungshilfe 4/99, 360-374

Heinen, U. (2000): Zuwanderung und Integration in der Bundesrepublik Deutschland, in: Bundeszentrale für politische Bildung (BpB) (Hrsg.): Aussiedler. Information zur politischen Bildung Nr. 267, 2. Quartal 2000, Bonn, verfügbar über:

http://www.bpb.de/info-franzis/info_267/body_i_267_1.html,   Zugriff   am
26.01.2002

Heinz, W. (1999): Diversion im Jugendstrafrecht und im Allgemeinen Strafrecht,
Teil 2. In: DVJJ-Journal 1/99 (Nr. 163), 11-19

Hunner, Chr. (2001): Latente Ausschließung: Migranten und Drogenhilfe. In:
KrimJ, 33. Jg., H. 3, 216-224

Kawamura, G. (2001): Kriminalität und Kriminalisierung junger Aussiedler, in:
IZA – Zeitschrift für Migration und Soziale Arbeit, Heft 2, 48-53

Kerner, H.-J. u.a. (2001): Wenn aus Spaß Ernst wird. Untersuchung zum Freizeitverhalten und den sozialen Beziehungen jugendlicher Spätaussiedler. In DVJJ-
Journal 4/2001 (Nr. 174), 370-379

Kirchenamt der EKD (1999): 3. Tagung der 9. Synode der EKD vom 7. – 12. No-
vember 1999, Leipzig, Bericht über die Rezeption des Gemeinsamen Wortes der
Kirchen zu den Herausforderungen durch Migration und Flucht, vorgelegt vom
Kirchenamt der EKD, Hannover 1999

Luff, J. (2000): Kriminalität von Aussiedlern: Polizeiliche Registrierungen als Hinweis auf misslungene Integration?. München: Kriminologische Forschungsgruppe der Bayer. Polizei, Bayerisches Landeskriminalamt, 2000

Mecheril, P. u.a. (2001): Aspekte einer dominanzempfindlichen und differenzkriti-
schen Arbeit mit Migrantinnen und Migranten. In: Neue Praxis 3/2001, 296-311

Osterloh, Kay (2001): Arbeit mit illegale Suchtmittel konsumierenden MigrantInnen aus der GUS, in: IZA – Zeitschrift für Migration und Soziale Arbeit, Heft 3/
4, 86-92

Pfeiffer, C. u.a. (1997): Kriminalität in Niedersachsen – 1985-1996. Eine Analyse
auf der Basis der Polizeilichen Kriminalstatistik, Niedersachsen

Pfeiffer, C.; Dworschak, B. (1998): Die Ethnische Vielfalt in den Jugendstrafvollzugsanstalten. Ergebnisse einer Umfrage aus dem Sommer 1998. In: DVJJ-Journal 2/1999, Nr. 164, 184-187

Reich, K. u.a. (1999): Jugendliche Aussiedler. Probleme und Chancen im Integrationsprozess. In Bewährungshilfe 4/99, 335-359

Sasse, G. (1999): Integrationsprobleme junger Aussiedler, in: Kriminalistik 4/99;
225-231

Scheerer, S. (1978): Der politisch-publizistische Verstärkerkreislauf. Zur Beeinflussung der Massenmedien im Prozess strafrechtlicher Normgenese, in: Kriminologisches Journal 10/78, 223ff.

Walter, J.; Grübel, G. (1999): Junge Aussiedler im Jugendstrafvollzug. In: Aussiedler:
deutsche Einwanderer aus Osteuropa. Osnabrück: Imis-Schriften, Bd.8, 177-189

Walter, J. (2001): Junge Aussiedler im Strafvollzug, in: IZA – Zeitschrift für Migration und Soziale Arbeit, Heft 2, 54-61, zit. Walter, J. 2001 a

Walter, J. (2001): Überrepräsentation von Minderheiten im Jugendstrafvollzug –
kein Problem? Referat beim Jugendgerichtstag im Mai 2001 in Marburg, noch
unveröff. Manuskript, zit. Walter, J. 2001 b

Walter, M. (2001): Migration und damit verbundene Kriminalitätsprobleme. In:
Jehle, J.-M. (Hrsg.): Raum und Kriminalität. Mönchengladbach, 195-210

„Just for fun"

Klaus Jünschke

1997 waren über 60% aller Insassen der Jugendabteilung der Untersuchungshaftanstalt Köln-Ossendorf ohne deutschen Pass und für den Jugendstrafvollzug in ganz Nordrhein-Westfalen ergab eine Stichtagsuntersuchung am 31.3.1997, dass über 40% der Jugendstrafgefangenen keinen deutschen Pass hatten (Wirth 1998). Zählt man zu diesen Jugendlichen und Heranwachsenden ohne deutschen Pass die jugendlichen Aussiedler und die „ausländischen" Jugendlichen hinzu, die eingebürgert worden waren, kommt man auf einen noch größeren Anteil der Jugendlichen mit Migrationshintergrund in den Justizvollzugsanstalten.

Von April 1999 bis März 2002 wurde von der Forschungsstelle für Interkulturelle Studien (FiSt) an der Universität zu Köln ein DFG-finanziertes Projekt durchgeführt, das sich mit dieser Überrepräsentation von Migrantenjugendlichen in der Untersuchungs- und Strafhaft am Beispiel der Stadt Köln auseinander setzte. In einem ersten Schritt wurden in diesem Forschungsprojekt die Statistiken der Polizei und der Justiz in Köln in einer Sekundäranalyse ausgewertet und parallel dazu die vorhandenen Daten zur sozialen Lage (Wohnung, Bildung, Arbeit usw.) von Migrantenjugendlichen in der Stadt zusammengestellt. In einem zweiten Schritt kam es darauf an, die soziale Lage und die Biographien inhaftierter Jugendlicher mit Migrationshintergrund aus ihrer Perspektive kennen zu lernen. Als Methode wurden narrative Interviews gewählt, weil davon auszugehen ist, dass Erzählungen im Unterschied zu Argumentationen und Berichten den tatsächlich erlebten Lebensgeschichten am nächsten kommen.

Die narrativen Interviews wurden mit einer Eingangsfrage begonnen, in der den Jugendlichen mitgeteilt wurde, dass die Interviewer an der Lebensgeschichte von inhaftierten Jugendlichen interessiert sind. Dann wurden sie direkt aufgefordert, ihr Leben zu erzählen und dabei bei ihrer frühesten Erinnerung anzufangen. Diese Erzählaufforderung führte in der Regel zu einer kürzeren oder längeren Erzählung, die nicht durch Nachfragen unterbrochen wurde. Die währenddessen gemachten Notizen wurden dann zu Leitfragen in dem sich an diese Eingangserzählung anschließenden internen Nachfrageteil. Zum Beispiel: „Sie haben vorhin ihre Mutter erwähnt, können Sie von ihrer Mutter noch etwas mehr erzählen?" Erst gegen Ende des Interviews wurden in einem sogenannten externen Nachfrageteil auch vorbereitete Fragen gestellt, wenn sich die Jugendlichen nicht zu den darin angesprochenen Themen geäußert hatten, beispielsweise ihren Diskriminierungserfahrungen als Ausländer. Ursprünglich war geplant, 30 Jugendliche und Heranwachsende mit Migrationshintergrund aus Köln zu befragen. Insgesamt konnten im Frühjahr 2000 aber nur dreiundzwanzig Jugendliche und Heranwachsende im Alter von 16 bis 23 Jahren in den Justizvollzugsanstalten Köln, Siegburg und Heinsberg interviewt werden, weil in dieser Zeit nicht viel mehr inhaftiert waren. Von diesen Interviewpartnern waren acht in Untersuchungshaft und fünfzehn in Strafhaft. Alle waren männlich. Es gab keine weibliche Jugendliche mit Migrationshintergrund aus Köln in Haft. Unter den Interviewten waren acht Flüchtlinge, dreizehn Kinder von Arbeitsmigranten ohne und einer mit deutscher Staatsangehörigkeit sowie ein Spätaussiedler.

Ein Anliegen des Forschungsprojektes war es, einen Perspektivenwechsel vom „problematisierten Ausländer" (siehe die Jahrzehnte alte „Ausländerkriminalitäts-Debatte" in den Medien, die dazu geführt hat, dass die meisten Deutschen glauben, Kriminalität sei quasi eine „Ausländereigenschaft") auf Jugendliche in spezifisch schwierigen Lebenslagen im gesamtgesellschaftlichen Kontext vorzunehmen. Als die Jugendlichen, die wir interviewt haben, zum großen Teil noch nicht einmal geboren waren, Ende der 70er, Anfang der 80er Jahre, gab es in der Bundesrepublik die ersten bahnbrechenden Auseinandersetzungen mit der Delinquenz von Jugendlichen ohne deutschen Pass:

• Albrecht/Pfeiffer (1979): Die Kriminalisierung junger Ausländer. München;

• Autorengruppe Ausländerforschung (1981): Zwischen Getto und Knast. Reinbek;

• Hamburger/Seus/Wolter (1981): Zur Delinquenz ausländischer Jugendlicher. Wiesbaden;

• Bielefeld/Kreissl/Münster (1982): Junge Ausländer im Konflikt. München.

Wer sich die damals von den Forschern gestellten Forderungen vergegenwärtigt – von der Sprachförderung und der Hausaufgabenhilfe bis hin zu grundlegenden Veränderungen des Staatsbürgerrechts und des Ausländergesetzes – wird sich beim Lesen der folgenden Seiten einmal mehr darin bestärkt sehen, dass es kein größeres Erkenntnisproblem in diesem Zusammenhang gibt, aber ein umso größeres Handlungsproblem in der Politik.

KURZBIOGRAPHIE

Ali wurde Ende der 70er Jahre in Köln geboren. Seine Eltern waren Arbeitsmigranten aus der Türkei. Er hat einen älteren Bruder und eine ältere Schwester. Die Türkei und die Großeltern kennt er nur aus gelegentlichen Urlauben.
Schon im Grundschulalter habe er „Scheiße gebaut", d.h. kleinere Diebstähle verübt. Mit 14 kam es zur ersten Verurteilung auf Bewährung und mit 18 wurde er zu einer 18-monatigen Freiheitsstrafe ohne Bewährung wegen Diebstahl und Handel mit Cannabis verurteilt. Vor der Inhaftierung hatte er angefangen, Heroin zu rauchen.
In der Schule hat Ali auf schmerzliche Weise erfahren, dass es Deutsche und Türken gibt. Er wurde nicht zu Kindergeburtstagen der deutschen Klassenkameraden eingeladen, weil er Türke war. Diese fehlende Anerkennung zieht sich wie ein roter Faden durch seine Erzählungen. Er fühlte sich in der Schule zunehmend unwohl. Er machte nie Hausaufgaben, hatte Konflikte mit den Lehrerinnen und prügelte sich in der Schule häufig mit anderen Schülern. Sein wirkliches Leben fand auf der Straße bei und mit den Freunden statt.
Da er nicht in die 10. Klasse der Hauptschule versetzt wurde, ging er nach der 9. Klasse ab und versuchte zweimal, eine Berufsausbildung zu absolvieren. In Folge von Konflikten mit den Meistern brach er die Ausbildung ab. Er jobbte hin und wieder. Aber vor allem seinen Eltern zuliebe. Bei ihnen lebte er bis zu seiner Verhaftung.
In der Haft geht er auf Distanz zu seinem bisherigen Leben – den Straftaten und der Clique – und nimmt sich fest vor, nach der Haft wie seine Eltern und seine Geschwister zu leben: einer Arbeit nachzugehen und eine Familie zu gründen.

DIE FAMILIE

Ali wurde 1980 in Köln geboren. Er ist der jüngste Sohn eines Paares, das aus der Türkei nach Deutschland zugewandert ist. Sein Vater war zuerst hier, dann hat er seine Frau, die er in der Türkei kennen gelernt hatte, nachgeholt. Ali hat noch einen drei Jahre älteren Bruder und eine zwei Jahre ältere Schwester, die auch beide in Köln geboren wurden.
In der Familiengeschichte hat die Lebensgeschichte von Alis Vater einen hohen Stellenwert: „Mein Vater ist echt ein Kämpfer kann man sagen, der

ist schon kann man sagen da ganz arme Verhältnisse, so total arm, so paar Pfennig am Tag, so richtig geschuftet und so und dann noch hat der sich drei Jahre älter machen lassen wie sonst, ist dann normalerweise mit 18 Militär ist er mit 15 Militär gegangen, aber in den Papieren stand ja 18, ja, ja, und dann hat er schnell hinter sich gebracht und dann noch ein zwei Jahre, ist er Lastwagen gefahren in Türkei und dann ist er hierher gekommen." Die Großeltern väter- und mütterlicherseits waren noch nie in Deutschland. Ali kennt sie nur von den Urlaubsreisen, die sie ca. alle zwei Jahre in die Türkei unternommen haben.

Ali ist türkischer Herkunft und er präsentiert sich im Interview als in der Türkei verortet. Obwohl er seit seiner Geburt in der Bundesrepublik lebt, die Türkei allenfalls alle zwei Jahre für ein paar Wochen gesehen hat und nicht daran denkt, die Bundesrepublik zu verlassen, spricht er von „bei uns in der Türkei" oder „war bei uns Krisengebiet, da war Erdbeben", wenn er schildert, warum der Vater Anfang der 70er Jahre die Türkei verlassen hat, um nach Deutschland zum Arbeiten zu kommen.

Da er auf die Frage nach seinen frühesten Erinnerungen nichts aus der Vorschulzeit erzählt, sondern von seinen ersten Delikten im Alter von 6, 7 oder 8 Jahren und von seinem ersten Schuljahr, muss aus den Angaben, die er im Laufe des Interviews über seine Eltern und Geschwister und sein Wohnviertel macht, auf diese Jahre geschlossen werden.

Alis Mutter spricht auch zum Interviewzeitpunkt noch kaum deutsch: „Meine Mutter, die hat es nicht so mit deutsch, obwohl die schon 20 Jahre hier ist, aber braucht nicht so." Die Familienangehörigen unterhalten sich daher mit der Mutter auch heute nur auf Türkisch. Was das für die Kinder im Vorschulalter bedeutet hat – zumal sie in einer „Ausländersiedlung" groß geworden sind, in der fast nur Türken und Italiener gelebt haben, liegt auf der Hand: als Ali eingeschult wurde, sprach er nur schlecht deutsch. Er kam in den so genannten Schulkindergarten. Wie wir noch sehen werden, scheint er sich da wohl gefühlt zu haben. Er war unter Freunden, er hatte was zu sagen. Die Lehrerin aus dieser Zeit muss er als hilfreich und freundlich erlebt haben, er bezeichnet sie im Rückblick als korrekt.

Warum er nicht in einen richtigen Kindergarten ging, kam nicht zur Sprache. Ob es keine Plätze gab, ob die Eltern es nicht wollten, wir wissen es nicht.

Ali hatte ältere Geschwister – sein Bruder wurde drei, seine Schwester zwei Jahre vor ihm eingeschult. An deren Probleme in der ersten Klasse Grundschule hätten die Eltern sehen können, wie schwer es Kinder in der Schule haben, die schlecht deutsch sprechen.

Deutsch wird Ali vor allem von seinen Geschwistern und auf der Straße vor dem Haus gelernt haben. Sicher auch vom Vater, aber der dürfte abends oft müde von der Arbeit gewesen sein. Zum Interview-Zeitpunkt hebt Ali stolz hervor, dass sein Vater perfekt deutsch spricht – wie es damals, als die Kinder im Vorschulalter waren, um die Deutschkenntnisse des Vaters bestellt war, muss offen bleiben.

Wie mag es Ali als Knirps ergangen sein, wenn die Familie raus aus der „Ausländersiedlung" kam, und er in Geschäften, auf der Straße, beim Arzt oder auf Ämtern erlebte, dass es Verständigungsprobleme und Diskriminierung gab? Die selbstempfundene Außenseiterposition, die sein Schülerdasein mitbestimmte – hat sich die erst durch den Schulbesuch oder schon vorher im Alltagsleben der Familie in der Siedlung entwickelt.

Zur Charakterisierung seiner Mutter sagt er: „Bei uns halten sich die Mütter aus allem raus." Selbst wenn er „Scheiße gebaut" hat, hat sie zwar geschimpft, aber das war für ihn nicht so wie beim Vater: „Der Vater war schon immer ein ernster Mann, also bei dem konnte man das nie machen so, also wenn mein Vater eins gesagt hat, dann musste das auch sein, konnte man nicht ‚A' statt ‚B' sagen, so wat."

So wie er im Rückblick heute seinen Vater schildert, so hermetisch streng und hart, kann der Vater kaum gewesen sein. Immerhin dokumentiert Alis ganze Biographie, wie er sich seinem Vater, den Wünschen seines Vaters immer wieder entzog und seinen eigenen Weg ging.

Gewalt hat in der Erziehung eine – normalisierte – Rolle gespielt: „Man hat ja Respekt vor seinem Vater so und es ist ja auch voll wat Normales so wenn ein Vater ab und zu mal hat mein Vater mich geschlagen, aber jetzt nicht so wegen Kleinigkeiten also wenn ich mal richtig Scheiße gebaut hab, dann hat er mich geschlagen gehabt also, aber auch so nicht direkt so geschlagen, dass ich mich direkt so volle Pulle verletzt oder auf jeden Fall Angst gehabt überhaupt nicht Angst vor den Schlägen oder so gehabt ich hab Angst vor der Rechenschaft gehabt, dass ich mich, dass er mich jetzt zur Rechenschaft zieht, dass er sagt so und so, und ja ja hat man das Gefühl versagt zu haben und so alles."

Die Angst und die Schläge werden aber gleich wieder relativiert: „Ich hab eigentlich nur immer gute Erinnerungen mit meinem Vater, mit meinen Eltern überhaupt so, also viel auch, ich mein wir haben auch, ich hab früher, auch mit meinen Eltern auch schon viel unternommen."

Was damals war und was damals schief lief, kann Ali auch heute nicht durchschauen, im Rückblick stellt er bitter fest. „Das war ja auch sowieso von Anfang an Scheiße, ich mein von klein auf." Und um das unmissverständlich zu machen, fährt er fort: „War ja nicht so, dass ich jetzt von auf einmal jetzt zum Beispiel wo ich sagen wir mal mit 17 Jahre, dass ich davor korrekter Junge war, immer gut, der nie Scheiße gebaut habe. Gibt es auch solche Leute." Auch im Rückblick kann er sich nicht vorstellen, dass seine Kindheit hätte anders verlaufen können: „Ich bin da irgendwie rein, sogar irgend so ein Assi hätte meine Zukunft damals schon voraussehen können, dass die sagen hör mal, mit 20 bist schon im Gefängnis."

Als Ali das erste Mal von „Scheiße bauen" sprach, datierte er das auf sein achtes Lebensjahr, dann später auf das siebte und das sechste Lebensjahr, und am Ende des Interviews entfährt ihm diese Erklärung „sowieso von Anfang an Scheiße ich mein von klein auf". Aber „von klein auf", von seiner Zeit vor der Schule, erfahren wir kein einziges Wort. Irgend etwas war mit ihm in der Kindheit geschehen, das ihn dafür prädestinierte, den kommenden Aufforderungen seiner Freunde zum „Scheiße bauen" zu folgen und die Straße der Wohnung vorzuziehen. War es vielleicht „nur" die übermächtige Vaterfigur – „Ja mein Vater ist echt ein Kämpfer" –, der er nicht gerecht werden konnte und die ihm überfordernd von Anfang an das Gefühl gab, ein Versager zu sein, dass er sich ein Betätigungsfeld außerhalb von Schule und Familie suchen musste?

Irgendwann und durch irgendetwas ist er sehr verletzt worden und war dann für seine Eltern nicht mehr wirklich erreichbar. Im Kontext seiner späteren Versuche, eine Berufsausbildung zu absolvieren, sagt er: „Ich hab mich eigentlich immer so, mich in meiner Familie nie verletzlich gezeigt." Wenn er damit nicht einfach einer Verhaltensmaxime unter den Jugendlichen heute – absolut cool zu sein – folgte, dann könnte es Ausdruck einer „Entscheidung" bzw. einer Entwicklung aus der Kindheit sein. Wollte er sich vor Nähe schützen?

Oder gab es diese Nähe so nicht? Ein türkischer Bekannter machte mich darauf aufmerksam, dass es in den ländlichen Gebieten der Türkei keine „Kultur des Kümmerns" in dem Sinne gibt, dass sich die Eltern intensiv mit den kleinen Kindern befassen. Unbeaufsichtigt dürfen sie draußen sein, und niemand im Dorf käme auf die Idee, die Kinder würden vernachlässigt, wenn sie mit ihren Freunden bis spät in die Nacht unterwegs sind oder in den Dorfstraßen spielen. Ali selbst war aber auch nicht durchgängig mit seinen Freunden allein auf der Straße. Er schildert Szenen aus dem Familienleben, die zeigen, wie liebevoll und aufmerksam sich sein Vater um die Ausbildung der Kinder bemühte.

Nach seinen Geschwistern und der gemeinsamen Kindheit gefragt, antwortet Ali: „Ja, ich hab schon ne Erinnerung okay wir haben zwar immer, mit dem Bruder und Schwester immer so öfter in der Wolle gehabt und so aber, okay mit meiner Schwester habe ich mich schon immer super verstanden, aber mit meinem Bruder haben wir uns immer gestritten und so, aber trotzdem hab ich den immer gemocht und so und war nicht so richtig Streits für mich ja, war schon immer Spaß so und Kindheit haben wir auch öfter zusammen verbracht kann man sagen, so Schwester und Bruder, die Schwester war für mich immer so eine Freundin kann man sagen der Bruder, ja auch ein Bruder älterer Bruder der einen nicht so immer alles zulässt und so auch."

Vor dieser Äußerung ging es im Interview um die Zeit in der Haft. Die Frage nach der gemeinsamen Kindheit mit den Geschwistern wurde ausgelöst durch Alis Mitteilung, dass seine Schwester geheiratet hat. Er behauptet auch wie schon beim Vater, dass die Streitereien mit dem Bruder keine richtigen Streitereien waren – „war schon immer Spaß so", aber das gehört wohl zur Familienloyalität. Die Auskunft über das Innenleben der Familie – „mit meinem Bruder haben wir uns immer gestritten" – das kann nicht nur spaßig gewesen sein.

Der Bruder hat ihm später als Jugendlicher Vorwürfe gemacht, weil er sich so oft draußen rumtrieb: „Und gesagt, was machst Du so wie ein Penner wieder so draußen und so und dies hab ich immer gesagt was geht dich das an und so, aber wie gesagt nichts Ernstes und so." Nach dem Umzug nach Köln-Ehrenfeld war der Bruder ruhiger geworden, aber davor in Köln-Nippes waren beide sehr oft zusammen: „Da war mein Bruder eigentlich auch immer dabei, wir haben zusammen abgehangen."

Die Schwester schien nicht mal ansatzweise ins „Scheiße-Bauen" der Brüder verwickelt gewesen zu sein. Mit ihr hat sich eine Beziehung entwickelt, in der Ali die ernsten Themen ausklammerte: „Ja, nee, meine Schwester, okay die hat äh schon ab und zu mal geschimpft und so, aber ich weiß nicht, also ich hab nie so mit meiner Schwester über solche Dinge geredet so über was weiß ich, ich habe mehr mit der Schwester so über Mode und so alles geredet und so, das war so meine Schwester die Themen, so über schöne Dinge haben wir immer geredet."

Seine Sozialisation als Junge fand folglich in konventionellen Bahnen statt – Vater war ein Kämpfer, die Mutter hielt sich raus. Auf die Bitte von seinen Geschwistern zu erzählen, berichtet er, dass seine Schwester jetzt verheiratet ist und ein Kind hat und sein Bruder Taxi fährt. Aus diesem Rahmen fällt seine eigene Vorstellung seiner zukünftigen Frau, der Mutter seiner zukünftigen Kinder, nicht heraus. Auf die Frage nach seiner Freundin antwortet Ali: „Ich hatte eine Freundin, aber nichts so Ernstes so, war mal, war mal ein, zwei Monate und dann wieder Schluss." Aber in Bezug auf die Familiengründung kommt dann: „Ja, und aber nicht unter der den Mädchen und so Mutter für die Kinder und so." Im Übrigen scheint das Thema Mädchen für ihn ein heißes Eisen zu sein – von sich aus erzählt er nichts. Wenn er von Freunden spricht, dann meint er nie Freundinnen und Freunde, er meint die Jungs, mit denen er draußen war.

DIE „AUSLÄNDERSIEDLUNG"

Als Ali in die Schule kam, hat er zunächst eine Lehrerin gehabt, die er als „korrekt" erlebte. Er wurde zu einem Schüler, der dem Unterricht aufmerksam folgte und durch das konzentrierte Zuhören lernte. Aber er konnte kein Sitzfleisch für die Hausaufgaben entwickeln. Er hielt es zu Hause nicht aus. „Wir waren von tags bis nachts so zusammen kann man sagen, meine Eltern haben mir auch nichts gesagt, dass ich so lange draußen bleibe, weil das eh direkt vor der Tür war und so weil auch Ältere dabei waren und so." Er beschreibt das Leben in der von ihm „Ausländersiedlung" genannten Straße wie eine Idylle: „Ja, die Siedlung, ich hab gute Erinnerung noch dran, weil ich meine Kindheit unter viel Spaß so hatte. Da hatten wir eigentlich gar kein Spielplatz, nur einen kleinen Spielplatz da und da vorne vor unserem Haus war direkt so ein kleiner Wald war da, ja und dann, ja die wohnen alle auf einer Straße kann man sagen, die gingen morgens raus, da waren die schon da und abends direkt einer ging da nach Hause oder ich ging mal zu dem nach Hause und so." Als später im Interview die Frage nach Abhängigkeitsproblemen im Zusammenhang mit Alkohol oder illegalen Drogen gestellt wurde, antwortete Ali: „Okay da war jetzt nicht so richtig süchtig, aber woran ich süchtig war, war so überhaupt die Atmosphäre immer so auch das immer Rausgehen und so. Und wenn mal was abging und so, also ich konnt' auf gar keinen Fall nur zu Hause sitzen und so und dann hier ne Stunde sitzen, da wenn ich so wüsste, dass die anderen draußen sind und so, auf keinen Fall, das wäre für mich ein richtiges Gefängnis." Die anderen, die draußen waren, das waren seine Freunde: „Die waren genauso wie ich kann man sagen, wie alle ja, eigentlich kann man sagen wir haben alle den gleichen Lebenslauf so in meinem Alter ich meine mit denen hab ich mich immer gut verstanden, das waren meine einzigen Freunde, wo man sich gut fühlt, bleibt man auch."

Wenn Konflikte in einer Gesellschaft ethnisiert sind, dann verlaufen diese Konfliktlinien nicht nur zwischen Mehrheitsgesellschaft und den Minderheiten – die Hierarchisierung setzt sich unter den verschiedenen Minderheitengruppen fort. Am Beispiel seiner Erzählungen über die Auseinandersetzungen mit den in der Siedlungen lebenden italienischen Kindern und Jugendlichen entmystifiziert Ali das Bild von der idyllischen Kindheit in der Ausländersiedlung.

In der Schule werden Ali und seine Freunde von den deutschen Mitschülern ausgegrenzt und in der Freizeit gehen sie auf die Italiener aus ihrer Straße los. Ali kommt das ganz natürlich vor. Er problematisiert an keiner Stelle, wieso es ausgerechnet diese Streitereien zwischen italienischen und türkischen kids gab. Man hatte Langeweile, die waren zur Hand, also hat man sich geprügelt: „Und wenn man abhängt kann man sagen, dann wird einem langweilig, ja und dann haben wir uns vielleicht mal, da gab es auch Italiener und so, ich weiß noch ganz genau, da waren Italiener äh und also wir Türken ne in der Siedlung und wir haben dann Streit gehabt gegen die so, dann haben wir uns immer geprügelt, mal dies mal das." Diese Prügeleien zogen sich über mehrere Jahre hin. Als die Jungs so 14 oder 15 wurden, hatten sie die Lust an diesen Dingen verloren und damit aufgehört.

Aber in diese Zeit fällt ein ganz heftiges Erlebnis und da war es Alis Vater, der die Sache für sein Kind geregelt hat: „Dann hatten die auch immer so'n großen Jungen bei sich, der hieß Lorenz. Ich weiß noch, vor dem hatte jeder Angst von uns und der war schon viel älter, fünf, sechs Jahre älter wie wir und der hat immer richtig draufgehauen so, vor dem eigentlich hatte man sehr viel Angst. Ich weiß noch, dass ich Albträume hatte von dem sogar, auf jeden Fall hat der immer gehauen, immer gehauen so und dann, jeder ist zu sein Vater gegangen, hat gesagt das ist so ein großer Junge, der immer gehauen und so, dann eines Tages hat mein Vater gesagt komm, den erwisch ich jetzt." Der Vater hat sich dann hinter einem Gebüsch auf die Lauer gelegt und hat ihn sich vorgenommen. Ali muss da ganz schön stolz auf ihn gewesen sein, weil er ihm so geholfen hat und damit auch die Zeit der Albträume vorbei war, aber auch weil alle Freunde erlebt haben, wie ihn sein Vater verteidigt.

DIE SCHULEN

Ali musste immer draußen bei den Freunden sein, er konnte es in der Wohnung nicht aushalten. Und so kam es zu dem Paradox, dass er in der Schule gerne lernte, aber nie oder nur ganz selten Hausaufgaben machte. Ein Phänomen, dass so etwas über Jahre möglich ist. Den Lehrern muss das ja aufgefallen sein. Die Eltern müssen darüber informiert worden sein. Warum hat Ali es nicht ändern können? Wollte er ständig in der Schule sagen, bei mir zu Hause stimmt etwas nicht, ich kann da keine Aufgaben machen? Der Umfang der Hausaufgaben wird wohl kaum so groß gewesen sein, dass er sie nicht in kurzer Zeit, in ein oder zwei Stunden hätte erledigen können. Ihm selbst muss das doch auch lästig gewesen sein, immer wieder in der Klasse zu erleben, wie er vor den anderen mitgeteilt bekam, dass es nicht angeht, wenn er schon wieder keine Hausaufgaben gemacht hat.

Als er eingeschult wurde und man feststellte, dass er zu schlecht deutsch sprach, kam er in den Schulkindergarten: „Wenn man noch nicht so richtig vorbereitet ist so für die Grundschule und so da ist, so, und dann, das war ich glaub in der Mitte der ersten Klasse so haben die mich da hin versetzt gehabt, so war ich da nicht so gut und die waren nicht so speziell drauf."

In der Folge hat er dann so viel Spaß am Lernen gefunden, dass er immer besser wurde: „Am Anfang, wo ich Schulkindergarten war, hab ich so Problem gehabt, weil wir dann später, ne war gar kein Problem, ich mein, ich war viel besser in Grammatik so wie sehr viel andere Deutschen und so echt in neuen Klasse achte Klasse und so, ich war schon in Grammatik einer der Besten. Ich mein wenn man das lernen was heißt lernen will so wenn man so Freude am Lernen hat und so ist das schon kein Problem mehr." Hier kommt er dann auch auf den Vater zu sprechen und renommiert mit ihm: „Also mein Vater, der hatte äh, viel, ich hab auch, der hat auch Englisch und so, haben wir auch viel genommen, mein Vater der hat so Englischbücher und so, damals wo der hier nach Deutschland kam, da hat der Englischkurse und so belegt, einfach für sich, und dann hat er so von den Büchern und so gelernt."

Angeben darf er mit seinem Vater gerne – es dürfte ja nicht viele junge Gastarbeiter gegeben haben, die sich neben der Arbeit hinsetzten und wenn schon, dann nicht nur deutsch, sondern englisch zusätzlich gelernt haben. Was aber für Alis Leben aus dieser kleinen Geschichte deutlich wird, ist, dass sich sein Vater hinsetzen und lernen konnte – also genau das brachte, was Ali fehlte, was Ali nicht machte. Und der Vater wurde Facharbeiter bei einer großen Firma, und Ali schaffte später nicht mal eine Lehre, die grundlegende Voraussetzung, um Facharbeiter zu werden.

Wenn man Alis Worten glauben darf, scheint es nicht am Vater gelegen zu haben, dass er schon beim Hauptschulabschluss ins Schleudern kam und nicht mal die 10. Klasse schaffte. „Wir haben schon von klein auf so, mein

Vater hat immer schon so bisschen Mathe beigebracht und so haben wir immer so Spiele gespielt, ich weiß noch, mein Bruder und meine Schwester immer an die Wand stellen so ne, wer eine, mein Vater hat dann so Aufgaben gestellt, wer eine Aufgabe richtig beantwortet hat, der hat immer einen Schritt nach vorne gemacht, also wer an der anderen Seite war, der hat gewonnen gehabt. Man hat immer so viel Spaß gemacht, so dass man mit Spaß so gelernt hat." Auch das dürfte ein Verhalten gegenüber den eigenen Kindern sein, das nicht jedem Vater gegeben ist. Für Ali als das jüngste Kind von dreien muss das sehr ermutigend gewesen sein, dass er Aufgaben mit seinen älteren Geschwistern lösen darf und lösen lernt. „Ich weiß genau so von den Spielen konnt' ich auch sehr gut Mathe, dadurch da war ich auch Klassenbester, zum Beispiel in Mathe bis zur neunten Klasse."

Ali neigt zum Schönreden der eigenen Probleme. Denn immerhin hat die Lehrerin in der neunten Klasse seinen Vater mit ihm zusammen in die Schule kommen lassen, um der Familie zu empfehlen, Ali von der Schule zu nehmen und in eine Lehre zu geben. Da hatte er im Zeugnis drei Mal die Note fünf. Nach seinen gerade zitierten Worten war er aber in Grammatik besser als so manche Deutschen und in Mathe Klassenbester, also in den beiden Hauptfächern Mathe und Deutsch unter den Besten. Da stellt sich die Frage, an welchen Fächern er denn gescheitert sein könnte.

Er ist wohl letztlich nicht an bestimmten Fächern gescheitert, sondern an einer Entwicklung, in der die Schulpause und die Freunde und die Cliquen außerhalb der Schule immer wichtiger wurden als das, was in der Schule von ihm verlangt worden ist. Von seinen geistigen Fähigkeiten her hätte es keine drei Fünfen im Zeugnis geben müssen. Es sind Symptome einer Entwicklung, die auch anders denkbar war. Insofern hat er wieder Recht, wenn er sich im Rückblick hautnah an der Tür zur 10. Klasse scheitern sieht: „... also ich hätte schon locker, äh ich kam, ich hätt' schon eigentlich geschafft in die zehnte zu kommen ... ich hatte durchschnittlich drei fünf oder auf jeden Fall hätt' ich noch ein zwei Fächer ein zwei Noten gutmachen können sollen, dann wär' ich schon in die 10b gekommen, ja aber ging nicht."

Aber nicht nur die schulischen Leistungen, auch sein soziales Verhalten ließ sehr zu wünschen übrig: „Ja die Lehrerin eigentlich wollte mich auch nicht mehr da haben, so weil in der Pause und so ist die, haben wir viel Scheiße gebaut so mit Kollegen und so, öfter geprügelt."

Ein Schüler, der so auffällig wird und mit seinen Leistungen hinter seinen Fähigkeiten zurück bleibt und durch häufige Schlägereien für Aufsehen sorgt, müsste wenigstens einmal Gegenstand von Besprechungen im Lehrerzimmer geworden sein mit daraus folgenden Interventionen besonderer pädagogischer, sozialarbeiterischer oder schulpsychologischer Art. Das kommt in Alis kontrollierten Berichten und Argumentationen nicht vor. Im Gegenteil – zwei Lehrerinnen klagt er wegen unpädagogischen Verhaltens an. „Realschule, auch die Lehrerin und so, die hat mir, nie Spaß gemacht, ich weiß nicht; okay, okay, Schule muss ja nicht Spaß machen und lernen muss aber irgendwie, muss das schon auch einen motivieren und so." Die Lehrerin in der Hauptschule hatte in der Tageszeitung von einem Einbruch gelesen, bei dem er beteiligt war „und dann hat die gesagt, ja und derjenige, der das gemacht hat, der sitzt hier. So, ja, da hat die mich bloßgestellt so." Die Verantwortung der Institution Schule für Alis Entwicklung ist nicht nur durch die Inhalte dieser Kritiken evident. Eine Schule, in der es möglich ist, dass in den Pausen ständig geprügelt wird, die also die körperliche Unversehrtheit der SchülerInnen nicht mehr garantiert, hat sich als pädagogischer Lernort aufgegeben. Noch 1998 hat das Deutsche Jugendinstitut (DJI) in einer Untersuchung festgestellt, dass Lehrer, Ärzte und Sozialarbeiter viel zu häufig die ersten Alarmsignale für das Abrutschen von Kindern übersehen. Wenn aggressive oder sonst wie auffällige Kinder wegbleiben, sind die Lehrer sogar oft erleichtert.

Obwohl er an der Versetzung in die zehnte Klasse gescheitert ist, kam ihm die Hauptschule leicht vor: „Ich mein Hauptschule, ja, leichte Schule, echt sehr leicht, ich weiß nicht warum, aber fiel alles so leicht, wo ich nie Hausaufgaben gemacht habe." Er hatte ein gute Auffassungsgabe und konnte sich beim Unterricht konzentrieren: „Die Dinge, die immer so erklärt wurden in der Schule und so, und so, also die hab ich immer so schnell begriffen kann man sagen so, die gingen bei mir schnell im Kopf, wenn mir Spaß macht, wenn man Spaß hat am Zuhören, wenn das echt einen interessiert zum Beispiel so, dann also Mathe und so die Dinge oder überhaupt Erdkunde oder so die haben mich immer so sehr interessiert. Manchmal saß ich so mit leuchtenden Augen da, also hab ich Lehrer angeguckt und immer gerne zugehört so. Die anderen haben da hinten Quatsch gemacht, ich hab mich extra nach vorne gesetzt damit ich zuhören kann."

Er konnte die Hauptschule auch als „leicht" definieren, weil er sie noch aus einer anderen Perspektive bewerten konnte, aus der des Realschülers. Davon, dass er auf der Realschule war, berichtet er beiläufig, als er nach seiner Beziehung zu seiner Lehrerin gefragt wird. Er berichtet dann über die Lehrerinnen aus der Grundschule, der Realschule und der Hauptschule. Am besten kommt die Lehrerin aus der Grundschule weg. Bei ihr hat er nach eigenen Worten am meisten gelernt und „bei der hat der Unterricht auch sehr viel Spaß gemacht" – „eine ziemlich korrekte Frau auf jeden Fall." Bei ihr hat er es ganz offensichtlich geschafft, vom Schulkindergarten für SchülerInnen, die schlecht deutsch sprechen, so gut aufzuholen, dass die Versetzung in die Realschule empfohlen worden war. Hier kam er in ein Milieu, das nicht seines war – eine Lehrerin, die nie Spaß machte und „Schulkameraden, die waren auf nicht so tolle und so, dann kann man sagen ich saß eigentlich nur in der Ecke so, hab andere Dinge im Kopf gehabt." Ohne zu erklären, warum er auf die Hauptschule zurückversetzt wurde, berichtet er mit Erleichterung, wie das für ihn war: „Dann Hauptschule und dann war das schon wieder korrekte Atmosphäre so in der Schule, so dass das schon Spaß gemacht hat."

Über seinen Bruder und dessen Schulerfolg sagt Ali: „Mein Bruder, der war nicht so gut in der Schule." Wenn der Bruder noch schlechter war, dann kann man sich gut vorstellen, welche Hoffnungen für den aufstiegsorientierten Vater, der es zum Facharbeiter geschafft hat, mit der Versetzung des 10- oder 11-jährigen Ali in die Realschule verbunden war. Ali verliert aber kein Wort darüber, was für eine Enttäuschung es für den Vater gewesen sein muss, dass Ali von der Realschule auf die Hauptschule zurückgestuft worden ist.

Wenn er daher gegen Ende des Interviews geradezu davon schwärmt, wie gern er in die Schule ging, dann muss man das nicht so wörtlich sehen. Er hat unterschiedliche Schulsituationen mit unterschiedlichen Lehrerinnen durchaus sehr verschieden erfahren. Aber es lohnt sich, dieses fast schon euphorische Loblied auf seinen Schulbesuch zu zitieren, weil sich mit ihm jemand zu Wort meldet, der außerhalb der Schule immer wieder straffällig wurde und in den Schulpausen durch Prügeleien unangenehm auffiel, aber dennoch gerne in die Schule ging und sich sogar von notorischen Schulschwänzern abgrenzte: „Schule hat mir immer Spaß gemacht", „ja Schule bin ich echt selten weggeblieben", „ja da gab's okay da gab's schon äh manche Leute, die kamen fast gar nicht in die Schule, auch mit denen hab ich auch schon nie was zu tun, das war, das waren immer so besondere Leute", „überhaupt man hat sich auf gefreut auf die Pausen und so überhaupt in der Schule hat es auch immer Spaß gemacht so."

Tatsächlich gab es – wie konnte es anders sein? – auch ganz bittere Erfahrungen, die diesem verklärenden Rückblick nicht standhalten.

AUSGRENZUNGSERFAHRUNGEN

„In der Schule so, ich wollte auch mal so deutsche Freunde überhaupt so auch mal haben, ist ja normal so, ne, in der Schule ist das mit jedem befreundet sein will, aber dann, war ja automatisch da Geburtstagsfeiern von den Jungs und so da wurd' man nie eingeladen oder ich weiß nicht, die Jungs waren zwar korrekt, aber die Eltern und so mir kam das immer so vor als ob ich nicht willkommen wär', und wenn man sich nicht wohl fühlt ne dann, geht man dahin wo man sich wohl fühlt, zu den Freunden." Und das war kein einmaliges Erlebnis, das war für ihn während der gesamten Grundschulzeit durch alle vier Klassen eine belastende Erfahrung. Und obwohl er es ist, der nicht eingeladen wird und ausgegrenzt bleibt, macht er sich Gedanken für die, die sich bei ihm entschuldigen müssten: „Ich meine die Türken hatten ja auch da einen Ruf gehabt so ne, die Eltern die wollen ja nicht, dass die Kinder nicht mit Türken zwar aber so mit Leuten, die Scheiße gebaut haben, Umgang hätten und so also hm, und ich weiß so die Eltern immer gesehen hätten also dass ich immer Scheiße baue oder so." Die räumliche Trennung von den deutschen Mitschülern durch das Leben in der Ausländersiedlung, die zugleich eine ethnische Abgrenzung ist und in der die gesamtgesellschaftliche Diskriminierung der MigrantInnen reflektiert wird, kann Ali nicht analysieren – der Druck, der auf ihm lastet, führt dazu, dass er sich schlecht fühlt.

Alis Versuch, die Eltern seiner Mitschüler zu entschuldigen, ist zwar gut gemeint, aber Mitte bis Ende der 80er Jahre hatten die Türken die Italiener längst als innerstaatliches Feindbild im rassistischen Diskurs einer Gesellschaft abgelöst, die sich wütend weigerte, die Tatsache der Einwanderung wahrzunehmen und anzuerkennen. Und im Grunde weiß er das auch, und auch heute noch erinnert er sich ganz genau daran, wie er sich damals fühlte: „Bei solchen Sachen merkt man das auf jeden Fall, merkt man so was, wenn die Leute zu einem anderen so sind und zu einem so, dann kommen manchmal die Kinder, haben so selber gesagt so ähnlich komm nicht – bisschen verraten oder so ich will auf das Thema gar nicht mehr eingehen so, warum oder was ist – kein Problem."

Ein Kind, das sich von anderen Kindern verraten fühlt und das über Jahre und dazu als Jugendlicher mit 20 Jahren sagt, dass er auf das Thema gar nicht mehr eingehen will, warum oder was, dass das kein Problem sei, bringt damit natürlich ein Problem zur Sprache: die jahrelange Ausgrenzung hat zu einer Abkapselung in der Gesellschaft geführt, in der diese miese Dauererfahrung einfach weggedrückt wird und nur noch der Teil der Gesellschaft und des Lebens wahrgenommen wird, der ihm Spaß machte und wo er sich wohl fühlte. Nur so macht ein Rückblick Sinn, in dem bilanzierend festgestellt wird „Schule hat mir immer Spaß gemacht".

Seit einigen Jahre kann Ali in der Zeitung lesen, dass viele deutsche Eltern dafür sorgen, dass ihren Kindern erspart bleibt, die Alis zu verraten – sie

suchen für sie möglichst ausländerfreie Schulen. Man könnte sagen, dass
Verrat ein anderes Wort für Apartheid ist.

Als man Anfang 2000 in Köln eine Jugendclique verhaftet hatte, die nur
deutsche Jugendliche überfallen hat, wunderte man sich bei der Kripo im
Polizeipräsidium, dass so was möglich ist – wie man im Knast über die türkischen Jungs irritiert ist, deren Hobby es zu sein scheint „Deutsche zu fi-
cken" und sich offen dazu zu bekennen: „Mich hat Deutschland gefickt,
jetzt ficke ich die Deutschen."

Nicht nur als Kind, auch als Jugendlicher, wenn Ali mit seiner Clique unterwegs war, hörte er von Deutschen immer wieder abfällige Bemerkungen: „Gab schon viel Situation da wo die gesagt haben, ach komm Türken
und so und dann immer so, guck mal die schon wieder, ja und die haben
nichts anderes im Kopf und so."

DIE CLIQUE

Die Clique in der Siedlung, in der Ali wirklich auflebte, zu der es ihn hin-
zog, sobald er nach der Schule zuhause war, diese Clique bildete sich nicht
nur, weil es auch andere türkische Jungs aus seinem Viertel auf die Straße
zog. Es gab die Auseinandersetzungen mit den Italienern in der Siedlung
und die Ausgrenzung durch die deutschen Schulkameraden und deren Eltern, die zur Cliquenbildung führte.

Von den materiellen Grundlagen der Cliquenbildung berichtet Ali ganz offen: „Wo echt mal gar kein Geld da war oder wat, da haben wir schon ge-
zockt und so auch, wir haben mit Haschisch gedealt gehabt und so sind
nach Holland gefahren" und von der Bildung der Clique durch von außen
kommende Zwänge hat er ein klares Bewusstsein: „Also ich denk mal so
das Problem ist das also, die Cliquen und so die Gangs und so die es gibt
und so die werden zu 'ner Gruppe gedrängt sag ich mal. Die werden von da
nicht angenommen, von da nicht akzeptiert, von da nicht, also dass man
sich nur noch da in der Gruppe wohl fühlt so. Man wird dazu gebracht so
in die Gruppe man so, denk ich mir mal."

Seine Diagnose, dass eine Clique gemacht wird durch von außen kommende Zwänge bedeutet nicht zwangsläufig, dass sie sich ihrerseits nach außen
abschottet. Auf die Frage nach Streetworkern erzählte Ali: „Bei uns ja da
gibt es äh einen, also ich weiß da gibt es schon ein paar, aber so einen der
ist korrekt auf jeden Fall, Moritz heißt der, das ist also ein Mann, der sich
richtig so einsetzt so, überhaupt so Streetworker, aber ich weiß nicht so viel,

okay, mit dem hab ich auch schon geredet und so, der hilft so bei bestimmten Sachen, Angelegenheiten und so allem und so, ja, ja, korrekter Mann, der setzt sich auf jeden Fall immer so viel ein und so der redet auch mit den Jugendlichen und so und so."

Über die internationale Zusammensetzung der Clique erfahren wir: „Ich meine war ja nicht von uns aus so dass wir gesagt haben, da gab's ja auch Albaner und andere auch in unserer Clique, aber die Deutschen nicht, die wollen nicht einfach so, kann man sagen."

Die Clique bestand aus Freunden mit unterschiedlich intensiven Beziehungen. Ali spricht von „Hallo-Freunden", mit denen einen nicht sonderlich viel verband, „und dann gab's auch so bestimmte Freunde auch so, mit denen man auch so äh viel mehr Spaß hatte wie mit den anderen und so, so wo man eher mit dem weggehen will als mit dem oder so. Ja gab's schon und das waren auch so Freunde, die kamen zu mir nach Hause und ich ging zu denen nach Hause. Mit den Eltern äh so gut verstanden und so, so die wussten auch so okay wir bauen so Scheiße und, okay, okay wo äh Kindheit da war ich schon okay da gab's auch schon Eltern wo die gesagt haben nein, du darfst nicht mit dem mit dem rumhängen, okay. Und dann nach 'ner Weile hat sich das wieder gelegt und dann durfte man wieder zusammen rumhängen. Aber bei so Jugendzeit zum Beispiel vor zwei Jahren so, da ging man zu denen nach Hause und so da wussten die Eltern schon dass man dem Jungen nicht mehr sagen kann du kannst jetzt nicht mit dem und dem rumhängen und so es gab's schon nicht mehr."

Ali betont auch, dass in der Clique nicht alle an Straftaten beteiligt waren: „Ich meine wir hatten auch viele Freunde in unserer Clique die äh nicht so viel Scheiße gebaut haben okay schon ab und zu Joints miteinander geraucht haben, aber die nicht eingebrochen sind oder was."

Damit stellt sich die Frage, wieso ausgerechnet Ali zu den Cliquenmitgliedern gehörte, die „viel Scheiße gebaut haben". Was hat ihn dazu gebracht? Die Frage nach diesen Zwängen ist auch eine Konsequenz auf seine Schilderung von einer von Freiwilligkeit geprägten Binnenstruktur der Clique. Es kann gar nicht sein, dass eine Gruppe von Kindern und Jugendlichen, die dermaßen unter Druck steht, wie es bei dieser Clique der Fall war, dass ausgerechnet sie, ohne Druck gegeneinander und aufeinander auszuüben, miteinander auskommen.

Hinweise können die Berichte und Erzählungen von Ali geben, die sich auf seine Straftaten beziehen bzw. von ihnen handeln. Das war ja seine Welt – außerhalb von Familie und Schule, frei von deren Erwartungen, Anforderungen und Regeln. Aber die Clique war kein Verein zur Begehung von

Straftaten – man traf sich, um Spaß zu haben. Alis Clique hatte als Treff einen Basket-Ball-Platz neben einer Schule. „Da sich da mit ein zwei Kollegen hingesetzt und die anderen kamen schon nach der Zeit und so dann. Ja, ich mein da gab es ja auch schon Jugendzentren und so aber die waren auch alle bis sieben Uhr oder was weiß ich acht Uhr und so, okay, sind wir auch da hingegangen, aber so im Sommer so waren wir eigentlich nur hier." Man traf sich um Spaß zu haben, aber so beging man dann wiederum auch Straftaten – um Spaß zu haben, nicht um Gesetze zu brechen oder Reichtümer anzuhäufen. Jedenfalls fing es für Ali so an, und er wusste von Anfang an „ja also ich wusste schon, dass das nicht erlaubt war, auch ja aber der hatte halt Spaß gemacht immer so, ging dann die Gartenhäuser rein und, ja manchmal haben wir einfach da in den Gartenhäusern aufgehalten, wir sind da eingebrochen, wir haben uns da aufgehalten auch einfach nur so ja und vielleicht Spaß zu haben da, mh, mh, nur so sein Spaß haben."

STRAFFÄLLIGKEIT

In der Haupterzählung hat Ali diese Seite seiner Lebensgeschichte so dargestellt: „In Köln-Nippes fing das schon an kann man sagen, so hier mit äh Mist bauen und so äh fing ich schon ganz früh an sobald ich mich erinnern kann. Also wir hingen da mit kann man sagen mit so Cliquen so ne mit äh also ich kann mich erinnern wo ich meine erste Scheiße gebaut habe, da war ich acht Jahr alt und dann ja dann ging das so weiter ... in der Zeit auch viel Scheiße gebaut mit Freunden, Freunden, ja, dann am Ende hier gelandet." Zuerst umschreibt er das, was man unter Kriminalität, Straftaten oder Delikten versteht, mit „Mist bauen", um dann umstandslos von „Scheiße bauen" zu sprechen. Worum es dabei im Einzelnen ging, um Gewalt- und Eigentumsdelikte, um Sachbeschädigung und Drogenhandel, sagt er an verschiedenen Stellen im Interview, aber zumeist auch unter der Rubrik „Scheiße bauen". Als sei er von Beruf „Scheiße-Bauer" gewesen. Was er natürlich nicht war. Scheiße ist das Letzte. Und als Vokabel für das eigene Leben oder wesentliche Teile oder Momente des eigenen Lebens ist es eine Vokabel für das Gespräch mit Erwachsenen, um eine größtmögliche Distanz auszudrücken. Oder ist es vorstellbar, dass zwei Achtjährige „komm lass uns Scheiße bauen" zueinander sagen, wenn sie in ein Gartenhäuschen einbrechen gehen? Oder würden 18-Jährige von „Scheiße bauen" sprechen, wenn sie sich für eine Fahrt nach Holland verabreden, um Haschisch zu kaufen, das sie in Köln dann weiterverkaufen wollen?

83

Ali sagt im Knast „Scheiße bauen", weil ihm klar ist, dass der Knast keine Sprosse an irgendeiner Karriereleiter ist. Knast ist das Allerletzte und wer da drin sitzt, ist in aller Regel ein Verlierer. Und wer noch alle Tassen im Schrank hat, sieht zu, dass er da möglichst schnell wieder rauskommt und dann das Leben so organisiert, dass er dahin nie wieder zurückkehrt.

Ali spricht in der Haupterzählung aber nicht nur vom „Scheiße bauen", er teilt auch mit, dass er damit schon ganz früh anfing – „sobald ich mich erinnern kann" –, also wahrscheinlich schon im Vorschulalter. Und mit einer kleinen Geschichte veranschaulicht er, wie es dazu kam: „Wir sind zum Beispiel, ich kann mich noch an eine Sache genau erinnern, da war ich auch sieben, acht Jahre alt oder so, ein Freund der Brüder der hatte, ja der Bruder war da, die, sein ältester Bruder der war schon viel älter als der und sein kleiner Bruder zusammen und ich, da meint der große Bruder kommt, geht mal da in den Garten, da ist gut, zu sein kleinen Bruder, geh und da was klauen oder wat. Ich bin mitgegangen, haben hab ich dann so Wasserbälle geklaut gehabt und der hatte so ein klein Auto mitgebracht gehabt und dann hat der Bruder gebrüllt, weil der so einen kleinen Wagen hatte und so. Ja, und so und so ging das weiter. Ich mein am Anfang waren das nur kleine Scheiße und so, da wird man gar nicht wichtig, aber dann nach der Zeit schon mal mehr. War ja nicht so, aber nicht in eine kurze Zeit viel Scheiße gebaut habe, sondern in Abständen mal wenn uns mal langweilig war, da habe ich Scheiße gebaut."

Ganz unwichtig ist, ob Ali allein entdeckt, dass man sich fremde Habe aneignen kann, oder ob er von anderen Kindern dazu animiert wird. Da man davon ausgehen kann, dass Kinder- und Jugenddelinquenz ubiquitär und passager sind, also allgemein verbreitet und vorübergehend, dann kann man das eine oder andere Bagatell-Delikt, das man bei Kindern oder Jugendlichen mitbekommt, ignorieren oder mit einer Maßnahme quittieren, die das Unrecht ahndet, wenn es sich um eine Handlung handelt, die andere verletzt. Und dann darauf setzen, dass sich das verliert.

Aber bei Ali war das mit einer Entdeckung verbunden: „Am Anfang waren das nur kleine Scheiße und so, da wird man gar nicht wichtig, aber dann nach der Zeit schon mal mehr." Und Ali war wichtig: „Ja ich mein, ich kann mich sogar noch am mein Schulkindergarten erinnern, da war ja da war genauso, ich mein, ich hatte ja unter den Freunden viel zu sagen gehabt." Und da hat er einem Mitschüler, der für andere zum Prügelknaben geworden war, in der Klasse geholfen. Im Alter von sechs bis zehn waren die Schule und die Straße unter Umständen sogar gleichwertige Orte für Ali, wo er sich die Anerkennung holen konnte, die er zu Hause nicht hatte und die er sich wie süchtig draußen suchte. Mit der Versetzung in die Realschule kam er in eine Situation, wo er sich nicht mehr bewegen konnte – ausgegrenzt saß er in der Ecke unter Mitschülern, mit denen er nicht warm werden konnte, – bis er, auf die Hauptschule zurückgestuft, seine Freunde wieder traf und damit die Atmosphäre von Spannung und Spaß, die er so liebte. In dieser Zeit des Abbruchs einer Schulkarriere und der Pubertät wurde „Scheiße bauen" sein Metier. Und das geschah mehr mit ihm, als dass es Resultat seiner Entscheidungen war. Typisch dafür ist das erste Delikt, das ihn, nach Erreichen der Strafmündigkeit, vor Gericht brachte.

Er erzählt richtig ausführlich, wie die Familie raus ins Grüne zum Grillen gefahren ist und er den Vater bat, ihm doch mal den Autoschlüssel zu geben, weil er sich noch die Badehose aus dem Kofferraum holen wollte, wie er dann aber der Versuchung nicht widerstehen konnte, sich hinters Steuer zu setzen und mal ein paar Meter mit dem Wagen zu fahren. Dabei ist ihm der Fuß von der Kupplung gerutscht. Da der Rückwärtsgang eingelegt war, hat der Wagen einen Satz nach hinten gemacht und bei dem dahinter stehenden Wagen einen Blech- und Glasschaden verursacht. Aus Angst vor dem Vater hat er nichts gesagt und der Vater, der dachte, dass der andere ihm drauf gefahren ist, hat die Polizei gerufen. Dabei kam dann heraus, dass Ali den Wagen gefahren hatte. Das Resultat der daraufhin gegen Ali gestellten Anzeige war ein Urteil mit ein paar Monaten Haft auf Bewährung. Wenn Ali seinem Vater gegenüber ehrlich gewesen wäre, hätte dieser zu dem Halter des anderen Wagens gehen können und mit ihm eine Absprache zur Schadensregulierung treffen können. Das wäre es dann gewesen. Aufgrund der Angst Alis vor seinem Vater hat dieser in Unkenntnis von Alis Täterschaft die Polizei gerufen – gegen den eigenen Sohn.

Die Verurteilung zu einer Haftstrafe mit Bewährung wegen eines solchen Delikts ist eigentlich nur denkbar, wenn ein Jugendrichter aufgrund einiger Vorfälle aus der Zeit vor der Strafmündigkeit zur Auffassung kam, Ali müsse man mal einen Warnschuss vor den Bug geben. Dies wird durch die folgende Erzählung belegt: „Das war eigentlich immer so das Schlimmste so, wenn die Eltern das dann mal erfahren haben ist irgendwie überhaupt auch bei jedes Mal so wenn ich Scheiße gebaut habe so früher, so die Polizei mich nach Hause gebracht hat oder so, mein Vater dann immer so richtigen Anschiss bekommen vom Vater ab und zu auch mal Schläge so, auf jeden Fall dann, so ein zwei Tage gar nicht so äh mit den Eltern geredet und so gar nicht so und dann auch bin ich immer zu Hause geblieben, auch damit sich die Lage ein bisschen beruhigt und so, ja das waren schon immer so schreckliche Tage auf jeden Fall."

So dramatisch er das schildert und so schlimm es für ihn jeweils gewesen sein muss, vor dem wütenden und enttäuschten Vater zu stehen – er hörte nur akustisch, was der Vater sagte, aber er hörte nicht auf ihn. Sein Bruder tat es: „Mein Bruder der war vorher echt ein Rowdy ... mein Bruder hat äh also auch vorher Scheiße gebaut, okay, aber nicht so geklaut und so, der hat einmal geklaut gehabt und das war so, da waren wir auch in Köln-Ehrenfeld, ne Packung Zigaretten hat der geklaut gehabt, und dann mein Vater, den schon ein zwei Stück gehauen so Ohrfeigen und so, dann auch den zur Rechenschaft gezogen und seit dem an hat der nie wieder was gemacht." Kurze Zeit schon nach der ersten Verurteilung ist er mit zwei Freunden, die mit ihm in der Hauptschule in Köln-Ehrenfeld waren, in das dortige Jugendzentrum eingebrochen. In dem darauf folgenden Prozess, bei dem noch ein Fahrraddiebstahl dazu kam, wurde er zu einer Gesamtstrafe von elf Monaten auf Bewährung verurteilt. Da war Ali in der 9. Klasse Hauptschule. In den darauf folgenden Jahren hörte er nicht auf mit „Scheiße bauen", aber er wurde lange nicht mehr erwischt. Erst auf die Aussage eines Drogendealers hin kam es zu einer erneuten Verhandlung. Und dieses mal gab es keine Bewährung mehr. Das Urteil lautete auf 18 Monate ohne Bewährung.

DIE INSTANZEN SOZIALER KONTROLLE

Formal kann mit der dann aus der Verurteilung resultierenden Inhaftierung eine Eskalation im Kriminalisierungsprozess festgestellt werden. Hier darf aber vermutet werden, dass der bzw. die Richter mit diesem Urteil mehr helfen als strafen wollten. Ali ist sich darüber nicht ganz im Klaren. Einerseits weiß er, dass er Glück gehabt hat: „Wegen Abschiebung und so, da hab ich noch Glück gehabt, ich mein ab zwei Jahre ist das ja eh mit Abschiebung, da hab ich acht, 18 Monate ich hab jetzt letzte Woche ja haben die mir ne Androhung geschickt ähm, aber ist nur ne Androhung ich musste zurückschreiben, wird zwar heftig gedroht, aber ich glaube nicht, dass so was passieren könnte, und war letzte Warnung so."
Andererseits hadert Ali mit seinem Schicksal und der Inhaftierung und schiebt das darauf, dass er in der Verhandlung ohne Anwalt war: „Ich mein ich hatte ja auch kein Anwalt gehabt, der das irgendwie äh jetzt anders hinstellen könnte." Das heißt, er ist der Auffassung, dass der Anwalt seine Geschichte und seine Straftaten hätte so interpretieren können, dass eventuell noch mal eine Bewährungsstrafe herausgekommen wäre. Auf den Anwalt

hatte er verzichtet, um seine Eltern nicht mit den Kosten, die er auf ca. 5.000 DM schätzt, zu belasten. „Dafür muss mein Vater zwei Monate arbeiten." Sehr befremdlich, dass der Richter keinen Pflichtverteidiger beigeordnet hat. Immerhin ging es um eine Freiheitsstrafe ohne Bewährung. Da ist der Staat, verkörpert durch die Justiz, in einer Übermachtstellung, der ein mittelloser jugendlicher Angeklagter nichts entgegenzusetzen hat. Wie soll ein junger Mensch anders als sich angeschissen fühlen, wenn er vor Gericht ohne Anwalt steht und verknackt wird. Auch wenn er tausendmal schuldig ist. „Stand ich allein da" – das ist vermutlich nicht nur bei diesem Angeklagten ein Lebensthema.

Nachdem er das Urteil – 18 Monate ohne Bewährung – hatte, machte er aus seiner Sicht den zweiten Fehler, nämlich auf eine Berufung zu verzichten. Er war aus der Untersuchungshaft zum Prozess vorgeführt worden und wurde am Tag des Urteils bis zum Strafantritt auf freien Fuß gesetzt. Nach den Wochen in U-Haft war er so erleichtert, dass er sich darüber auch keine Gedanken mehr machte: „Der Richter hat gesagt gehabt na aber es besteht keine Fluchtgefahr und du kannst erst mal jetzt nach Hause gehen und ich war schon deswegen erleichtert so und dann hab ich das so die 18 Monate irgendwie woanders hin gesteckt so, ja, also ich war sozusagen erst mal froh, dass ich überhaupt raus war also, hab dann musste man ja Berufung innerhalb von einer Woche da irgendwas Bescheid geben und so ja nee habe ich gedacht ach."

Der bzw. die Richter kannten nach Alis Auskunft die Szene genau und sie wussten, wen sie vor sich hatten: einen vorbestraften Jungen, der mit fünfzehn und mit einem Ach-und-Krach-Hauptschulabschluss in der Tasche versuchte, auf dem Arbeitsmarkt Fuß zu fassen, und scheiterte und zu versumpfen drohte. Ali hat zwei Berufsausbildungen abgebrochen und zuletzt unregelmäßig gejobbt, d.h. dazwischen wird er sich das nötige Geld auf illegale Weise beschafft haben. Und er hatte angefangen, Heroin zu rauchen. Da zumindest ahnt Ali, dass sein Haftantritt ihn unter Umständen vor noch etwas Schlimmerem als Knast bewahrt hat. Auf die Frage nach Heroin antwortete er: „Ja bei uns in der Clique gab es das auch, ich meine ich hab auch, äh wir haben auch geraucht. Ich mein bevor ich hierhin kam hab ich auch eine zeitlang geraucht, aber da war jetzt nicht so, ich weiß ja oder ich kann sagen vielleicht zum Glück hab ich mich gestellt und so, sonst wär ich vielleicht jetzt äh im Sumpf steckengeblieben oder so, okay, ich war zwar noch nicht so körperlich abhängig so aber so im Kopf hat man schon Verlangen danach gehabt so auch und da hat man sich gesagt komm, geh ich mal lieber schnell rein."

Den Jugendrichtern hat Ali nicht nur anerkennend zugebilligt, die Szene sehr gut zu kennen, er hat sie auch als fair gewürdigt: „Die Richter waren immer schon gerecht gewesen, nicht korrekt aber gerecht." Und: „Da haben die mir Chance gegeben gehabt hier Bewährung und so." Die Staatsanwaltschaft kommt nicht so gut weg: „Die Staatsanwälte, die haben immer sehr übertrieben, auf jeden Fall." „Ich meine die Staatsanwälte, die Sta-, ich habe immer gedacht, das wär' vielleicht ihr Job mal ein bisschen zu übertreiben oder so, aber dass die immer so alles sehr viel krimineller gesehen haben, wie das so war, dass die das so hingestellt haben, dass da echt schon Superschlimmes gewesen wäre, in so anderen Absichten, vielleicht so organisiert ist und so, aber wat so nie der Fall gewesen ist, so da haben wir auf just for fun kann man sagen, auf Zufall, dass wir die Scheiße gebaut haben oder so aber so organisiert und so alles war immer so viel übertrieben auf jeden Fall so hingestellt immer dass das total hart gewesen wäre. Okay, ich mein das waren zwar schon Straftaten, so auch bisschen schlimmere, aber muss man auch sehen, wiefern, das wofür und weshalb und so."

Gefragt nach einem Jugendgerichtshelfer oder Sozialarbeiter, stellt Ali fest: „Na geht, aber auch da, aber war keine Hilfe jetzt." Eine Jugendgerichtshilfe, die nicht als Hilfe erfahren wird.

Zum Bewährungshelfer erklärt er: „Ich hatte ja Bewährungshelfer gehabt so, aber der hat ja die Bewährung widerrufen gehabt, ich war ja auch äh, paar mal auch nicht, das heißt öfter mal nicht da gewesen." Auch hier stellt sich die Frage, welche Alternative zu dieser repressiven Reaktion erwogen oder mit Ali hätte erarbeitet werden können. Termine nicht einhalten, das ist ja wie bei den Hausaufgaben, die nie gemacht worden sind. Wenn soziales Training einen Sinn haben soll, dann doch den, zu lernen, diesen Anforderungen zu genügen.

Über die Behandlung von Seiten der Polizei hören wir von Ali: „Ja immer äh als ob ich äh Abfall wäre, ich merk das. Beim Ausländeramt und so überhaupt so wenn dass man okay ich die haben nichts ge- nichts gegen Ausländer, was die haben aber gegen äh also das bestimmt so ich weiß das auf jeden Fall gegen kriminale äh kriminelle Ausländer ... hauptsächlich grob behandelt und so, also ob man Stück Dreck wäre, auf jeden Fall."

Dass Ali keine Pauschalurteile gegen Menschen in Uniform fällt, zeigt er, wenn er die unterschiedlichen Beamten im Knast würdigt: „Ab und zu mal gibt's Schwierigkeiten, so manchmal sind so paar Rambo äh Beamte dabei, so die denken hier sie sind hier im Westernfilm oder was, aber ich weiß nicht, ja gibt's auch schon korrekte Beamte auch, in der Hofkolonne, wo ich zum Beispiel gearbeitet habe, da hat das auch äh da hab ich mit mein Meister auch super verstanden gehabt hier so die eigentlich hat so Spaß gemacht so zu arbeiten wir haben hier draußen rum immer so äh viel mit Grünzeugs al so hier mit Pflanzen und so."

ADOLESZENZ

In der Adoleszenz bereitet sich das Erwachsenwerden vor. In der Perspektive der „Normalbiographie" unserer Gesellschaft bedeutet dies, dass man es schafft, sich selbst zu ernähren, und eine Familie gründen kann. In diesem Konzept hat die Berufsausbildung eine zentrale Rolle.

Ali fand einen Ausbildungsplatz in einer Lehrwerkstatt des Internationalen Bundes für Sozialarbeit. Er erzählt: „Ja, ich meine ja das war, da waren auch viele auch Kollegen von mir da die aus Köln-Ehrenfeld waren, und ähm, okay die haben auch Scheiße gebaut und so da gab, ja da hab ich auch mit Scheiße gebaut gehabt, am Anfang so und danach wollte ich versuchen dann wieder korrekt, wenigstens bisschen so dem Meister aufzufallen, wenn er kam hab ich extra noch mehr gearbeitet oder wenn die eine Sache getragen haben, hab ich zwei Sachen getragen, so damit der Meister so sieht, dass ich wenigstens was mach, aber der hat immer gedacht ach, der baut doch eh nur Scheiße, so, hat der gedacht so, immer wieder so und dann, ich hab mich bemüht, echt da mal richtig mitzumachen, so okay, am Anfang hab ich schon ein, zwei Scheiße gebaut, aber der dachte ich mach nur Scheiße da, dachte ich mach nur was zum Schein, auf jeden Fall kam mir das immer so vor, auf jeden Fall so nie Anerkennung oder was und dann immer so, wenn ich was gefragt hab, wie heißt das denn, gut, ach, komm geh so, ja komm mach das neu oder irgend, immer so, ging dann so, dann hab ich gesagt keinen Bock mehr so auf keinen Fall und dann hat mir das auch gereicht und dann hab ich auch gesagt, was ist denn mit Ihnen los so, so und so, ja dann musst ich einfach aufhören, auf jeden Fall, auf keinen Fall hat das beis-, best- weiter äh gut gehen können oder wat."

Nach dem Abbruch dieser Lehre als Metallbauer findet er einen Ausbildungsplatz bei einer normalen Firma in Köln-Ehrenfeld als Maler/Lackierer. Hier hat er sich so angestrengt und nie „Scheiße gebaut", aber der Meister hat ihn so auflaufen lassen, dass er es auch da nicht mehr ausgehalten hat und die Lehre abbrach.

Danach jobbte er bei Zeitarbeitsfirmen. „Da hab ich immer meine Anerkennung bekommen, ich mein als Arbeiter, wär' das eigentlich umgekehrt so, als Arbeiter wie schwer die Arbeit auch sein kann, so wenn man seine Anerkennung bekommt und so dann ist das total in Ordnung, auf jeden Fall."

Die Meister haben keinen Draht zu ihm gefunden und er war nicht so souverän, diese abweisenden, ernsten Männer mit ihrer Gleichgültigkeit ihm gegenüber ertragen zu können – er war auf ihre Anerkennung, auf ihr Lob angewiesen. Aber er ist auch ein stolzer junger Mann, der respektiert werden will und keineswegs bereit ist, sich zum „Schleimer" zu machen. Er hörte dann ganz auf zu arbeiten bzw. arbeitete nur noch zeitweise, um seine Eltern zufrieden zu stellen, aber er hatte sich aufgegeben. „Vom Abhängen zum Hängen lassen", könnte man diese Entwicklung beschreiben. Denn das, was oben unter Straffälligkeit zusammengefasst war, war keine „kriminelle Karriere" im Sinne erfolgreicher Drogendealer oder erfolgreicher Einbrecher. Er hat nach den joints angefangen Heroin zu rauchen und lebte mit seinen Freunden in den Tage hinein, von der Hand in den Mund. Als er in U-Haft kam, hatte er nicht mal Geld für einen Anwalt oder Freunde, die ihm das Geld hätten leihen können.

ZURÜCK IN DIE ZUKUNFT

Aus verschiedenen Längsschnittuntersuchungen wissen wir, dass es keine signifikanten Zusammenhänge zwischen dem Phänomen Jugendkriminalität und den ihm gemeinhin zugeordneten „sozialen Ursachen" gibt. Das Auffälligkeitssyndrom (Unterschichtzugehörigkeit, broken home, Schulmisserfolg, delinquente Freunde, Ausländerstatus u.Ä.) sagt nur, dass diese gehäuft gefundenen Merkmale einen Einfluss auf den Selektionsprozess von negativ sozial Auffälligen haben. Den stärksten Zusammenhang schafft die Justiz selbst: Wer als Jugendlicher zu einer Gefängnisstrafe ohne Bewährung verurteilt wurde, kommt mit einer Wahrscheinlichkeit von 50% früher oder später nach der Entlassung wieder in Haft. Ob Ali zu den 50% der jugendlichen Inhaftierten gehört, die wieder in das Gefängnis kommen oder zu denen, die nie mehr inhaftiert werden, kann nicht mit Sicherheit gesagt werden. Wir wissen nur, dass der Abbruch von kriminellen Karrieren der oben geschilderten Art um so eher erfolgt, je mehr soziale Bindungen (Familie, Ehe, Freunde, Arbeit usw.) nach der Haft aufgebaut werden können. Ali weiß das selbst:

„Ja, ich hab mir gedacht komm jetzt gehst Du rein, machst Deine paar äh soundsoviel Monate ab und dann, draußen, vielleicht was Neues vielleicht kriegst Du mal ja auch einen Abstand zu gewinnen, vielleicht so kann das ja gar nicht so schlecht sein, mal Abstand zu gewinnen und dann vielleicht mit einem anderen Auge zu sehen oder so kann das auf keinen Fall äh wei-

tergehen, man wird ja auch älter und man will ja schließlich auch ne Familie und Kinder und äh Arbeit und so alles haben." Dabei spielt eine große Rolle, dass Ali das wieder gut machen möchte, was er mit seinen bisherigen Straftaten und ihren Konsequenzen seinen Eltern angetan hat: „Ja nee ist echt das überhaupt das eigentlich Hauptgrund, weswegen ich überhaupt mit allem äh von Neuem beginnen will und so, Eltern ist das Wichtigste, ich weiß nicht warum das man muss schon eigentlich für sich selber leben, aber man will äh trotzdem, dass der Vater auf einen stolz ist, auf jeden Fall."
Die möglichen Gefährdungsmomente kann er ganz genau bestimmen. Das sind einmal die alten Freunde, und zwar die, die so geblieben sind, wie er sie verlassen hat: „Ja, ich weiß nicht; ja; hier, wenn ich jetzt rauskomme, ich weiß ganz genau; dass hier viele Kumpel noch die alten sind und so, und dass man sich auf jeden Fall mal distanzieren muss oder vielleicht mal neue Freunde oder ich weiß nicht, wird vieles auf einen zukommen." Angesichts der großen Bedeutung, die diese Freunde in Alis Leben gehabt haben, ist das eine ganz enorme Entscheidung. Ganz freiwillig ist er dazu nicht gekommen: „Ich hab ehrlich gesagt auch Angst da wenn ich rauskomme wieder die ganze Scheiße von vorn und das hier ist kann man sagen letzte Chance sonst Abschiebung und so wird ja auch gedroht."
Daneben sieht er ganz realistisch, dass er nicht nur arbeiten muss, um Geld zu verdienen, um sich seinen Lebensunterhalt zu verdienen, sondern auch, weil er durch das langweilige Rumhängen dazu kam, Straftaten zu begehen: „Auch eigentlich meine größte Angst auch so wenn ich überhaupt rauskomme, dass ich am Anfang keine Arbeit finde oder überhaupt so, die wissen selbst das ist wenn man keine Arbeit findet und dann ist langweilig wieder." Wenn das, was er über seine Grenzen äußert, Ergebnis eigener Einsicht ist, hat er eine reelle Chance. „Ich hab eigentlich nicht gewusst, wo meine Grenzen sind so, wie gesagt aber ich glaub man kann ne Scheiße bauen tut ja viele tun da auch aber ist was Normales kann man sagen, dass man Scheiße baut, aber viele Leute, die sehen ihre Grenzen, aber viele Leute auch, wie ich, die sind einfach über die Grenze hinausgegangen so."
Sich selbst zu beherrschen und zu kontrollieren, sich angepasst an die jeweilige Situation verhalten zu können, ist ganz gewiss Voraussetzung, um nicht mehr aufzufallen und mit den Ordnungen in der Familie, der Ausbildung oder im Beruf in Konflikt zu geraten. Die Kehrseite dieser Konformität ist ihre Funktion für die Stabilisierung der gesellschaftlichen Verhältnisse, die für ihn von Kindesbeinen nur eine Außenseiterrolle vorgesehen hatte.

Aber offensichtlich will er sich seine Würde nicht nehmen lassen: „Aber es gibt Leute, die haben sowas (Mitleid, K.J.) Nicht, die hacken auf einem nur, zum Beispiel so äh, die treten auf seiner Seele rum, kann man sagen." Das Interview mit Ali war ein Interview mit einem jugendlichen Gefangenen, der durchaus exemplarisch für die Mehrheit der Insassen der Jugendstrafanstalten steht. Verurteilte wegen ganz schwerer Kriminalität kommen selbst im Jugendstrafvollzug ganz selten vor. „Legt man als Kriterium für schwere Taten z.b. zu Grunde, dass das Opfer schwer oder gar tödlich verletzt wurde, dass eine Waffe gebraucht oder ein Schaden von mehr als 5.000,- DM verursacht wurde, so trifft auch nur eines dieser Merkmale gerade einmal auf ein Viertel der Jugendstrafgefangenen zu" (Walter, J.2001, S.64).

Am 31.3.1997 waren in Nordrhein-Westfalen 111 männliche und sieben weibliche Jugendliche im Alter von 14 bis 17 Jahren inhaftiert. Bei den Heranwachsenden im Alter von 18 bis 20 Jahren waren es 622 männliche und 25 weibliche Inhaftierte. In einem Bundesland mit fast 17 Millionen Einwohner waren damit an einem bestimmten Stichtag 773 männliche und 32 weibliche Jugendliche und Heranwachsende in Jugendstrafhaft. Circa 40% von ihnen hatten keinen deutschen Pass. In der Öffentlichkeit gibt es angesichts des Dauerbrenners von den angeblich immer gefährlicher werdenden Jugendlichen keinen Begriff von dieser Zahl. Jede/r kann das selbst mit einer kleinen Umfrage im Bekanntenkreis testen: gefragt, ob es in Nordrhein-Westfalen mit seinen 17 Millionen Einwohnern mehr oder weniger als 1000 Jugendliche und Heranwachsende in Haft gibt, werden fast alle mit „mehr" antworten. Angesichts dieser kleinen Zahl ist es naheliegend, die Überlegungen zum Abbau der Überrepräsentation von Jugendlichen mit Migrationshintergrund in unseren Gefängnissen mit der Suche nach Alternativen zum Strafvollzug für alle Jugendlichen zu verbinden. Und zwar gerade weil die öffentliche Meinung von Forderungen nach Absenkung des Strafmündigkeitsalters, den Bau weiterer Jugendgefängnisse und Verschärfungen des Ausländergesetzes, mit seinen Abschiebe- und Ausweisungsbestimmungen, bestimmt wird.

LITERATUR

Walter, Joachim (2001): Die Umsetzung der UN-Kinderrechtskonvention im Jugendstrafvollzug. In: National Coalition (Hg.): Rechte von Kindern und Jugendlichen bei Freiheitsentzug. Bonn

Wirth, Wolfgang (1998): Ausländische Gefangene im Jugendstrafvollzug NRW. Ergebnisse einer Stichtagsuntersuchung (15. Juli 1997). In: ZfStrVo 5/98, S. 278-286

Die rechtliche Situation ausländischer Inhaftierter im Spannungsfeld von Strafvollzugsrecht und Ausländerrecht

Kai Bammann

1. DATEN UND FAKTEN ZUR SITUATION AUSLÄNDISCHER INHAFTIERTER

Am 31.3.2000 befanden sich 14.235 nichtdeutsche Inhaftierte im Strafvollzug und in der Sicherungsverwahrung. Bei einer Inhaftiertenzahl von 60.798 entspricht der Anteil der Nichtdeutschen damit 23,4%. Ausländer sind im Strafvollzug im Vergleich zu ihrem Anteil an der Gesamtbevölkerung deutlich überrepräsentiert. Über die Ursachen wird in der Kriminologie wie in der Kriminalpolitik namentlich unter dem Stichwort „Ausländerkriminalität" (vgl. dazu statt vieler: Kubink 1993; Rebmann 1998) heftig diskutiert. Für den Vollzug kommt es auf die Ursachen, die zu einem Anstieg der Zahl inhaftierter Ausländer führen, jedoch weniger an. Wichtig ist in erster Linie, dass die Anzahl der Ausländer in Haft zunimmt und dass sich dieser Anstieg als reales Problem auf den Vollzug auswirkt.

Dabei darf nicht übersehen werden, dass allgemein ein Anstieg bei den Inhaftiertenzahlen zu verzeichnen ist. Von 1991 (dem bisherigen Tiefstand seit In-Kraft-Treten des Strafvollzugsgesetzes) bis heute hat sich die Zahl der Inhaftierten fast verdoppelt. Diese Entwicklung – bei der die Zunahme der ausländischen Strafgefangenen nur einen Teilaspekt darstellt – wirkt sich in vielen Bereichen nachhaltig auf den Vollzug aus.

Gab es noch Mitte der 80er Jahre sinkende Gefangenenzahlen, so steigen sie, wie Grafik 1 zu entnehmen ist, seit Anfang der 90er Jahre kontinuierlich an. Mit der Stichtagserhebung am 31.03.2000 wurde erstmals eine Gesamtinhaftiertenzahl von über 60.000 (nur Strafhaft und Sicherungsverwahrung) verzeichnet. Die Haftplatzkapazitäten sind auf der anderen Seite nicht in gleichem Maße mitgewachsen. Autoren, die noch Ende der 80er Jahre von einem Ende der Überbelegung im Strafvollzug gesprochen haben (so Huchting/Schumann 1990 Rz. 2; Schumann 1986), sind heute längst durch die Realitäten des Vollzuges widerlegt.

Grafik 1:   Strafgefangene und Sicherungsverwahrte; Gesamtzahlen,
              Stand: 31.03. d. J. (Quelle: Statistisches Bundesamt,
              Rechtspflegestatistik, Fachserie 10, Reihe 4.1)

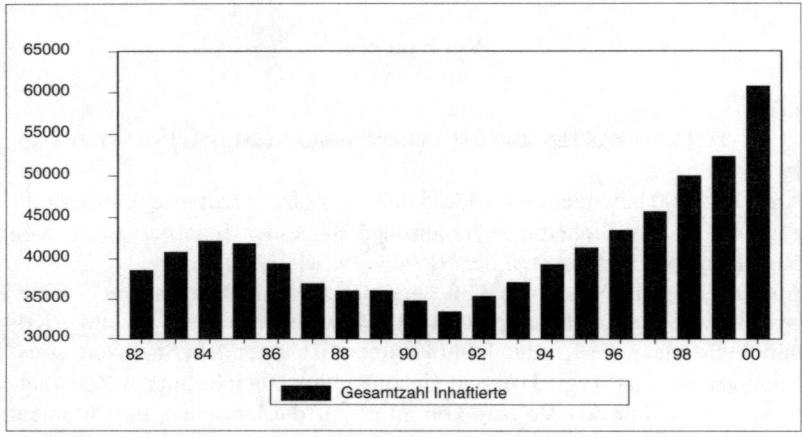

Sieht man sich eine grafische Darstellung der Entwicklung der Inhaftiertenzahlen an, so fällt besonders auf, dass sowohl die Gesamtzahl als auch die
Zahl der deutschen Inhaftierten Schwankungen unterliegen, die nahezu parallel verlaufen (Grafik 1 und 2; Grafik 4).

Grafik 2: Strafgefangene und Sicherungsverwahrte mit deutschem Pass;
Stand: 31.03. d. J. (Quelle: Statistisches Bundesamt,
Rechtspflegestatistik, Fachserie 10, Reihe 4.1)

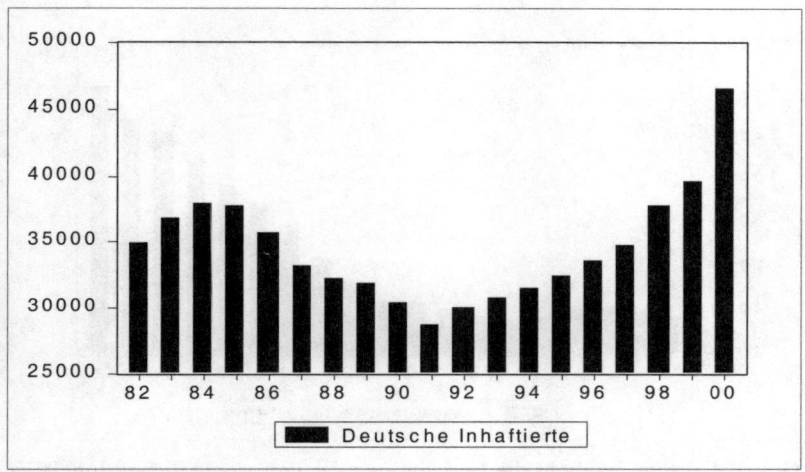

Betrachtet man hingegen die grafische Darstellung der Entwicklung bei den nichtdeutschen Inhaftierten (Grafik 3), so zeigt sich ein anderes Bild. Hier ist seit vielen Jahren ein – wenn auch zunächst sehr langsamer – Anstieg der Gefangenenzahlen zu verzeichnen. Seit den 90er Jahren nimmt die Zahl ausländischer Inhaftierter nunmehr deutlicher als zuvor zu, ohne dass sich eine Trendwende abzeichnen würde.

Hierfür gibt es mehrere mögliche Begründungen: Ausländische Inhaftierte verbüßen längere Freiheitsstrafen als deutsche Gefangene; die Haftstrafen werden gar nicht oder erst sehr spät zur Bewährung ausgesetzt bzw. die Vollstreckung unterbrochen. Abschließend kann dies gegenwärtig jedoch nicht geklärt werden, da kriminologische Untersuchungen, die sich eingehender mit der Frage der Vollstreckungspraxis bei ausländischen Inhaftierten beschäftigen, zur Zeit noch ausstehen.

Grafik 3:   Ausländische und staatenlose Strafgefangene und
              Sicherungsverwahrte; Stand: 31.03. d. J. (Quelle: Statistisches
              Bundesamt, Rechtspflegestatistik, Fachserie 10, Reihe 4.1)

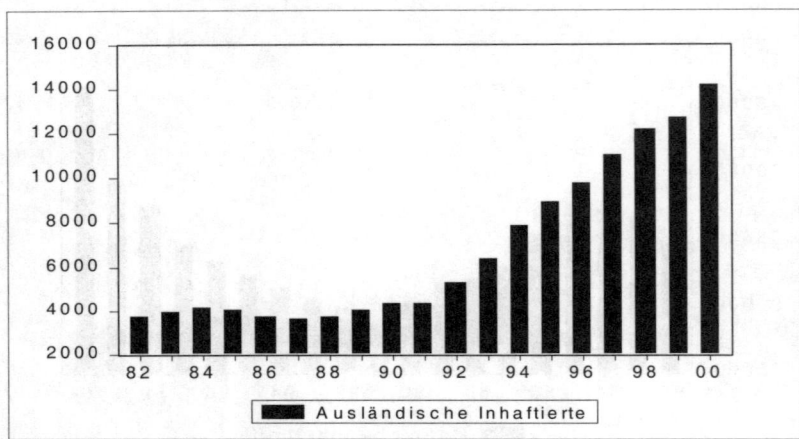

Grafik 4 veranschaulicht die Entwicklung der unterschiedlichen Inhaftiertengruppen noch einmal und verdeutlicht, dass es – in den frühen 90er Jahren sogar gegen den allgemeinen Trend – einen beständigen Anstieg ausländischer Inhaftierter gab.

Grafik 4:   Gegenüberstellung der einzelnen Inhaftiertengruppen;
              Stand: 31.03. d. J. (Quelle: Statistisches Bundesamt,
              Rechtspflegestatistik, Fachserie 10, Reihe 4.1)

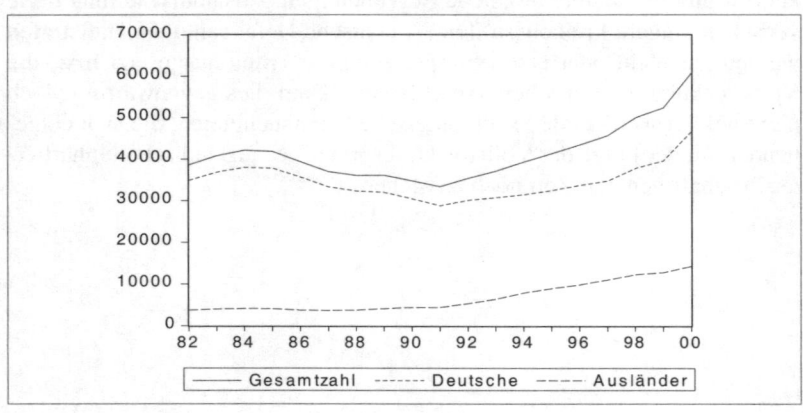

Indes erweist sich nicht allein der Anstieg der absoluten Zahlen als Herausforderung an den Strafvollzug. Ein einheitliches Bild der inhaftierten „Ausländer" (vgl. hierzu auch Bammann 2001b, S. 127 ff.) gibt es nicht.[1] Waren es in den 60er und 70er Jahren noch in erster Linie Angehörige der sogenannten „Gastarbeiternationen", so finden sich heute im Strafvollzug neben den „alten" Gruppen vornehmlich nichtdeutsche Inhaftierte im Vollzug wieder, die aus ärmeren Regionen der Welt (Osteuropa; Afrika) kommen. Ein Großteil der Inhaftierten gehört heute der Gruppe der Asylsuchenden an. Eine genaue Übersicht darüber, welche Nationen in welcher Anzahl im Strafvollzug vertreten sind, existiert – zumindest in veröffentlichter Form – nicht. Je nach Bundesland (manchmal auch in verschiedenen Anstalten desselben Flächenstaates) setzt sich die Gruppe der Ausländer aus ganz unterschiedlichen Herkunftsländern – mit je unterschiedlichen (Problem-)Schwerpunkten – zusammen. Statistische Daten werden nur im Einzelfall erhoben und dienen in der Regel dienstinternen Zwecken – ohne dass sie allgemein zugänglich gemacht würden.

Preusker führt zu diesem Thema aus, es gebe im bundesdeutschen Strafvollzug Insassen aus mehr als 100 Nationen (Preusker 1998, S. 35). In manch einer Anstalt werden allein mehr als 50 Nationalitäten beherbergt (Koepsel 1994, S. 85). Diese Zahlen – obschon gewaltig – beschreiben das Problem jedoch nicht wirklich. Hierbei handelt es sich um Nationalitäten – nicht um Sprachen. Hinzu kommen – aus dem afrikanischen, zunehmend aber auch aus dem osteuropäischen Raum – eine Vielzahl von Dialekten, für die es kaum sachkundige Dolmetscher gibt.

Eines der größten Probleme des Vollzuges stellen Ausländer dar, die keine Bindung nach Deutschland haben. Bekanntestes Beispiel hierfür sind Drogenkuriere und -kurierinnen, die lediglich zum Zweck des Drogenschmuggels nach Deutschland einreisen, hierher aber keine Bindung haben und in der Regel auch nicht die deutsche Sprache beherrschen. Hier kann der

---

[1] Ein Sonderproblem stellen die Aussiedler dar, deren Zahl im Vollzug in den vergangenen Jahren ebenfalls überproportional zugenommen hat. Diese haben jedoch einen deutschen Pass, gelten daher rechtlich nicht als „Ausländer". Die Vorschriften des Ausländerrechts finden auf diese Bevölkerungsgruppe demnach keine Anwendung. Gleichwohl stellen auch sie den Vollzug aufgrund ihres anderen kulturellen Hintergrundes, aber auch aufgrund oftmals erheblicher Sprachprobleme vor beachtliche Herausforderungen. Da es in dem vorliegenden Beitrag jedoch um das Spannungsfeld zwischen *Strafvollzugs- und Ausländerrecht* geht, soll die Problematik der Aussiedler ausgeklammert werden. Zu verweisen ist zu diesem Thema z.B. auf Walter/ Grübl 1999 m.w.N. und Kawamura-Reindl in diesem Band.

Strafvollzug oftmals nichts anderes machen, als die Gefangenen für die Dauer der Inhaftierung zu verwahren. Gerade im Bereich der Drogendelikte handelt es sich hierbei noch dazu um hohe Haftstrafen, die in der Regel – gerade in den Fällen der Drogenkuriere – zum größten Teil verbüßt werden müssen. Für den Vollzug wie für die Betroffenen stellt dies eine kaum zu bewältigende Belastung dar.

2. RECHTSPROBLEME BEI AUSLÄNDISCHEN INHAFTIERTEN

Das Strafvollzugsgesetz gilt ohne Unterschiede für alle Inhaftierten (AK-StVollzG Bammann/Feest Exkurs II vor § 5, Rz. 3), unabhängig von ihrer Person oder ihrem rechtlichen Status. Folgerichtig kennt das Strafvollzugsgesetz selbst den Begriff des „Ausländers" auch nicht, da eine Unterscheidung auf dieser Ebene nicht notwendig ist. Eine Erklärung hierfür ist, dass zu der Zeit, als das Strafvollzugsgesetz verabschiedet wurde, nichtdeutsche Inhaftierte im Vollzug noch kein besonders großes Problem darstellten (vgl. hierzu im Anhang Tabelle 1). Dass deutsche und ausländische Gefangene einen anderen rechtlichen Status besitzen und sich hierdurch die Notwendigkeit ergibt, unterschiedlich zu (be-)handeln, ist dem ursprünglichen Gesetzgeber entgangen. Er erwies sich – trotz entsprechender früher Mahnungen aus der Wissenschaft (vgl. nur Rotthaus 1968; Menke 1973) – auch nicht als vorausschauend genug, hierauf durch entsprechende Regelungen vorsorglich zu reagieren.

Der ausländerrechtliche Status wirkt sich im Strafvollzug immer auf Maßnahmen der Strafvollstreckung wie des Vollzuges selbst aus.

Während die Strafvollstreckung den zeitlichen Ablauf der Strafe betrifft, also insbesondere die Frage des Haftantrittes, wo vollstreckt wird, aber auch wie lange, gehören in den Bereich des Strafvollzuges alle Maßnahmen, die direkt mit dem Geschehen im Vollzug zu tun haben. Neben Fragen der Unterbringung, der Ernährung, des Besuchs und der Freizeitgestaltung sind dies vor allem auch die für die Gefangenen so relevanten Fragen der Vollzugslockerungen und der Entlassungsvorbereitung.

Einige dieser Problempunkte sollen – ohne Anspruch auf Vollständigkeit – im Folgenden herausgegriffen werden.

2.1. Arbeit und Ausbildung

Arbeit und Ausbildung spielen im Strafvollzug – bei den Jugendlichen wie bei Erwachsenen – eine wichtige Rolle, die nicht unterschätzt werden sollte.

Das Strafvollzugsgesetz sieht in § 37 Abs. 1 StVollzG ausdrücklich vor, dass Arbeit, arbeitstherapeutische Beschäftigung, Ausbildung und Weiterbildung insbesondere dem Ziel dienen sollen, Fähigkeiten für eine Erwerbstätigkeit nach der Entlassung zu vermitteln, zu erhalten oder zu fördern. Die Arbeit muss darüber hinaus wirtschaftlich ergiebig sein und die Fähigkeiten, Fertigkeiten und Neigungen des Gefangenen berücksichtigen. Im Wesentlichen geht es darum, dass der Gefangene im Vollzug mit einer Aufgabe betraut wird, die ihm auch nach seiner Haftentlassung nützlich sein kann. Neben diesem programmatischen Anspruch erfüllt Arbeit im Vollzug noch weitere – für die Gefangenen praktisch sehr relevante – Zwecke.

Drei wesentliche Aspekte der Arbeit in Haft lassen sich festhalten:

• Der Tagesablauf wird durch die Arbeitszeit strukturiert.

• Der arbeitende Gefangene kommt aus seiner Zelle, seiner Isolation heraus und findet Kontakt zu anderen Gefangenen.

• Er erlernt eine neue – im Idealfall sinnvolle – Tätigkeit, die ihn nicht nur beschäftigt, sondern ihm auch eine Perspektive nach der Entlassung ermöglicht.

Hier fallen schon bei deutschen Inhaftierten Anspruch und Wirklichkeit häufig auseinander. In den meisten Haftanstalten gibt es zu wenig Arbeitsplätze und folglich eine hohe Arbeitslosenquote (s. AK-StVollzG Däubler/Spaniol § 37 Rz. 25). Anstalten mit Vollbeschäftigung stellen die große Ausnahme dar.

Arbeit im Vollzug ist häufig nicht wirtschaftlich ergiebig, sondern – insbesondere im Bereich des immer noch weit verbreiteten Stücklohns – kaum mehr als ein Versuch, die Gefangenen in irgendeiner Form zu beschäftigen. Sie ist oftmals monoton, schlecht bezahlt und nicht geeignet, auf eine berufliche Tätigkeit nach der Haftentlassung vorzubereiten.

Qualifizierte Lern- und Ausbildungsprogramme befinden sich zwar in der Entwicklung, können jedoch kaum alle Gefangenen erreichen. Im Übrigen erweisen sich diese Programme als sehr kostenintensiv.

Ausländische Gefangene sind in diesem Bereich besonders benachteiligt: die unklare ausländerrechtliche Situation hindert zunächst einmal Maßnahmen der Resozialisierung. Oftmals ist zu beobachten, dass seitens des Vollzuges Resozialisierung als Wiedereingliederung in die deutsche Gesellschaft verstanden wird. Ausländische Inhaftierte werden von Resozialisierungsmaßnahmen ausgeschlossen, weil sie nach ihrer Haftentlassung in ihr „Heimatland" (bzw. genauer: das Land, bei dem es sich laut Pass um das Heimatland des Betroffenen handelt) abgeschoben werden, mithin der deutschen Gesellschaft/dem deutschen Arbeitsmarkt gar nicht zur Verfügung stehen.

Dies ist jedoch eine falsche Ausgangsposition: Resozialisierung meint Wiedereingliederung in die Gesellschaft, egal welchen Landes. Es gibt genügend Beispiele, die belegen, dass Arbeit und Ausbildung im deutschen Vollzug einem ausländischen Inhaftierten in seinem Heimatland einen besseren Neuanfang ermöglichen.

So führte J. Walter auf einer Fachtagung das Beispiel eines türkischen Jugendlichen an, der im Jugendvollzug einen deutschen Schulabschluss nachholte und dann – nach seiner Ausweisung in die Türkei – aufgrund eben dieses Schulabschlusses eine Anstellung bei einem deutschen Reiseveranstalter bekommen habe (s. Bammann/Penning/Temme 2001, S. 167). Ähnliche Angebote gibt es auch in anderen Anstalten; sie stellen jedoch immer noch eine Ausnahme dar.

Eine wichtige Rolle bei der Vergabe von Arbeit und Ausbildungsplätzen spielt auch das Sprachproblem. Lern- und Ausbildungsprogramme sind auf das deutsche Schulsystem und die deutsche Sprache zugeschnitten. Vielen inhaftierten Ausländern fehlen nicht nur die Erfahrung mit dem Lernen, sondern schon grundlegende Kenntnisse der deutschen Sprache (s. Groh 2000, S. 47). Statt hier anzusetzen, ist aus Spargründen in einigen Anstalten mittlerweile gar zu beobachten, dass die entsprechende Deutschsprachkurse abgeschafft oder reduziert werden.

2.2. Freizeitgestaltung

Neben der Arbeitszeit beherrscht die Freizeit wesentlich den Tagesablauf im Vollzug.

Zur Freizeitgestaltung zählen neben den sportlichen und anderen Gemeinschaftsaktivitäten (§ 67 StVollzG) auch Möglichkeiten, sich zu informieren. Das Strafvollzugsgesetz regelt ausdrücklich die Möglichkeit zum Bezug von Zeitschriften (§ 68 StVollzG) und Büchern (§ 70 StVollzG) sowie den Besitz von Radiogeräten und Fernsehern (§§ 69 f. StVollzG).

Hier wie in anderen Bereichen erweist sich die Sprache jedoch als Barriere: Wie oben angesprochen, befinden sich heute Inhaftierte aus mehr als 100 Nationen – mit noch mehr Sprachen – im Vollzug. Bücher und Zeitschriften sind schon in deutscher Sprache in der Anschaffung sehr teuer. Dennoch bemühen sich die Anstalten, in ihren Bibliotheken ausreichend Literatur zur Verfügung zu stellen. Neben deutschsprachigen Büchern ist dies in der Regel aber nur für solche Sprachen der Fall, die von einer größeren Gruppe von Gefangenen gesprochen bzw. gelesen werden.

Jene Gefangenen, die aufgrund sprachlicher Probleme im Vollzug ohnehin weitgehend isoliert sind, werden in den Bibliotheken in der Regel keine für sie geeigneten Bücher finden. Eine gesetzliche Verpflichtung an den Vollzug, entsprechende Literatur anzuschaffen, gibt es jedoch nicht. Vielmehr heißt es in § 68 Abs. 1 StVollzG ausdrücklich: „Der Gefangene darf Zeitungen und Zeitschriften in angemessenem Umfang durch Vermittlung der Anstalt beziehen". Dies bedeutet: der Gefangene muss Zeitschriften und Zeitungen (dies gilt gleichermaßen für Bücher), die er lesen will, auf eigene Kosten anschaffen, sofern sie nicht in der Anstalt vorhanden sind (s.a. AK-StVollzG Boetticher § 68 Rz. 8).

Eine Alternative – dies gilt aber wohl nur für die deutsche Sprache – können allenfalls öffentliche Bibliotheken oder Fernleihen bieten, falls die Anstalt diese Möglichkeit zulässt.

Im weiteren Sinn sind zur Freizeitgestaltung auch Besuche und Kontakte zu Angehörigen, Freunden und Familie zu rechnen. Im Strafvollzug sind Unterschiede zwischen deutschen und ausländischen Inhaftierten in diesem Bereich eher selten zu beobachten.

Tatsächliche Probleme können sich für einzelne Gefangene daraus ergeben, dass sie keine Familienangehörigen in Deutschland haben und ihnen auch sonstige Kontakte zu Landsleuten – innerhalb und außerhalb der Anstalt – fehlen.

In der Untersuchungshaft wirkt sich der Umstand, dass ein Inhaftierter Ausländer ist, sehr viel stärker auf die ohnehin sehr beschränkten Kontakte nach draußen aus.

Die Überwachung von Besuchen und Telefonaten ist hier die Regel. Schwierigkeiten ergeben sich dann, wenn die Angehörigen nicht deutsch sprechen. Dann muss der Inhaftierte für einen Dolmetscher sorgen, der das Gespräch (aber auch die Post) übersetzt, – oder entsprechende Kontakte werden (rechtmäßig) versagt.

2.3. Religionsausübung und Einhaltung religiöser Vorschriften

Die Religionsfreiheit wird im Grundgesetz in Art. 4 GG garantiert. Schon an ihrer Stellung als eines der ersten benannten Grundrechte wird die herausragende Bedeutung deutlich, die der Religionsfreiheit in Deutschland zukommt (vgl. dazu auch AK-StVollzG Huchting/Koch § 53 Rz. 1 ff.). Folgerichtig greift auch das Strafvollzugsgesetz diesen Anspruch auf und garantiert in den §§ 53 ff. StVollzG die Möglichkeit der ungehinderten Religionsausübung im Strafvollzug. So formuliert der Gesetzgeber in § 53

Abs. 1 StVollzG: „Dem Gefangenen darf religiöse Betreuung durch einen Seelsorger seiner Religionsgemeinschaft nicht versagt werden. Auf seinen Wunsch ist ihm zu helfen, mit einem Seelsorger seiner Religionsgemeinschaft in Verbindung zu treten." Diese Formulierung ist als Verpflichtung der Anstalt zu lesen, die entsprechende religiöse Betreuung des Gefangenen zu gewährleisten (AK-StVollzG Huchting/Koch § 53 Rz. 6). Evangelische und katholische Gottesdienste gehören in allen deutschen Haftanstalten zum Vollzugsalltag. Ähnliches gilt auch für muslimische Gottesdienste in Anstalten, in denen dies gewünscht ist.

Bieten die großen Religionsgemeinschaften in dieser Hinsicht eher wenige Probleme, so stellen kleinere Religionsgemeinschaften (oder: Weltanschauungsgemeinschaften, die diesen gleichgestellt sind, s. § 55 StVollzG; vgl. zum Begriff der Weltanschauungsgemeinschaft Hesselberger 2001, Art. 4 Rz. 4; v. Campenhausen 1996, S. 83 ff.) eine größere Herausforderung an den Vollzug dar. Gehören Gefangene einer Religionsgemeinschaft an, die ansonsten nicht oder nur mit wenigen Mitgliedern in der jeweiligen JVA vertreten ist, ist es organisatorisch schwierig, einen Gottesdienst einzurichten. Auch diese Gefangenen haben jedoch einen Anspruch darauf, mit einem Seelsorger ihrer Gemeinschaft in Kontakt zu treten.

Das Strafvollzugsgesetz räumt den Gefangenen darüber hinaus das Recht ein, „grundlegende religiöse Schriften" zu besitzen (§ 53 Abs. 2 StVollzG), die nur bei grobem Missbrauch entzogen werden dürfen (für Details: Schwind/Böhm- Rassow § 53 Rz 16 f.; AK-StVollzG Huchting/Koch § 53 Rz. 11). Der Gefangene ist jedoch darauf verwiesen, diese Schriften auf eigene Kosten anzuschaffen, sofern ein Ausleihen z.B. in der Gefängnisbibliothek nicht möglich ist.

2.4. Lockerungen

Lockerungen liegen den Gefangenen naturgemäß besonders am Herzen, stellen sie doch die Möglichkeit dar, aus den Mauern der JVA in die Freiheit hinauszugelangen.

Dies ist im Übrigen im doppelten Sinn zu verstehen. Zum einen führen die Lockerungen selbst zumindest für einige Stunden oder – im Fall des Urlaubs – auch Tage hinaus in die Freiheit. Das erfolgreiche „Durchlaufen" von Lockerungen ist immer auch ein wichtiger Schritt in Richtung einer vorzeitigen Haftentlassung.

Über die Frage, ob ein Strafrest zur Bewährung ausgesetzt wird, entscheidet nach § 57 StGB das Gericht. Dieses holt vor seiner Entscheidung regelmäßig eine Stellungnahme u.a. der Haftanstalt ein und wird sich oft an der Beurteilung durch die Anstalt orientieren. Hierin fließen neben Stellungnahmen über das Verhalten im Vollzug auch Berichte über absolvierte Lockerungen ein. Erfolgreiche Lockerungen werden von den zuständigen Behörden als Indiz für eine gelungene Resozialisierung gewertet – misslungene Lockerungen hingegen weisen darauf hin, dass der Gefangene noch nicht geeignet ist, wieder in die Freiheit entlassen zu werden. Gibt es gar keine Lockerungen, so wird dies als Indiz dafür gewertet, dass der Gefangene (nach Ansicht der Vollzugsanstalt) noch nicht so weit ist, um überhaupt zu erproben, ob er schrittweise wieder in die Freiheit entlassen werden kann.

Ausländer werden von den meisten Vollzugsanstalten nahezu vollständig von Lockerungen ausgenommen. Begründet wir dies immer wieder mit einem Rückgriff auf die „bundeseinheitlichen Verwaltungsvorschriften zum Strafvollzugsgesetz".[2]

Dieser Punkt hat immer wieder die Gerichte beschäftigt, zuletzt das OLG Celle (Der Strafverteidiger 2000, S. 573; dazu auch Bammann 2001b, S. 138 f.).

Die Vollzugsanstalt hatte einem ausländischen Inhaftierten die Gewährung von Lockerungen versagt und sich dabei – ohne sich mit dem Fall auseinanderzusetzen – auf den vermeintlich eindeutigen Wortlaut der Verwaltungsvorschriften (VV) berufen. Der Gefangene hat daraufhin gegen diese Entscheidung den Rechtsweg bestritten und landete letztlich vor dem OLG. Die dortigen Richter führten in ihrer Entscheidung aus:

„Eine Verwaltungsvorschrift kann ... die Bestimmungen des Strafvollzugsgesetzes nicht einschränken oder abändern. Die in den Verwaltungsvorschriften genannten Umstände können zwar als Hinweise auf eine mögliche Flucht- oder Missbrauchsgefahr angesehen werden, sind jedoch im Rahmen einer eingehenden Prüfung des Einzelfalls gegen andere Gesichtspunkte abzuwägen. Auch eine Flucht- oder Missbrauchsgefahr, die sich auf eine bestehende Ausweisungsverfügung stützt, muss sich mit den konkre-

---

[2] Die Verwaltungsvorschriften VV zum Strafvollzugsgesetz sind in den Kommentaren zum StVollzG abgedruckt (Calliess/Müller-Dietz 2002; Feest 2000; Schwind/ Böhm 1999). Nach dem 5. StVollzGÄndG wurden die VVen zwischenzeitlich an die neuen Vorschriften angepasst. Die Neufassung ist gegenwärtig (Stand: März 2002) von den zuständigen Stellen jedoch noch nicht endgültig verabschiedet worden. Sobald die VVen in der Neufassung veröffentlicht worden sind, werden sie u.a. auf der web-page des Strafvollzugsarchivs zugänglich gemacht werden: http:// www.strafvollzugsarchiv.de

ten Lebensumständen des Gefangenen und seiner Angehörigen auseinandersetzen."
Das Vorgehen der beklagten Anstalt ist vielfach gängige Praxis und keineswegs ein Einzelfall. Mit der Berufung auf die entsprechenden VVen wähnen sich die Vollzugsanstalten in einer vermeintlich sicheren Rechtsposition. In VV Nr. 4 Abs. 2 e) zu § 13 (Urlaub) heißt es zum Beispiel: „Ungeeignet sind in der Regel namentlich Gefangene, ... gegen die ein Ausweisungs-, Auslieferungs-, Ermittlungs- oder Strafverfahren anhängig ist." Hierbei handelt es sich jedoch nur um eine Regel, die auch Ausnahmen zulässt. Es genügt nicht, wenn sich eine Vollzugsanstalt in ihrer Entscheidung allein auf die Regel beruft – vielmehr muss sie sich auch damit auseinandersetzen, warum in diesem konkreten Einzelfall die Regel greift und keine Ausnahme vorliegt.
Hierbei kommt es auch darauf an, wie der betroffene Ausländer seinen Antrag auf Lockerungen formuliert. Insbesondere gilt es, davon zu überzeugen, dass keine Flucht- und Missbrauchsgefahr vorliegt. Hinzukommen muss beim Urlaub eine zuverlässige Urlaubsanschrift. Vielfach sind schon deutsche Gefangene damit überfordert, einen entsprechend überzeugenden Antrag zu formulieren. Dies ist einer der Punkte, an denen Sozialarbeit und Straffälligenhilfe ggf. wertvolle – und erfolgversprechende – Hilfe leisten können.

2.5. Offener Vollzug

Ausländische Inhaftierte sind im offenen Vollzug eher selten anzutreffen. Eine Begründung hierfür liefern wiederum die Verwaltungsvorschriften, in denen es u.a. heißt, dass Gefangene, gegen die ein Ausweisungs-, Auslieferungs-, Straf- oder Ermittlungsverfahren anhängig ist, in der Regel für eine Verlegung in den offenen Vollzug ungeeignet sind.
Die Beurteilung, ob ein Gefangener in den offenen Vollzug verlegt werden kann, liegt im Ermessen der Anstalt. In der Praxis wird dies zumeist davon abhängig gemacht, dass der Entlassungszeitpunkt nahe gerückt sein muss und der Gefangene eine Beschäftigung außerhalb des Vollzuges hat (s.a. Schwind/Böhm-Ittel § 10, Rz. 6 ff.).
Solange der ausländerrechtliche Status nicht geklärt ist, ist indes kaum eine Anstalt dazu bereit, einen ausländischen Inhaftierten in den offenen Vollzug zu verlegen, da schon der Entlassungstermin weiterhin unklar ist. Steht fest, dass der Betroffene ausgewiesen wird, ist die Verlegung nach den Verwaltungsvorschriften ohnehin nicht zulässig.

Grundsätzlich gilt jedoch: Auch bei einer ungeklärten ausländerrechtlichen Stellung des Ausländers ist eine Verlegung in den offenen Vollzug nicht generell ausgeschlossen. Vielmehr muss die Anstalt auch hier ihr Ermessen sehr sorgfältig ausüben und im Einzelfall begründen, warum dieser Ausländer ungeeignet für eine Verlegung in den offenen Vollzug ist (AK-StVollzG Lesting § 10 Rz. 16).

3. RECHTSSCHUTZ

Auch für ausländische Gefangene gilt, dass sie den gerichtlichen Rechtsschutz wahrnehmen können, den das Strafvollzugsgesetz in den §§ 108 ff. StVollzG garantiert.

Dass schon für deutsche Inhaftierte der Rechtsweg beschwerlich und in den seltensten Fällen erfolgreich ist, haben mehrere Studien belegt (Feest/Lesting/Selling 1997; vgl. auch Kamann 1991; Eschke 1993).

Gerade bei nichtdeutschen Gefangenen kommen jedoch noch zusätzliche Hürden hinzu:

- mangelnde Kenntnis des deutschen Rechtssystems (insbesondere auch ganz allgemein der Möglichkeit des Rechtsschutzes),

- mangelnde sprachliche Fähigkeiten, die eigenen Rechte gegenüber Dritten, insbesondere vor Gericht, geltend zu machen,

- mangelnde Kontakte und/oder finanzielle Mittel, um einen Anwalt beauftragen zu können.

Neben diesen Problemen ergibt sich aus der Situation als straffälliger Ausländer ein weiteres Hindernis: die drohende Ausweisung, deren Zeitpunkt ungewiss ist.

Verfahren in Vollzugssachen sind langwierig und erfordern dem Gefangenen entsprechende Geduld ab. Oftmals erledigen sich Rechtsstreitigkeiten im Vollzug durch Zeitablauf, bevor das Gericht überhaupt in der Sache entschieden hat. Bei Ausländern geschieht dies nicht zuletzt durch eine zwischenzeitlich erfolgte Ausweisung. Zwar wäre es auch möglich, Missstände, die im Vollzug aufgetreten sind, in einer Klage aus dem Ausland weiter zu verfolgen. Ist der Ausländer jedoch nicht mehr in Deutschland inhaftiert, mangelt es regelmäßig an einem entsprechenden Rechtsschutzbedürfnis und eine Klage wird unzulässig.

4. DIE BEENDIGUNG DER HAFT

Für ausländische Inhaftierte besonders wichtig ist die Frage nach der Beendigung der Haft und einer damit korrespondierenden Beendigung des Aufenthaltes in der Bundesrepublik Deutschland.

4.1. Ausweisungsgründe und Auswirkungen auf den Vollzug

In einer überwiegenden Zahl der Fälle wird ein Inhaftierter Ausländer nach Teil- oder Vollverbüßung der Haftstrafe ausgewiesen (vgl. zum Verhältnis Ausländerrecht/Resozialisierung auch Köpcke-Duttler 1993). Sieht man sich den Katalog der Ausweisungsgründe des § 47 AuslG (Ausweisung wegen besonderer Gefährlichkeit) an, so fällt auf, dass hier gerade Drogendelikte – wegen denen Ausländer besonders häufig inhaftiert werden – genannt werden. Namentlich aufgezählt werden als sogenannte „Ist-Ausweisung" in § 47 Abs. 1 AuslG u.a.:

- die Verurteilung zu einer Jugend- oder Freiheitsstrafe von mindestens drei Jahren (unabhängig von dem zugrunde liegenden Delikt),

- die Verurteilung wegen einer Straftat nach dem Betäubungsmittelgesetz zu einer Freiheitsstrafe von mindestens zwei Jahren, die nicht zur Bewährung ausgesetzt wurde.

Bei der „Ist-Ausweisung" handelt es sich um zwingende Ausweisungsgründe. Sind diese erfüllt, „ist" der Ausländer auszuweisen. Einen Ermessensspielraum erlangt die Ausländerbehörde bei ihrer Entscheidung allenfalls dann, wenn ein besonderer Ausweisungsschutz im Sinne des § 48 AuslG vorliegt.

Eine Regelausweisung (bei der die Behörde einen engen Ermessensspielraum hat) gibt es bei den Ausweisungsgründen des § 47 Abs. 2 AuslG. Ausdrücklich genannt sind hier u.a.:

- die Verurteilung zu einer Jugend- oder Freiheitsstrafe von mindestens zwei Jahren, die nicht zur Bewährung ausgesetzt wurde (unabhängig von der zugrunde liegenden Straftat),

- Anbau, Herstellung, Ein- oder Ausführung, Veräußerung von Betäubungsmitteln (unabhängig von einer Verurteilung).

Auch hier kann ggf. ein besonderer Ausweisungsschutz im Sinne des § 48 AuslG vorliegen.

Festzuhalten ist: Immer wenn ein Verstoß gegen das BtMG zugrunde liegt, droht die Ausweisung und es kommt lediglich darauf an, ob der Betroffene einen besonderen Ausweisungsschutz genießt. In der Regel muss jeder Ausländer, der inhaftiert wird, zunächst um seinen Aufenthalt in der Bundesrepublik bangen. Entscheidungen der Ausländerbehörde lassen dabei oft auf sich warten (vgl. auch Riekenbrauk 1998, S. 22 f.), so dass der Vollzug für eine lange Zeit von der Ungewissheit über den Ausgang des ausländerrechtlichen Verfahrens begleitet – und bestimmt wird.

4.2. Möglichkeiten der Beendigung oder Unterbrechung der Haft

Auch ausländischen Inhaftierten stehen die normalen Wege der Haftbeendigung oder Unterbrechung offen (vgl. hierzu Bammann 2001b, S. 141 ff.), also:

- die Endstrafe,

- die Straf(rest)aussetzung zur Bewährung,

- die Unterbrechung der Strafvollstreckung aus gesundheitlichen Gründen nach § 455 StPO,

- die Entlassung auf dem Gnadenweg.

Hinzu kommen jedoch noch zwei weitere Möglichkeiten, die Haft zu unterbrechen bzw. zu beenden:

- die Vollstreckungsübernahme nach IRG (Gesetz über die internationale Rechtshilfe in Strafsachen),

- die Unterbrechung der Strafvollstreckung nach § 456a StPO.

Während die Vollstreckungsübernahme in der Praxis eher selten ist (vgl. hierzu AK-StVollzG Bammann/Feest Exkurs II vor § 5 Rz. 17; ausführlich Laubenthal 1999, S. 317 ff.), kommt der Regelung nach § 456a StPO eine große Bedeutung zu (vgl. im Einzelnen: Groß 1987; Bammann 2001a).
Bei der Übernahme der Vollstreckung durch das Heimatland des Ausländers wird die in Deutschland ausgesprochene Strafe dort vollstreckt. Die Zuständigkeiten gehen auf das andere Land über, so dass dort über alle weiteren Maßnahmen, die den Verurteilten betreffen, entschieden wird. Im Gegensatz dazu wird bei einer Entscheidung nach § 456a StPO die Vollstreckung unterbrochen und der Ausländer ausgewiesen, in seinem Heimatland ist er jedoch frei. Die dortigen Behörden haben mit der Vollstreckung der Strafe nichts zu tun.
Die Unterbrechung der Strafvollstreckung nach § 456a StPO birgt eine Vielzahl von Tücken, die auch von Anwälten immer wieder übersehen werden.

Zu beachten ist:

- Die Anwendung des § 456a StPO unterbricht die Strafvollstreckung; sie wird nicht beendet. Das heißt: es wird in der Regel an den Grenzen ein Haftbefehl hinterlegt und die Strafvollstreckung wird bei Wiedereinreise des Ausländers fortgesetzt.

- Eine eventuelle Befristung der Ausweisung durch die Ausländerbehörde hat keinen Einfluss auf die Strafvollstreckung. Der Ausländer kann mithin ausländerrechtlich legal wieder in die Bundesrepublik einreisen, die Strafvollstreckung wird jedoch unabhängig davon fortgesetzt.

- Die Vollstreckungsverjährung ist in § 79 StGB geregelt. Eine rechtskräftig verhängte Strafe darf erst nach Ablauf der Verjährungsfrist nicht mehr vollstreckt werden. Diese Verjährungsfrist ist relativ lang. So beträgt sie z.b. bei einer Freiheitsstrafe von mehr als einem bis zu fünf Jahren 10 Jahre. Innerhalb dieser Zeit kann die Vollstreckung fortgesetzt werden. Ein Ausländer, der wieder einreisen will (und dies laut Bescheid des Ausländeramtes darf) muss daher die Vollstreckungsverjährung abwarten, um nicht zu riskieren, wieder inhaftiert zu werden.

Für viele Ausländer ist diese Regelung völlig unverständlich. Ihnen liegt die amtliche Bestätigung des Ausländeramtes vor, dass sie legal nach Ablauf einer gewissen Zeit wieder einreisen dürfen. Dann werden sie oftmals schon am Flughafen erwartet, festgenommen und inhaftiert, ohne dass sie wissen, wie ihnen geschieht. Für die Betroffenen ist oftmals unbegreiflich, dass Behörde nicht gleich Behörde ist, die Einreise also legal sein kann und sie trotzdem wieder in Haft müssen.

Tatsächlich besteht hier dringender Regelungsbedarf. Ausländerbehörden und Staatsanwaltschaften müssen sich hier nicht nur gegenseitig informieren, sondern sich auch abstimmen, wenn dem Betroffenen die legale Rückkehr in die Bundesrepublik ermöglicht werden soll.

Die verschiedenen Möglichkeiten der Haftunterbrechung/Beendigung stehen selbstständig nebeneinander und unterliegen keiner bestimmten Reihenfolge.

Besonders relevant ist das Verhältnis der Strafaussetzung nach § 57 StGB zu § 456a StPO. In der Praxis ist vielfach zu beobachten, dass die Vollstreckung nach § 456a StPO einige Zeit vor dem möglichen Entlassungstermin nach § 57 StGB erfolgt. Die Anwendung des § 456a StPO ist – anders als die Aussetzung nach § 57 StGB – gerade nicht an eine Einwilligung des betroffenen Gefangenen gebunden, sondern kann (in Verbindung mit der Ausweisung) allein von der Staatsanwaltschaft betrieben werden. Während, wie dargelegt, bei einer Wiedereinreise die ausgesetzte Vollstreckung nachgeholt werden kann, ist die Aussetzung des Strafrest nach § 57 StGB zunächst einmal endgültig (es sei denn, die Bewährung würde nach einem Verstoß gegen Auflagen oder nach einer neuen Straftat widerrufen). Dies mag der Grund dafür sein, warum in der Praxis seitens der Staatsanwaltschaften die Anwendung des § 456a StPO dem § 57 StGB vorgezogen wird. Sachlich zwingend ist dies indes nicht.

Vielfach kommt es auch vor, dass ausländische Inhaftierte erst zum Endstrafenzeitpunkt entlassen werden. Dies hängt dann zum einen damit zusammen, dass es während der laufenden Inhaftierung nicht gelungen ist, die Ausweisung zu betreiben, und zum anderen, dass mit dem Betroffenen keine entlassungsvorbereitenden Maßnahmen getroffen wurden, die sich positiv auf eine Entscheidung über eine vorzeitige Entlassung ausgewirkt hätten.

Ein Gnadengesuch (ausführlich Schätzler 1992) hat eher geringe Aussichten auf Erfolg und sollte ohnehin nur dann betrieben werden, wenn alle anderen Möglichkeiten der Strafaussetzung oder Vollstreckungsunterbrechung erfolglos ausgeschöpft worden sind.

Ist ein Ausländer, dessen Strafvollstreckung nach § 456a StPO unterbrochen wurde, ausgewiesen worden, so kann dieser vom Ausland aus einen Antrag auf gnadenweisen Erlass der Reststrafe stellen. Hat die Ausländerbehörde die Ausweisung befristet, so ist dies ein Weg, der unter Umständen Erfolg verspricht und dem Betroffenen eine frühere Wiedereinreise ohne das Risiko der weiteren Vollstreckung ermöglicht.

5. ZUSAMMENFASSUNG DER PROBLEMSCHWERPUNKTE

Inhaftierte Ausländer stellen den Vollzug im Einzelfall, aber auch durch ihre steigende Zahl vor neue Herausforderungen. Diese Entwicklung war trotz vereinzelter Mahnungen bei Erlass des Strafvollzugsgesetzes so nicht vorhersehbar, spiegelt aber auch eine allgemeine kriminalpolitische Entwicklung wider. Das Strafvollzugsgesetz kennt – anders als die Verwaltungsvorschriften – den Begriff des Ausländers nicht, differenziert also auch dort nicht, wo dies geboten wäre.

Als eines der größten Probleme, mit denen der Vollzug (wie der betroffene Ausländer) umgehen muss, ist die oftmals ungeklärte ausländerrechtliche Stellung des Inhaftierten anzusehen. Solange nicht klar entschieden ist, dass der Ausländer auch nach seiner Haftentlassung in Deutschland bleibt, geschieht seitens des Vollzuges in punkto Entlassungsvorbereitung, Lockerungen usw. zumeist nichts. Steht fest, dass der Ausländer ausgewiesen wird, kommen aus Sicht der Anstalten (aber auch der Verwaltungsvorschriften) Lockerungen ohnehin nicht (mehr) in Betracht. Um zumindest die Ungewissheit zu vermeiden, sollten Ausländerbehörden schneller und direkt mit dem Vollzug bzw. der Strafvollstreckungsbehörde zusammenarbeiten. Nur so weiß der Ausländer, aber auch die verantwortliche Vollzugsanstalt, woran sie ist, und kann die entsprechenden Maßnahmen rechtzeitig ergreifen. Als Resozialisierung im Sinne des § 2 Satz 1 StVollzG wird vielfach nur die Wiedereingliederung in die bundesdeutsche Gesellschaft angesehen. Dies ist jedoch kurzsichtig. Resozialisierung ist nicht davon abhängig, wohin der Betroffene entlassen wird. Auch kann eine qualifizierte Ausbildung dem Gefangenen nicht nur in dem Land weiterhelfen, in das er nach seiner Haftentlassung abgeschoben wird – sie kann ihm auch als Unterstützung dienen, wenn er nach einer Befristung seiner Ausweisung wieder legal in die Bundesrepublik zurückkehrt. Fehlt eine solche Ausbildung, wird der Neuanfang in jedem Fall erschwert. Gerade dies will der Strafvollzug – unabhängig von der Nationalität der Inhaftierten – verhindern.

ANHANG: TABELLE 1

Tabelle 1: Entwicklung des Ausländeranteils im Vollzug der Freiheitsstrafe, 1971 bis 1999; absolute Zahlen

Jahr	Inhaftierte insgesamt	Davon Deutsche	davon Nicht-deutsche	Nicht-deutsche in %
1971	27614	26589	1025	3,7
1972	-	-	-	-
1973	29894	28406	1488	5,0
1974	-	-	-	-
1975	-	-	-	-
1976	37860	35672	2188	5,8
1977	33559	31501	2058	6,1
1978	34868	32653	2215	6,4

Jahr	Inhaftierte insgesamt	Davon Deutsche	davon Nicht-deutsche	Nicht-deutsche in %
1979	35594	33269	2325	6,5
1980	35537	32982	2555	7,1
1981	-	-	-	-
1982	38620	34897	3723	9,6
1983	40819	36845	3974	9,7
1984	42140	37997	4143	9,8
1985	41852	37785	4067	9,7
1986	39407	35667	3740	9,5
1987	36978	33325	3662	9,9
1988	36076	32344	3732	10,3
1989	36101	32000	4101	11,4
1990	34799	30432	4367	12,5
1991	33392	28757	4367	13,9
1992	35401	30076	5325	15,0
1993	37128	30739	6389	17,2
1994	39327	31447	7880	20,0
1995	41353	32428	8925	21,6
1996	43475	33686	9789	22,5
1997	45718	34720	10998	24,0
1998	50021	37788	12233	24,5
1999	52351	39597	12754	24,4
2000	60798	46563	14235	23,4

Quelle: Statistisches Bundesamt, Rechtspflegestatistik, Reihe Strafverfolgung;
Prozentzahlen teilweise – 1971-1980 – eigene Berechnung;
s.a. Laubenthal 1999, S. 309

LITERATUR

AK-StVollzG, siehe: Feest, Johannes (Hrsg.), 2000

Bammann, Kai (2001a): Unterbrechung der Strafvollstreckung bei Auslieferung oder Ausweisung. Eine empirische Untersuchung zu den rechtlichen Grundlagen der Anwendung des § 456a StPO im Bundesvergleich, in: Monatsschrift für Kriminologie und Strafrechtsreform, S. 91-106

Bammann, Kai (2001b): Die Situation ausländischer Inhaftierter im deutschen Strafvollzug unter dem Gesichtspunkt der sozialen Ausschließung, in: Richard Reindl/Werner Nickolai (Hrsg.): Sozialer Ausschluß durch Einschluß. Strafvollzug und Straffälligenhilfe zwischen Restriktion und Resozialisierung, Freiburg i. Br., S. 127-147

Bammann, Kai/Penning, Silke/Temme, Gaby (2001): Tagungsbericht: Alternativsymposium zum Strafvollzug an der Universität Bremen am 21.10.2000, in: Zeitschrift für Strafvollzug und Straffälligenhilfe, S. 166-171

Calliess, Rolf-Peter/Müller-Dietz, Heinz (2002): Strafvollzugsgesetz, 9. Aufl., München.

Campenhausen, Axel Frhr. von (1996): Staatskirchenrecht, 3. Aufl. München

Eschke, D. (1993): Mängel im Rechtsschutz gegen Strafvollstreckungs- und Strafvollzugsmaßnahmen. Eine Darstellung ausgewählter Probleme mit Lösungsvorschlägen, Heidelberg.

Feest, Johannes (Hrsg.), (2000): Kommentar zum Strafvollzugsgesetz (AK-StVollzG), 4. Auflage, Neuwied und Kriftel (im Text zitiert: AK-StVollzG-Bearbeiter § Rz.)

Feest, Johannes/Lesting, Wolfgang/Selling, Peter (1997): Totale Institution und Rechtsschutz. Eine Untersuchung zum Rechtsschutz im Strafvollzug, Opladen.

Groh, Sonja (2000): Doppelt bestraft? Eine empirische Studie zur Situation ausländischer Strafgefangener im deutschen Justizvollzug, Bremen, unveröffentlichte Diplomarbeit am Fachbereich Sozialpädagogik

Groß, Karl-Heinz (1987): Zum Absehen von der Strafvollstreckung gegenüber Ausländern nach § 456a StPO, in: Der Strafverteidiger, S. 36-40

Hesselberger, Dieter (2001): Grundgesetz. Kommentar für die politische Bildung, 12. Aufl., Bonn

Huchting, Konrad/Schumann, Karl F. (1990): Kommentierung des § 146 StVollzG, in: Alternativkommentar zum Strafvollzugsgesetz, 3. Aufl. Neuwied

Kamann, Ulrich (1991): Gerichtlicher Rechtsschutz im Strafvollzug. Grenzen und Möglichkeiten der Kontrollen vollzuglicher Maßnahmen am Beispiel der Strafvollstreckungskammer beim Landgericht Arnsberg, Pfaffenweiler

Koepsel, Klaus (1995): Behandlung im Strafvollzug bei veränderter Klientel, in: de Boor, Wolfgang u.a. (Hrsg.): Resozialisierung – Utopie oder Chance? Köln

Köpcke-Duttler, Arnold (1993): Ausländergesetz und Resozialisierung, in: Kriminalpädagogische Praxis, Heft 34, S. 27-32

Kubink, Michael (1993): Verständnis und Bedeutung von Ausländerkriminalität. Eine Analyse der Konstitution sozialer Probleme, Pfaffenweiler

Laubenthal, Klaus (1999): Vollzugliche Ausländerproblematik und Internationalisierung der Strafverbüßung, in: Feuerhelm, Wolfgang u.a. (Hrsg.) Festschrift für Alexander Böhm, Berlin und New York, S. 307-322

Menke, Volker (1973): Ausländische Gefangene im Strafvollzug. Praktiken des jetzigen Vollzuges – Anregungen für die künftige Gestaltung der Freiheitsstrafe, in: Zeitschrift für Strafvollzug und Straffälligenhilfe, S. 41-42

Preusker, Harald (1998): Neue Klienten des Strafvollzugs – Resozialisierung in der Legitimationskrise?, in: Kawamura, Gabriele/Reindl, Richard (Hrsg): Wiedereingliederung Straffälliger. Eine Bilanz nach 20 Jahren Strafvollzugsgesetz, Freiburg i.Br., S. 30-41

Rebmann, Matthias (1998): Ausländerkriminalität in der Bundesrepublik Deutschland. Eine Analyse der polizeilich registrierten Kriminalität von 1986 bis 1995, Freiburg i. Br.

Riekenbrauk, Klaus (1998): Ausländerrechtliche Auswirkungen auf den Jugendstrafvollzug, in: Ausländische Inhaftierte im Strafvollzug, Lotse-Forum Heft 12/98, S. 17-24

Rotthaus, Karl Peter (1968): Erfahrungen mit dem Strafvollzugsgesetz bei ausländischen Verurteilten und der Behandlung ausländischer Gefangener, in: Zeitschrift für Strafvollzug und Straffälligenhilfe, S. 353-367

Schätzler, Johann-Georg (1992): Handbuch des Gnadenrechts. Gnade – Amnestie – Bewährung, eine systematische Darstellung mit den Vorschriften des Bundes und der Länder, 2. Aufl., München

Schumann, Karl F. (1986): Bevölkerungsentwicklung und Haftplatzbedarf, in: Kriminologisches Journal, S. 290-304

Schwind, Heinz-Dieter/Böhm, Alexander (Hrsg.), (1999): Strafvollzugsgesetz, 3. Aufl. Berlin und New York (im Text zitiert: Schwind/Böhm-Bearbeiter § Rz.)

Statistisches Bundesamt (Hrsg.), (1982-2001): Rechtspflegestatistik. Fachserie 10, Reihe 4.1. Strafvollzug, Bonn, verschiedene Jahrgänge

Walter, Joachim/Grübl, Günther (1999): Junge Aussiedler im Jugendstrafvollzug Baden-Württemberg, in: Landesgruppe Baden-Württemberg in der DVJJ (Hrsg.): Integrieren statt Ausgrenzen – über Möglichkeiten des Zugangs zu „schwierigen" Tätergruppen, INFO 1998, S. 47-68

Ausländer im Erwachsenenvollzug –
Zur Situation und Möglichkeiten der Hilfe

Stephan Schlebusch

Mit Ausnahme der Sexualdelinquenten wird keiner Gruppe Straffälliger mit so viel Abwehr und Antipathie und auch Aggression begegnet wie den inhaftierten „Ausländern". Sie stellen eine mehrfach stigmatisierte und gesellschaftlich vernachlässigte Randgruppe dar. Mit der Zuwendung zu diesem Thema wird ein beschämendes Kapitel gesellschaftlicher und vollzuglicher Wirklichkeit eröffnet.

Der Titel „Ausländer im Erwachsenenvollzug" könnte suggerieren, dass es die Ausländer und den Vollzug gibt. Dem ist nicht so. Die Thematik ist im Wesentlichen deshalb äußert komplex, weil es

* weder – ebenso wie draußen – die homogene Gruppe „Ausländer" gibt (vor dem Hintergrund der gravierende Unterschiede in der rechtlichen und psychosozialen Situation sind Differenzierungen erforderlich, z.B.: Arbeitsmigranten, 2. oder 3. „Ausländergeneration", Asylbewerber, EU-Angehörige, Touristen)[1]

* noch den Vollzug: Die Situation ausländischer Inhaftierter ist von der Vollzugsform, dem anstaltsinternen Klima, der personellen Situation und von den regionalen Bedingungen vor Ort abhängig.

Dies bedeutet, dass die Gesamtproblematik nur angerissen werden kann und sich bei verallgemeinernden Aussagen sicherlich auch Beispiele finden lassen, die anders gelagert und verlaufen sind. Der Beitrag steht zudem unter der Einschränkung, dass sich die Erfahrungen und Informationen auf die Situation in Nordrhein-Westfalen beziehen.

1. STATISTISCHES

In der Tabelle 1 wird eine Übersicht über die ausländischen Gefangenen im NRW-Vollzug zum Stichtag 30.09.00 gegeben, aufgeschlüsselt nach Strafarten.

---

[1] Der Begriff „Ausländer" ist nach meiner Auffassung äußerst problematisch und wird (ebenso wie die im Vortrag gewählte männliche Form) nur aus Vereinfachungsgründen gewählt).

Von insgesamt 18362 Gefangenen hatten 5649 (30,8%) keinen deutschen Pass (1985: 7,9%; 1990: 18,4%; 1995: 38,2%).

Tabelle 1:   Übersicht über die Anzahl der ausländischen Gefangenen im nordrhein-westfälischen Strafvollzug (Stand 30.09.00)

	U-Haft Erwachsene	U-Haft unter 21 Jahren	Freiheitsstrafe	Jugendstrafe	Abschiebungshaft	Sonstige	Gesamt
Männer	1372 (24,3%)	226 (4,0%)	2773 (49,0%)	404 (7,2%)	576 (10,2%)	27 (0,5%)	5378 (95,2%)
Frauen	73 (1,3%)	17 (0,3%)	82 (1,5%)	13 (0,2%)	85 (1,5%)	1 (0,0%)	271 (4,8%)
Gesamt	1445 (25,6%)	243 (4,3%)	2855 (50,5%)	417 (7,4%)	661 (11,7%)	28 (0,5%)	5649 (100%)

Wie bei deutschen Inhaftierten auch ist der weit überwiegende Teil Männer (95,2%). Etwa die Hälfte der ausländischen Inhaftierten befindet sich in Strafhaft, ein Viertel in Untersuchungshaft für Erwachsene, jeweils gut 10% sind Jugendliche und Heranwachsende oder Abschiebungsgefangene. Um eine Vergleichszahl zu deutschen Gefangenen zu erhalten, muss man den Anteil der Abschiebehäftlinge in Abzug bringen. Dann ist der Anteil immerhin noch bei 28,2% (4988 Gefangene). Seit etwa Mitte der 90er Jahre liegt der Anteil Inhaftierter ohne deutschen Pass auf hohem Niveau bei ca. 1/4 bis 1/3 der Inhaftierten.

Die ausländischen Inhaftierten hatten 117 verschiedene Nationalitäten. Die Nationalitätenvielfalt ist ebenfalls seit Jahren gegeben. Die Anteile der einzelnen Nationalitäten verschieben sich jedoch. In Tabelle 2 sind verschiedene Gruppen nach Herkunftsgebieten zusammengefasst:

Tabelle 2:   Aufschlüsselung der Anzahl der ausländischen Gefangenen nach Herkunftsgebieten

Nation/ Herkunftsgebiet	Türkisch	Ehemaliges Jugoslawien/Albanien	EU-Staaten	Nordafrika	Ehemalige Sowjet-Union	Gesamt
Anzahl	1599 (28,3%)	1046 (18,5%)	634 (11,2%)	514 (9,1%)	410 (7,3%)	5649 (100%)

Die türkischen Inhaftierten stellen seit Jahren mit gut einem Viertel die größte Gruppe unter den ausländischen Gefangenen, gefolgt von Gefangenen, die einen Pass aus Staaten des ehemaligen Jugoslawiens oder Albaniens haben. Recht konstant ist die Gruppe nordafrikanischer Nationalität mit ca. 10%. Vergleichsweise gering ist auch traditionell die Quote der Gefangenen, die einen Ausweis aus einem EU-Mitgliedsstaat besitzen. Deutlich und kontinuierlich zugenommen hat die Zahl der Gefangenen, die aus der ehemaligen Sowjetunion stammen (hinzu kommt eine unbekannt hohe Zahl von inhaftierten Spätaussiedlern, die zwar einen deutschen Pass besitzen, jedoch aufgrund ihrer Sozialisationserfahrungen bei uns Fremde sind). Gefangene aus den dargelegten Herkunftsregionen stellen etwa Dreiviertel aller ausländischen Gefangenen. Das verbleibende Viertel stammt damit aus so vielen unterschiedlichen Nationen, dass es gar nicht möglich ist, differenzierte Angebote zu unterbreiten.

In Tabelle 3 wurde versucht, die Gefangenenzahlen bezogen auf die unterschiedlichen Vollzugsformen zu ermitteln. Dies ist ein schwieriges Unterfangen, da ein Teil der Justizvollzugsanstalten eine Mehrfachzuständigkeit besitzt. In die Tabelle sind die Anstalten aufgenommen, die eine eindeutige Zuständigkeit besitzen. Von daher sind in der Übersicht nur ca. 2/3 aller Gefangenen und ca. 60% der ausländischen Gefangenen einbezogen.

Tabelle 3: Ausländeranteil in verschiedenen Haftarten (ohne Abschiebehaft – Ausgewählte Anstalten ohne Mischzuständigkeit)

Haftart	U-Haft Männer	Strafhaft Männer	Strafhaft Jugendl./ Heranw.	Frauen-vollzug	Offe-ner Vollzug	Sozial-therapie	Ge-samt
Gesamt-Belegung	3568	3401	1159	786	3790	49	12753
Ausländer-Anteil Nominell	1273	998	352	183	465	0	3271
Ausländer-Anteil Prozentual	35,7%	29,3%	30,4%	23,3%	12,3%	0,0%	25,6%
Schwan-kungs-breite (Ausl.-anteil von ... bis ...%)	22,5%-53,8%	14,9%-43,3%	23,7%-34,8%	11,1%-57,4%	9,8%-24,0%	0,0%	0,0%-57,4%

Die Übersicht gibt folgende wesentliche Anhaltspunkte

- Der Anteil der Ausländer/innen ist in der Untersuchungshaft größer als in der Strafhaft. Als Hintergrund wird angenommen, dass bei Ausländern eher ein Haftbefehl ergeht, weil es ihnen schwerer fällt, ihre Situation verständlich zu machen. Allerdings verfügt auch ein größerer Teil der Ausländer nicht über stabile soziale Bezüge in der Bundesrepublik, so dass eher der Haftgrund der Fluchtgefahr besteht.

- Die Anzahl der Ausländer/innen im geschlossenen Vollzug (35,7%) ist deutlich höher als im offenen Vollzug (12,3%). Eine Statistik über die Gewährung von Vollzugslockerungen wie Urlaub würde ähnliche deutliche Unterschiede zwischen ausländischen und deutschen Inhaftierten offenbaren. Das Missverhältnis beruht zum einen darauf, dass ein Teil der Ausländer ohne Sozialbezüge ist und von daher erst einmal für Vollzugslockerungen bzw. die Verlegung in den offenen Vollzug ungeeignet erscheint. Zum anderen sind die Unterschiede auf einschränkende Verwaltungsvorschriften, die Anfragen bei der Ausländerbehörde vorsehen, zurückzuführen. Die Anfrage der Justizvollzugsanstalten bezüglich der Gewährung von Vollzugslockerungen bei den Ausländerbehörden erbringt meist das Ergebnis, dass die Ausländerbehörde Lockerungen pauschalisiert nicht zustimmt.

- In der Sozialtherapeutischen Anstalt befand sich kein Ausländer.

Die Vollzugslockerungen und der offene Vollzug sind zwei wesentliche vollzugliche Resozialisierungsmaßnahmen, die deutliche integrative Wirkung haben. Die oben dargelegten Zahlen sowie die Tatsache, dass sich kein Ausländer in der sozialtherapeutischen Anstalt befand, sind ein deutlicher Hinweis dafür, dass die Zugangschancen von Ausländern zu resozialisierenden Maßnahmen geringer sind. Dieser Eindruck würde sich durch einen Nationalitätsvergleich von Teilnehmern an beruflichen Weiterbildungsmaßnahmen im Vollzug erhärten. Interessant wäre in diesem Zusammenhang eine vergleichende Studie von in den Vollzugsplänen aufgenommenen und durchgeführten „Behandlungs"-Maßnahmen bei ausländischen und deutschen Inhaftierten. Der Hinweis, dass in Nordrhein-Westfalen inhaftierte Ausländer zunächst einmal vom sog. Einweisungsverfahren – u.a. einem Diagnoseverfahren für Inhaftierte mit längeren Freiheitsstrafen, bei dem Empfehlungen zur Vollzugsplanung ausgearbeitet werden – ausgeschlossen sind, ist ein weiteres Indiz für die Benachteiligung von Inhaftierten ohne deutschen Pass.

Abschließend ist zu den statistischen Hinweisen zu erwähnen, dass es für den Erwachsenenvollzug keine Statistik zur Sozialstruktur der ausländischen Gefangenen gibt. Für den Jugendvollzug hat es im Jahr 1998 eine Erhebung der Arbeitsgruppe „Kriminologischer Dienst" gegeben, die u.a. nachstehende Ergebnisse erbrachte, die Auswirkungen auf die Gestaltung des vollzuglichen Angebots zur Betreuung ausländischer Inhaftierter haben sollten:

• 50% der Jugendstrafgefangenen waren in der BRD geboren,

• 75% wurden überwiegend in der BRD sozialisiert (Durchschnitt 14 Jahre),

• 89% waren bei Eltern/nahen Verwandten in Deutschland gemeldet,

• 75% zählten zur hiesigen Wohnbevölkerung,

• 80% hatten keinen Schulabschluss,

• 96% hatten keine Ausbildung abgeschlossen,

• 74% waren zum Zeitpunkt der Inhaftierung arbeitslos.

Im Jugendvollzug hat man damit überwiegend nicht mit Ausländern zu tun, sondern mit Inländern mit einem ausländischen Pass. In den letzten Jahren wächst diese Gruppe vermehrt auch in den Erwachsenvollzug hinein.

Nachdem Hinweise zu verringerten Teilnahmechancen von ausländischen Inhaftierten an resozialisierenden Maßnahmen gefunden wurden und aufgezeigt wurde, dass ein großer Anteil der „Ausländer im Vollzug" hier in der Bundesrepublik sozialisiert wurde (und damit über deutschen Inhaftierten vergleichbare Bedürfnisse und Probleme verfügt), sollen im Folgenden anhand von Beispielen typische Konstellationen vorgestellt werden, die einen Einblick in die Probleme der Begleitung von Ausländern in der Haft verschaffen sollen.

2. FALLBEISPIELE

• Yussuf

... 28 Jahre, stammt aus Algerien, flüchtet mit 14 Jahren wegen einer Familienfehde, bei der mehrere Familienmitglieder verstorben sind, aus seiner Heimat, lebt zunächst zwei Jahre in Spanien, dann drei Jahre in Frankreich. Über die Niederlande und Italien driftet er schließlich im Alter von 23 Jahren nach Deutschland, wo er einen Asylantrag stellt und in einer Asylbewerberunterkunft lebt.

Vor zwei Jahren wurde er verhaftet und in U-Haft genommen. In Haft kennt er zunächst niemanden, spricht kaum deutsch und weiß nicht, an wen er sich wenden soll. Um auf die drängendsten Fragen Antworten zu erhalten, muss er sich eines dolmetschenden Mitgefangenen bedienen – Privates ausgeschlossen. Darf ein Bekannter aus der Unterkunft zu Besuch kommen? Was ist mit einem Anwalt? Wie ist der gerichtliche Verfahrensablauf? Woher bekomme ich Wäsche, Tabak und Fernsehen? Persönliche Probleme ansprechen: wie und wo?

Nach neun Monaten U-Haft wird er wegen eines Gewaltdelikts zu vier Jahren Freiheitsstrafe verurteilt. Er spricht etwas besser deutsch und hat in der Anstalt eine der wenigen Arbeitsstellen. Er nimmt an verschiedenen Freizeit- und Sportgruppen teil und besucht eine Religionsgruppe, die von einem Hodscha betreut wird. So vergehen Tage, Wochen, Monate und er will nun, da er die Hälfte der Haft schon hinter sich hat, beurlaubt werden. Dies ist nur mit Zustimmung der Ausländerbehörde möglich. Eine Nachfrage ergibt: der Asylantrag ist abgelehnt, das Ausweisungsverfahren wird betrieben und deswegen hält die Ausländerbehörde nichts von Vollzugslockerungen. Yussuf möchte nicht abgeschoben werden, kennt doch niemanden in der sog. Heimat, glaubt, weil er in Haft sich gut benimmt und fleißig ist, dass er bleiben kann. Die Ausländerbehörde will den Ausweis, ohne den niemand abgeschoben werden kann – Yussuf hat nie einen besessen. Also zur Botschaft: bestätigen, dass er Algerier ist. Die sagt nein; das gleiche Ergebnis erbringen die Anfragen bei der marokkanischen und tunesischen Botschaft. Es ist absehbar, dass es der Ausländerbehörde nicht gelingen wird, die für die Abschiebung erforderlichen Personalpapiere zu beschaffen. Die Ausländerbehörde will ihm auch keine Duldung erteilen, obwohl absehbar ist, dass Yussuf zum Endstrafenzeitpunkt entlassen wird ... ohne Entlassungsvorbereitung, ohne Wohnung, mit nichts.

Was soll der Vollzug hier leisten? Worum geht es: Um die Demonstration staatlicher Macht oder um den Schutz der Bevölkerung durch eine gezielte Entlassungsvorbereitung?

• Ernesto

... ist 37 Jahre und Kolumbianer. In seiner Heimat hatte er nichts, außer seiner großen Familie: Frau und vier Kinder. Er wird angesprochen, Heroin nach Deutschland zu transportieren, ganz einfach, nächste Woche wieder zu Hause und die Familie ein Jahr ernährt. Ernesto fliegt nach Deutschland, vom Flughafen direkt in den Knast.

Hier spricht praktisch keiner seine Sprache, er hat keine Kontakte. Sechs Jahre Haft – nicht wissen, wie es Frau und Kindern geht. Vollzugsalltag: arbeiten, vielleicht in die Gruppe für spanische Gefangene und Warten. Warten auf das Absehen von der weiteren Strafvollstreckung nach § 456a StPO, die Abschiebung, die er zum Halbstrafenzeitpunkt beantragt. Die Staatsanwaltschaft lehnt aus general-präventiven Gründen ab. Also noch ein Jahr warten: zum 2/3-Zeitpunkt klappt es bestimmt. Was soll in Haft mit Ernesto geschehen?

• Mustafa

... ist 24 Jahre und drogenabhängig. Er nimmt seit seinem 16. Lebensjahr Heroin. Zur Finanzierung seiner Sucht hat er Diebstähle begangen – nicht das erste Mal. Aber das erste Mal will er etwas dran tun: Therapie. Im Knast hat er keine Probleme, er kennt sich ja aus, die Kumpel vom letzten Mal sind auch wieder da. Da die Familie schon vor über 30 Jahren aus der Türkei nach Deutschland gekommen und er hier geboren ist, kann er sich um seine Angelegenheiten kümmern. Er nimmt Kontakt mit dem Drogenberater auf: die Therapievorbereitungen beginnen.

Auf dem Hauptverhandlungstermin spricht das Gericht sich für eine Strafaussetzung nach § 35 BtMG aus und verurteilt ihn zu 30 Monaten Haft.

Die Kostenzusage für die Therapie wird vom Rentenversicherungsträger und von der Krankenkasse abgelehnt, so dass der Sozialhilfeträger nachrangig zuständig wird. Dieser teilt mit, dass Mustafa eine Bescheinigung der Ausländerbehörde beibringen soll, aus der hervorgeht, dass er nicht abgeschoben wird. Diese schreibt ihm, dass sie gedenkt, ihn abzuschieben, und sie deshalb die Bescheinigung nicht ausstellt. „Mich abschieben? Was soll ich denn da? Da war ich bisher nur im Urlaub! Meine ganze Familie ist hier! Ich sprech' doch kaum türkisch!" Nach dem ersten Schock beabsichtigt Mustafa nunmehr nach Synanon in Therapie zu gehen, weil er dort keine Kostenzusage braucht. Doch hier hat die Staatsanwaltschaft Bedenken, die Strafe nach § 35 BtMG auszusetzen.

Was wird aus Mustafa? Sollen Drogenkranke abgeschoben werden? Hat ihn der türkische Pass abhängig werden und Straftaten begehen lassen?

Es lassen sich neben diesen schlaglichtartigen Beispielen zahlreiche weitere finden: der russische Gefangene, dessen Angehörige in Deutschland als Spätaussiedler leben, der traumatisierte Kriegsflüchtling aus dem ehemaligen Jugoslawien, der ausländische Autoschieber – Mitglied einer international agierenden Bande – oder auch der abgelehnte Asylbewerber, der sich zur Sicherung der Abschiebung in Haft befindet, ohne straffällig geworden zu sein.

3. AUSLÄNDERARBEIT IM JUSTIZVOLLZUG

Die Beispiele sollten einen Einblick in die Vielfalt möglicher Situationen geben. Ausländerarbeit im Vollzug ist ein extrem schwieriges Aufgabengebiet:
Ausländerarbeit um Justizvollzug ist sehr zeitintensiv,

• weil sprachliche Probleme vorhanden sind, mit denen

• Probleme des Verstehens des Klienten in seiner kulturellen Andersartigkeit verbunden sind (Stichwort „soziokulturelle Distanz"),

• weil die Arbeit mit Ausländern eine längere Zeit des Vertrauensaufbaus benötigt, wobei einmal vorhandenes Vertrauen schnell wieder in Frage gestellt wird, da Mitarbeiterinnen und Mitarbeiter der Justizvollzugsanstalt häufig als verlängerter Arm der Ausländerbehörde wahrgenommen werden;

• weil spezifische Kenntnisse, insbesondere kultureller, politischer und rechtlicher Art erforderlich sind, die im Wesentlichen autodidaktisch erworben werden müssen;

• weil kein Fall gleichgelagert ist und hinter jedem Einzelfall ein persönliches Schicksal mit individuellen, sozialen, kulturellen und rechtlichen Besonderheiten steckt.

Ausländerarbeit im Justizvollzug ist auch ein undankbares Aufgabengebiet, weil

• es kaum Erfolgserlebnisse gibt (was weniger von den ausländischen Klienten abhängt),

• es wenig Eigenständiges beinhaltet (die Arbeit ist von ständiger Abhängigkeit von anderen Institutionen gekennzeichnet),

• und weil die Ausländerarbeit intern und extern wenig Anerkennung gibt.

(Ausländerarbeit im Justizvollzug ist aber auch wegen der Vielfalt und des Abwechslungsreichtums ein interessantes Tätigkeitsfeld.)
Hinzu kommen die Überbelegung der Vollzugsanstalten, Arbeitsüberlastungen und Personalengpässe, die dann – trotz eines grundlegenden Inter-
‾‾‾‾‾‾‾dest innerhalb der Sozialdienste – dazu führen, dass strukturel-
zeptioneller Art zu „Ausländerarbeit" praktisch nicht
r ist nur eine JVA bekannt, in der es ein Konzept zur
, das auch in Ansätzen umgesetzt wird).

Justiziell wird ein besonderes Integrationsangebot für Ausländer auch nicht für erforderlich gehalten: für Ausländer sei kein besonderes Angebot notwendig, da den Ausländern in Haft alle vollzuglichen Angebote offen stehen. Diese Haltung ist aus verschiedenen Gründen problematisch:

- Besondere Problemlagen erfordern besondere Maßnahmen.

- Der Haltung liegt ein passives Integrationsverständnis zugrunde. Die Aufgabe, Ausländer nach Haftentlassung wieder einzugliedern, wird nicht aktiv angegangen.

- Sie verkennt die Realität: Ausländer in Haft haben nicht die gleichen Zugangschancen zu Behandlungsangeboten wie ihre deutschen Mitgefangenen (Beispiele: Vollzugslockerungen, offener Vollzug, Berufsausbildungen, vielleicht auch Sozialtherapie).

- Diese Auffassung ist auch in Anbetracht rechtsextremer Straftäter und rechten Gedankenguts bei Bediensteten auch vollzugspolitisch nicht sehr weitsichtig.

Konzeptionelle Ansätze zur Ausländerarbeit gibt es also praktisch nicht. Was wird dagegen aktuell gemacht?

- Viele Anstalten haben in aller Regel grundlegende Informationsschriften in Eigenregie mehrsprachig übersetzt.

- Die religiöse Betreuung ausländischer Inhaftierter ist meist sichergestellt.

- Religiös bedingten Besonderheiten wie Nahrung (Ramadan) wird zumeist Rechnung getragen.

- Kontakte zu Konsulaten auf Wunsch des Inhaftierten sind vermutlich auch gewährleistet.

- Die Anstalten haben sich für ausländische Gruppen, Vereine, Verbände geöffnet, damit diese Kontakte zu den ausländischen Gefangenen herstellen können (in NW: Stadt-/Landgefälle)

- Deutschkurse für Ausländer werden auf breiter Basis angeboten.

- Den ausländischen Inhaftierten steht auch das anstaltsinterne Freizeit- und Sportangebot offen.

- Auch funktioniert in aller Regel die Hilfe im Einzelfall, z.B. die Kooperation JGH/JVA, und es können – wenn auch mit einem sehr umständlichen Procedere – offizielle Dolmetscher hinzugezogen werden.

125

Bei Betrachtung dieser Angebote kann gesagt werden, dass eine Basisversorgung durchaus existiert, die zwei wesentliche Funktionen hat:

• sie ist eine Beruhigungspille für die Gefangenen,

• sie ist nach außen korrekt.

Die Basisversorgung ist zu wenig. Für ausländische Inhaftierte ist die Zeit der Haft häufig eine Zeit des Abwartens und Absitzens. Sie sind wegen der durch die Haft unterbrochenen Beziehung zur Familie und der Kontaktarmut besonders haftempfindlich. Es fehlt weitgehend an einer differenzierten Vorgehensweise mit der Klientel: Es vermag nicht einzuleuchten, dass derjenige, dessen Großvater in den 60er Jahren als Arbeitsmigrant angeworben wurde, rechtlich (nahezu) gleichbehandelt wird wie derjenige, der zum Zwecke einer Straftat nach Deutschland einreiste. Es fehlt das aktive Angehen der Reintegration bzw. bei Abschiebung der Vorbereitung dieser.

In den nordrhein-westfälischen Anstalten wurde, um die Ausländerarbeit zu koordinieren, aber auch um Zeichen zu setzen, die Position des/der Ausländerbeauftragten geschaffen. In der Praxis wurde ein/e Bedienstete/r für diese Aufgabe benannt, der/die Informationen zugeleitet bekommt, zu Fortbildungen geht und Ansprechpartner ist. Da er/sie zumeist für diese Arbeit nicht freigestellt ist, sie neben anderen Aufgaben versehen muss, hat sie die Funktion eines Feigenblattes entfaltet.

Sehr problematisch ist es, dass fast alle Anstalten nicht „Herr im eigenen Hause" sind: sie lassen sich die Integrationsarbeit durch die häufig blockierende Haltung der Ausländerbehörde aus den Händen nehmen, die weder der Reintegration noch dem Schutz der Bevölkerung Rechnung trägt. Diese Haltung dient im Wesentlichen der eigenen Arbeitserleichterung. Kann es richtig sein, dass es keine Lockerungen, keinen offenen Vollzug, keine Therapie ohne Zustimmung der Ausländerbehörde gibt?

Ein Beispiel zum Verfahren: Stellt der ausländische Gefangene einen Antrag auf Vollzugslockerungen, wird er zuerst auf die Erfordernis der Zustimmung der Ausländerbehörde hingewiesen, ohne dass eine Prüfung der Justizvollzugsanstalt erfolgt und auch dann, wenn die Anstalt keinen Urlaub gewähren würde. Die Ausländerbehörde wird formal angeschrieben und antwortet sehr häufig, dass sie aufgrund der Prüfung der Ausweisung grundsätzlich Bedenken gegen Lockerungen hat. Damit wird zumeist der Antrag abgelehnt. Meines Erachtens fehlt es, vielleicht aus obrigkeitsstaatlichem Denken in den Anstalten, weitgehend an dem Willen, sich inhaltlich mit den Ausländerbehörden auseinander zu setzen und an Ehrlichkeit dem ausländischen Gefangenen gegenüber. Für den Gefangenen ist es ein „Schwarzer-

Peter-Spiel", ein Anlaufen gegen eine Gummiwand: er wird von einem zum anderen geschickt und resigniert irgendwann. Es wird verkannt, dass mit einem solchen, wenig engagierten Vorgehen die Integrationschancen von vornherein gemildert werden und dem Inhaftierten Gelegenheiten, Pluspunkte im ausländerrechtlichen Verfahren zu sammeln, genommen werden. Die Benachteiligung hinsichtlich der Teilhabe an reintegrativen Maßnahmen setzt sich nach der Haftentlassung fort. Durch laufende ausländerrechtliche Verfahren, ja bereits durch die Androhung der Aufnahme solcher Verfahren, sind die Integrationsmöglichkeiten der Ausländer nach der Haftentlassung reduziert. Hilfen nach dem BSHG (§§ 39, 72), KJHG oder AFG sind eingeschränkt bzw. gar nicht möglich. Verminderte Integrationsmöglichkeiten bedingen ein erhöhtes Rückfallrisiko.

4. PERSPEKTIVEN

Thesen:

(1) „Straffällige Ausländer" sind ein gesellschaftspolitisch brisantes, weil vorwiegend emotional besetztes Thema, bei dem ein breiter gesellschaftlicher Konsens zu einer restriktiven Ausländerpolitik besteht.

(2) Eine Änderung dieser Politik hin zu einer humanen, rationalen, volkswirtschaftlich sinnvollen und differenzierten Ausländerpolitik wird nicht eintreten. Damit wird es die „große Lösung", d.h. eine strukturelle Lösung nicht geben.

(3) Der Vollzug ist allein mit einer an qualitativen Ergebnissen orientierten Ausländerarbeit völlig überfordert. Es ist nicht zu erwarten, dass er eigeninitiativ Konzepte zur Integration ausländischer Gefangener auflegt und umsetzt.

(4) Externen, öffentlichen Anfragen, insbesondere aus dem politischen und kirchlichen Raum, wird er sich kaum verschließen (§ 154 II StVollzG).

(5) Eine effiziente Betreuung ausländischer Inhaftierter ist am ehesten durch eine Kooperation interner und externer Mitarbeiterinnen und Mitarbeiter, also durch Vernetzung, möglich.

(6) Arbeit mit Ausländern im Vollzug muss folgende vorrangige Ziele verfolgen:

• Verbesserung der Betreuungssituation in Haft,

- gebündelte Unterstützung von Klienten in ausländerrechtlich aussichtsreichen Fällen (Ausweitung des ausländerrechtlichen Ermessens),
- Partizipation von Ausländern an allen Behandlungsmaßnahmen,
- frühzeitige Ausweisung (und damit Reduzierung einer Rückkehrmotivation) von Ausländern ohne soziale Bezüge in Deutschland.

Eckpunkte für eine Konzeption

Für nachstehende konzeptionelle Rahmenüberlegungen wird vorausgesetzt, dass die oben skizzierte Grundversorgung gewährleistet ist. Grundvoraussetzung für konstruktive Lösungen mit der heterogenen Klientel der Migranten in Haft sind (besonders rechtlich) differenzierte Umgehensweisen.

- Bildung eines runden Tisches unter Beteiligung von Vollzug, Verbänden, Vereinen, interessierten Einzelpersonen;
- Treffen und Fixieren von Kooperations- und Betreuungsabsprachen;
- Beteiligung Externer an Vollzugskonferenzen;
- Schaffung einer spezifischen Angebotsstruktur (z.b. familienorientierte Angebote, internationale Küche oder andere multikulturelle Angebote, schulische Einzelförderung, „Rückkehrhilfe"-Gruppen, „Türkisch für Türken");
- Einbeziehung von Ausländerbehörde, Ausländerbeirat, Anwaltsverein, Staatsanwaltschaft, Konsulaten, Rentenversicherungsträgern, mit denen Kooperationsvereinbarungen getroffen werden und die in der Anstalt Sprechstunden für Gefangene anbieten;
- Stärkung der Position des Ausländerbeauftragten in den Anstalten (z.b. durch Freistellung);
- Ausbildung der MitarbeiterInnen in ausländerrechtlichen Fragen;
- Installation eines Fortbildungsprogramms „interkulturelles Lernen";
- Einstellung von „ausländischem" Personal;
- Besetzung des Anstaltsbeirats und der Gefangenenmitverantwortung mit Ausländern.

Migration als Krise und Prozess
Anforderungen an sozialpädagogische Hilfen

Dietmar Czycholl

Die psychische und physische Wirklichkeit des Menschen ist nicht beschränkt von den Grenzen des Subjekts. Sie ist vielmehr eine ganze Welt. Unser Erfahrungs-, Bewegungs- und Vorstellungsraum umfasst die Vielzahl der Objekte. In unserer Entwicklung wird diese Welt. Sie gewinnt Gestalt in einem fortwährenden Prozess. Dieser Gestalt gehört Subjektives wie Objektives gleichermaßen an.

Im Laufe der menschlichen Entwicklung kommt es regelmäßig zu Phasen, in denen sich die umfassende Wirklichkeit des Einzelnen radikal verändert. Ihre Gestalt wandelt sich grundsätzlich. Welt und Wirklichkeit, so wie sie geworden waren, heben sich zu großen Teilen auf, eine neue Gestalt muss an ihrer Stelle entwickelt werden. Zwei dieser Phasen verlaufen verhältnismäßig rasch: Es sind dies die Geburt und der Tod des Menschen.

So wenig – trotz aufschlussreicher neuerer Ergebnisse der Forschung über den pränatalen Zustand – über die Beschaffenheit der Welt des noch Ungeborenen gewusst werden kann, ist doch sicher, dass diese Welt von der des Geborenen sehr grundsätzlich verschieden sein muss. Was immer sich den Sinnen vor der Geburt offenbart, es offenbart sich anders nach der Geburt. Wie immer sich Bindung und Beziehung als wesentliche Elemente der Wirklichkeitskonstruktion in der pränatalen Welt gestalten – nach der Geburt entstehen Bindungen und Beziehungen anderer Art.

Wenn Schopenhauer bemerkt, dass immer, wenn ein Mensch stirbt, eine Welt untergehe, nämlich seine Welt, weist er damit darauf hin, dass der Tod das Ende einer ganzen Wirklichkeitskonstruktion bedeutet. Das gesamte Weltgerüst, welches ein Mensch im Laufe seiner Entwicklung errichtet hat, geht im Tode unter, samt der physischen Konstruktion des Menschen selbst, der – bestenfalls – wieder, wie nach der Geburt, aber jetzt wohl auf einer anderen Ebene, aus neuen Gegebenheiten neue Welt und Wirklichkeit zu konstruieren haben wird.

In noch einer dritten Lebensphase wird die Wirklichkeitskonstruktion eines Menschen in Frage gestellt, aufgehoben und grundsätzlich erneuert: in der Phase des sogenannten Heranwachsens, in Pubertät und Adoleszenz. Die Welt des Kindes mit ihren Orientierungen, Beziehungsstrukturen und ihrem meist auf die Elternwelt bezogenen Radius geht über in die Welt eines

Erwachsenen, der eigene Sichtweisen, Wertungen, Beziehungen, ein eigenes Selbstbild und einen eigenen Horizont zu entwickeln hat. Einhergehend mit einem umfassenden physischen Gestaltwandel vollzieht sich in diesen Entwicklungsjahren ein Wandlungsprozess gewaltigen Ausmaßes: auch hier der Untergang einer Welt und die Errichtung einer neuen.

Die Anforderungen, die das Leben an den Einzelnen stellt, sind wohl nie größer als in diesen Lebensmomenten oder -phasen, in denen ihm bisher Gültiges, Sicheres, Vertrautes abhanden kommt und durch Neues, Unbekanntes und damit Beängstigendes ersetzt werden muss. Die Belastungen, die mit diesen Anforderungen verbunden sind, sind größer als die Belastungen, die mit allen möglichen Lebensproblemen sonst einhergehen. Geburt, Erwachsen-Werden und Tod sind die größten Lebenskrisen.

Während der kritische Charakter der Geburt und des Todes schon durch die Kürze der Zeit, in der sich diese Übergänge vollziehen, offensichtlich ist, scheint das Krisenhafte des Erwachsen-Werdens durch seine Dauer von mehreren Jahren gemildert. Die Vielzahl der Störungssymptome, die für diese Phase typisch und spezifisch sind, macht jedoch ihren kritischen Charakter deutlich. Zu diesen Symptomen gehören Störungen des sozialen Verhaltens wie Delinquenz und Störungen, die durch den Konsum psychotroper Substanzen oder auch nicht-stoffgebunden süchtiges Verhalten bedingt sind.

Zoja hat auf den Zusammenhang hingewiesen, der zwischen Drogenkonsum Jugendlicher, den Entwicklungsanforderungen des Erwachsen-Werdens und dem gesellschaftlichen Umgang mit dieser kritischen Phase besteht. Ausgehend von Forschungen von Eliade beschreibt er die Bedeutung, die in Gesellschaften mit von Schamanismus geprägten Strukturen den Übergangsritualen zukommt. In der Initiation wird der Übergang vom Kindesalter in das Erwachsen-Sein ritualisiert vollzogen. Dabei wird die Trennung von der Mutter, der Untergang des bisherigen Seins in einem irgendwie gearteten Todeserleben und die Auferstehung oder Wiedergeburt zum neuen Sein des Erwachsenen ins Werk gesetzt. In modernen Gesellschaften, die allenfalls noch Reste solcher Rituale kennen, ist der Jugendliche mit den enormen Entwicklungsanforderungen, die auf ihn zukommen, weitaus mehr sich selbst überlassen. In Drogenkonsum, bestimmten Formen der Delinquenz und auch in anderen Arten des Risikoverhaltens finden sich Spuren von Initiationsritualen, die in subkulturellen Kontexten quasi ersatzweise und kaum bewusst inszeniert werden.

Den Übergangsphasen Geburt, Tod und Erwachsen-Werden ist gemeinsam, dass sie Krisen darstellen. Sie bringen große Gefahr mit sich, die sich zunächst im Untergang der „alten" Welt manifestiert und dann im Risiko, mit der Aufgabe der Konstruktion einer neuen Welt zu scheitern, den Anforderungen, die damit gestellt werden, nicht gewachsen zu sein. Zugleich besagt ihre Krisenhaftigkeit, dass die Entscheidung auch zugunsten einer gelingenden Neukonstruktion fallen kann, dass den Anforderungen entsprochen wird, dass der – in jedem der drei Fälle – Neu-Geborene eine Fülle von Konstruktionsmöglichkeiten vor sich sieht und damit seine Welt entwickelt. Wie immer bedeutet die Krise Risiko und Chance zugleich. Der Gang der „gesunden" Entwicklung kommt an Krisen nicht vorbei, sie werden jedoch überwunden und führen in neue Entfaltungsmöglichkeiten.

Es gibt außer den drei genannten Übergangsphasen Situationen im menschlichen Leben, die jenen ähnlich sind und denen ein ähnlich kritischer Charakter zukommt. Eine dieser Situationen ist die Migration.

Auch Migration bedeutet den Untergang einer Welt – der Welt, die der Migrant im Laufe seiner Entwicklung gestaltet hat. Zu ihr gehören alle denkbaren Elemente seiner Herkunfts- Umgebung, seine Beziehungen, Bindungen, Gewissheiten, Vorstellungen usw. Mit der Migration gibt er sie auf und findet sich in einem Übergang, der ihn vor die Aufgabe stellt, seine Welt in großen Teilen vollständig neu zu konstituieren, eine neue Wirklichkeit zu konstruieren.

„Die Migration stellt eine Veränderung von solchem Ausmaß dar, dass die Identität dabei nicht nur hervorgehoben, sondern auch gefährdet wird. Der massive Verlust erfasst die bedeutsamsten und wertvollsten Objekte: Menschen, Dinge, Orte, Sprache, Kultur, Gebräuche, Klima, manchmal den Beruf, gesellschaftliche beziehungsweise ökonomische Stellung usw. An jedem dieser Objekte haften Erinnerungen und intensive Gefühle. Mit dem Verlust dieser Objekte sind die Beziehungen zu ihnen und manche Anteile des Selbst ebenfalls vom Verlust bedroht" (Grinberg & Grinberg).

Auch in diesem Prozess liegen mannigfache Risiken wie auch Chancen, auch dieser Prozess ist Krise, in der sich entscheidet, ob den enormen Entwicklungsanforderungen entsprochen werden kann oder ob es zum Scheitern kommt. Symptome des Scheiterns können Krankheit, Tod, Stagnation, Drogenkonsum, Desintegration, Delinquenz u.a. sein.

Migration stellt ein Lebensereignis dar, das Belastungen mit sich bringt, jenen ähnlich, die wir sonst nur aus den belastendsten Lebensphasen kennen. Gelingen oder Scheitern hängen von vielen Faktoren ab, von den Erfahrungen, Prägungen, Potentialen, die der Migrant mit sich bringt, von zahllosen äußeren Umständen, aber auch von den Gelegenheiten, die die aufnehmende Gesellschaft dem Migranten zur Verfügung stellt, seinem Entwicklungsauftrag nachzukommen.

Kinder und Jugendliche, die Migration erleben, erfahren doppelte Belastung, da sie neben dem Entwicklungsauftrag, die neue Welt eines Erwachsenen zu konstruieren, den Entwicklungsauftrag, am neuen Ort eine neue Welt zu konstruieren, erledigen müssen. Die Risiken, denen sie in diesem Prozess ausgesetzt sind, sind entsprechend groß und vielfältig. Es ist eine Verpflichtung, die der aufnehmenden Gesellschaft obliegt, jungen Migranten besondere Aufmerksamkeit zuzuwenden und sie in ihrer besonders belasteten Situation wo immer möglich zu unterstützen. Risiken des Scheiterns müssen wo immer möglich gemindert werden, wo sich aber Symptome des Scheiterns zu zeigen beginnen, ist die Bereitstellung adäquater und effizienter Hilfen erforderlich.

Erwachsene Migranten erleben entsprechende Belastungen. Zwar kommt es nicht zu einer Überschneidung von Adoleszenzkrise und Migrationskrise, wohl aber kann aufgrund der strukturellen Ähnlichkeit der Entwicklungsanforderungen eine Neubelebung der schon früher durchgemachten Adoleszenzkrise stattfinden, eine Regression auf eine frühere Entwicklungsstufe. Und wieder gilt, wie bei jeder Krise, dass darin auch für den erwachsenen Migranten Entwicklungschancen liegen, aber auch das Risiko der Überforderung und des Scheiterns.

Sluzki hat auf den typischen Verlauf hingewiesen, die die Befindlichkeitskurve von Migranten während des und nach dem Migrationsprozess nimmt: Nach Schwankungen in der Vorbereitungszeit kommt es nach dem tatsächlichen Migrationsereignis zu einer Phase der Überkompensation, der Freude über den gemachten Schritt, der hoffnungsvollen Erwartung des Kommenden. Daran schließt sich mit Regelmäßigkeit eine Phase der Dekompensation, begleitet von Angst, Depressivität, Hoffnungslosigkeit und Trauer über die Verluste an. Diese Phase dauert naturgemäß unterschiedlich lange, typischerweise aber dauert sie deutlich länger als die vorige. Der Höhepunkt – oder besser gesagt der Tiefpunkt – der Dekompensationsphase markiert die Krise im Migrationsprozess im oben beschriebenen Sinne.

Im Zusammenhang mit der Arbeitsmigration in die BRD konnten und können Verläufe des Gelingens wie solche des Scheiterns der Migration beschrieben werden.

Beispiele für das – zumindest vorläufige – Scheitern bieten Biographien, in denen der Verlust psychosozialer Welt nicht kompensiert werden konnte und die Verletzung psychischer Ganzheit nicht heilte. Nicht wenige Arbeitsmigranten flüchteten sich von vornherein in die Illusion des „nach zwei Jahren kehre ich heim" und blieben mit den ständig wiederholten Verlängerungen dreißig Jahre und mehr. In vielen Fällen hatten sie die Familie im Heimatland gelassen und versuchten, die Entfernungen durch häufige Busreisen nach Hause zu überbrücken. Die Zeiten in Deutschland – oft in provisorischen Unterkünften – wurden durchgestanden meist mit viel Arbeit, manchmal mit viel Schnaps und in der Freizeit an den Bahnsteigen, an denen die Züge in die Heimat abfuhren. In der Gruppe der Arbeitsmigranten kommt es überdurchschnittlich häufig zu Arbeitsunfällen und zu psychosomatischen Erkrankungen. Deutsche Sprachkenntnisse haben viele Arbeitsmigranten auch in Jahrzehnten nicht erworben.

Beispiele für das Gelingen finden sich sowohl in Biographien, in denen eine tatsächliche Integration in die neue Gesellschaft stattfindet, in denen also der Migrant seine neue psychosoziale Welt in den Gegebenheiten der Aufnahmegesellschaft und unter Einbeziehung von Mitgliedern dieser Gesellschaft zu konstruieren vermag, als durchaus auch in solchen Biographien, in denen der Migrant seine neue psychosoziale Welt im Rahmen der eigenen Gruppe, der eigenen Ethnie errichtet, ohne dabei mehr als die notwendigsten Elemente der Aufnahmegesellschaft einzubeziehen. Die Entwicklung von persönlichen Welten, die Aufnahmegesellschaft und Ursprungsethnie einbeziehen und als bikulturell oder gar als überkulturell zu kennzeichnen sind, mag in mancher Hinsicht als ideale Lösungsform gelten. Entscheidende Bedingung des Gelingens der Migration aber ist – psychologisch gesehen – in jedem Fall die Wiederherstellung und Entwicklung psychischer Ganzheit, die Re- und Neukonstruktion psychosozialer Welt.

Migration ist not-wendig, und sie war es in allen historisch bekannten Epochen. Sie ist für den Migranten notwendig aus den verschiedensten persönlichen, politischen, wirtschaftlichen oder anderen Gründen und sie ist für die aufnehmenden Gesellschaften notwendig, da sie nach aller historischen Erfahrung in der Zuwanderung von Menschen kulturelle Impulse, Innovation, ihr gesamtgesellschaftliches Entwicklungspotential finden.

Dennoch können Menschen, die in die BRD zuwandern, nicht mit einer freundlichen Aufnahme rechnen. Zu den Belastungen, die die Migration schon ohnehin für sie mit sich bringt, kommen zusätzliche Belastungen, die in der Reaktion der aufnehmenden Gesellschaft begründet sind. Xenophobie, ökonomisch begründete Befürchtungen, Ethnozentrismus u.a. führen zu Ablehnung und Ausgrenzung von Zuwanderern. Projektive Mechanismen führen zu Stigmatisierung des Fremdartigen und damit des Fremden.

Es wäre verwunderlich, wenn angesichts der aus „inneren" und „äußeren" Bedingungen resultierenden Belastungen Migranten nicht Symptome dieser Belastung zeigen würden. Solche Symptome können z.B. in Gestalt von sozialer Auffälligkeit, in Gestalt von Erkrankung oder auch in der Kombination von beidem auftreten. Als Beispiel mag Drogenkonsum und die damit verbundene Drogendelinquenz junger Aussiedler dienen.

Im günstigen Fall mündet die mehrfache Belastung eines jugendlichen Migranten in die Entwicklung besonderer sozialer Kompetenzen und einer auf Selbstbewusstsein und Autonomie basierenden besonderen psychischen Stabilität. Im ungünstigen Fall führt die komplexe, durch migrationsbedingte Faktoren noch komplizierte Entwicklungsproblematik in Pseudo-Lösungen, wie die Pseudo-Autonomie des Anschlusses an delinquente und/oder drogenkonsumierende Gruppen und Subkulturen. Die Fixierung auf den Konsum von Alkohol und anderen Drogen hat in diesem Zusammenhang ihren besonderen Reiz, da zu der Wirkung der Mittel die Täuschung über die eigene Autonomie zu zählen ist.

Jugendliche Aussiedler haben gegenüber anderen jugendlichen Migranten einen Vorteil: Mit welchem entwicklungsbedingt problematischen Verhalten sie auch immer in Erscheinung treten, sie sind aufgrund ihrer Staatsangehörigkeit nicht von Ausweisung und Abschiebung bedroht. Im Übrigen sind sie jedoch genau wie andere Migranten der beschriebenen Doppelbelastung ausgesetzt. Die typischen Risikofaktoren für Drogenkonsum und Abhängigkeitsentwicklung, wie sie beispielsweise aus der Präventionsforschung bekannt sind, sind für junge Aussiedler wie für andere junge Migranten in konzentrierter Form wirksam.

Verlässliche Zahlen zur Prävalenz des Drogen- und Alkoholkonsums und der durch Drogen- und/oder Alkoholkonsum bedingten Störungen in der Population der Migranten fehlen. Während bezogen auf „Ausländer" zumindest aus Reha-Statistiken u.Ä. einige Prävalenz-Hinweise abgeleitet werden können, ist dies bezogen auf die etwa 2,7 Millionen seit 1988 zugewanderten Aussiedler nicht möglich, da Daten zu Aussiedlern üblicherweise nicht von den Daten zu anderen Deutschen unterschieden werden.

Die wenigen vorliegenden Untersuchungen zum Drogen- und Alkoholkonsumverhalten von Aussiedlern erweisen sich bei näherem Hinsehen als methodologisch mangelhaft, da sie in ihrem Design die besondere Lebenssituation der Befragten, ihre Tendenz zu Zurückhaltung und Vorsicht im Umgang mit „offiziellen Organen" des Staates, zu denen eine universitäre Forschergruppe sehr schnell gezählt werden kann, und andere Spezifika nicht oder nur unzureichend berücksichtigen. Erst ein Forschungsansatz, der interkulturelle und migrationsbedingte Aspekte systematisch einbezieht, könnte in dieser Frage zu verwertbaren Ergebnissen führen.

Aussagen zur Prävalenz sind weiterhin nur aufgrund von Schätzungen möglich. Dabei kann ausgegangen werden von Prävalenzschätzungen für die Bevölkerung der BRD insgesamt. Allerdings muss berücksichtigt werden, dass die Anteile der jugendlichen und jungen Erwachsenen in Migrantengruppen wie der der Aussiedler deutlich höher sind als in der Gesamtbevölkerung. Auch die überproportional häufig ungünstigen sozialen und wirtschaftlichen Lebensbedingungen werden nicht ohne Einfluss auf die Einschätzung der Prävalenz bleiben dürfen.

Bezogen auf den Konsum illegaler Drogen sind zudem Ergebnisse kriminologischer und kriminalstatistischer Untersuchungen einzubeziehen, beispielsweise Erhebungen über Drogentodesfälle: Im Jahr 2000 fanden 162 Aussiedler im Zusammenhang mit ihrem Drogenkonsum den Tod, im Jahr 1999 waren es „nur" 36. In Baden-Württemberg waren im Jahr 2000 19,5% der „Drogentoten" Aussiedler – nach dem Bevölkerungsanteil berechnet, hätten es nur etwa 3% sein sollen. In Nürnberg waren 30% der Drogentoten des Jahres 2000 Zuwanderer aus den GUS-Staaten. Auf diese Weise werden Schätzungen wahrscheinlich, die beispielsweise für den Konsum von Heroin und Kokain 20.000 bis 40.000 Konsumenten in der Gruppe der Aussiedler annehmen, eine Annahme, die mit einer gegenüber der aus der generellen Prävalenzschätzung abzuleitenden Erwartung etwa um das Zwei- bis Vierfache größeren Zahl rechnet.

Wie am Beispiel des Drogenkonsums junger Aussiedler geschildert, kann angenommen werden, dass die Konzentration von Risikofaktoren zu einer entsprechenden Ausprägung und Prävalenz problematischer Verhaltensweisen führt. Dies wiederum führt zu einem entsprechenden Bedarf an psychosozialer Hilfestellung und Versorgung. Alle sozialarbeiterischen und sozialpädagogischen Arbeitsfelder sind mit dieser Entwicklung konfrontiert.

Die Sozialpädagogik findet sich dabei jedoch nicht in der Situation, ihre bewährten Konzepte ohne Weiteres auf die wachsende Zahl hilfebedürftiger Zuwanderer anwenden zu können. Es gilt vielmehr, eine Vielzahl von Zugangsbarrieren zu erkennen und überwinden zu helfen. Dies setzt in vielen sozialpädagogischen Arbeitsfeldern einen Veränderungsprozess voraus. Denn nicht die Hilfebedürftigen müssen sich den Hilfeangeboten anpassen, sondern die Hilfeangebote müssen so beschaffen sein, dass sie denen, die ihrer bedürfen, tatsächlich hilfreich sein können.

Probleme in der sprachlichen Verständigung stellen eine häufige und wichtige Zugangsbarriere dar. Fast alle sozialpädagogischen Praxisbereiche aber sind auf sprachliche Verständigung angewiesen. Solche Probleme sind lösbar. Es ist schon viel wert, wenn Teammitglieder die eine oder andere der Sprachen wenigstens der großen Migrantengruppen, also vor allem Russisch und Türkisch, ein wenig kennen. In Fortbildungen können Grundkenntnisse erworben werden, die zumindest helfen, Sprachbarrieren abzubauen und Klienten das Gefühl zu geben, ernst und wichtig genommen zu werden. Notfalls muss man die Unterstützung durch Übersetzer in Anspruch nehmen. Ideal aber ist es, wenn Teammitglieder selbst Migranten sind oder aus Migrantenfamilien stammen und daher über entsprechende für die Arbeit mit Migranten ausreichende Sprachkenntnisse in deren Herkunftssprachen verfügen. Die eigene Erfahrung mit Migration erlaubt es denn auch unmittelbar, den Stellenwert des Migrationserlebnisses in der Biographie eines Klienten zutreffend zu erkennen. Aber auch für Mitarbeiter ohne eigene Migrationserfahrung muss gelten, dass die Besonderheiten und Implikationen dieses Erlebnisses wahrgenommen und berücksichtigt werden können. Dazu sind spezifische Fortbildungen ebenso erforderlich wie die Berücksichtigung dieser Zusammenhänge in den Handlungskonzepten.

Gleichermaßen bedeutsam ist es, dass Handlungskonzepte die sozio-kulturellen Voraussetzungen berücksichtigen, die Migranten verschiedener Herkunft in ihrem Erleben und Verhalten mitbestimmen und die daher auch in der gemeinsamen Arbeit eine Rolle spielen werden. Religiöse, gesellschaftliche, traditionsbezogene Aspekte müssen bekannt sein und in methodischer Hinsicht wie auch in der Beziehungsarbeit überhaupt eine Rolle spielen.

Dabei geht es jedoch nicht um eine bloße wohlwollende Rücksicht auf das „Fremde", sondern auch um die Reflexion der sozio-kulturellen Bedingtheiten der bislang vorliegenden und handlungsführenden Konzepte, Theoriebildungen und fachlichen Überzeugungen. Und es geht um diese Reflexion nicht nur auf der institutionellen Ebene, sondern auch auf der persönlichen Ebene der Mitarbeiter und der Mitarbeiterinnen und auf der Ebene der Teams, die sie bilden. Dazu sind Auseinandersetzungen etwa in spezifischen Supervisionen erforderlich, die auch vor der Frage nach den persönlichen Vorurteilen der einheimischen Mitarbeiter gegenüber Migranten, nach deren Ängsten und deren persönlichen sozio-kulturellen Prägungen nicht Halt machen. Hiermit wird eine Vertiefung der Thematik auf Ebenen angesprochen, die jenseits der fachlichen Bildung liegen und gerade bei Angehörigen der sozialen Berufe aufgrund deren bewussten Überzeugungen schwerer zu erreichen sind als bei anderen Berufsgruppen.

Diesen Forderungen bezüglich der notwendigen Weiterentwicklung sozialpädagogischer Hilfen ist eine weitere, bereits erwähnte, hinzuzufügen, die, wenn sie erfüllt wird, die Erfüllung aller anderen Forderungen erleichtert: In den Fachteams werden Mitarbeiter und Mitarbeiterinnen benötigt, die selber Migranten sind. Gerade in den psycho-sozialen Arbeitsfeldern sollte die Repräsentanz einer Bevölkerungsgruppe, die 10% der Gesamtbevölkerung ausmacht, in vielen gesellschaftlichen Bereichen jedoch massiv unterrepräsentiert und unterprivilegiert ist, eine Selbstverständlichkeit sein. Allerdings sollte mit dieser Repräsentanz nicht die Vorstellung verbunden werden, wenn es genügend Migranten in den Teams gäbe, könnten diese ja dann die Versorgung der Migranten in der Klientel gewährleisten und damit wäre dann das ganze Problem gelöst. Vielmehr geht es um die Entstehung von Multikulturalität als unmittelbare Realität in den Arbeitsfeldern und damit um die Entwicklung des gesamten Systems hin zu einer umfassenderen Kompetenz als der bisher vorhandenen. Ein multikulturelles Team kann sich den Anforderungen, die sich in der Arbeit mit Einheimischen und Migranten stellen und die sich auch jederzeit z.b. durch neue Zuwanderungsströme wandeln können, schon aufgrund der Pluralität seiner sozio-kulturellen Vorkenntnisse und vor allem aufgrund seiner Erfahrung im Austausch und in Akkulturationsprozessen besser stellen als ein monokulturelles Team.

Die beschriebenen Markierungspunkte einer Weiterentwicklung sozialpädagogischer Hilfen stehen für ein Gesamt, das zusammenfassend zutreffend als interkulturelle Kompetenz zu kennzeichnen ist. Interkulturelle Kompetenz ist dabei nicht als ein Zusatz zu allgemeiner psycho-sozialer Kompetenz oder als eine Spezialisierung zu verstehen. Sie bedeutet vielmehr Erweiterung und Vervollständigung der Möglichkeiten, ethisch und fachlich korrekt mit Menschen und für Menschen zu arbeiten.

LITERATUR

Czycholl, D.: Krank in der Fremde oder krank durch die Fremde? In: Suchtreport 6/ 1997, S. 29 ff.

Czycholl, D.(Hg.): Sucht und Migration. Berlin 1998

Czycholl, D.: Jugendliche Aussiedler im System der Suchthilfe. In: Barth, W. u. C. Schubert (Hg.): Migration – Sucht – Hilfe: Junge Migranten und Migrantinnen aus der GUS in den Systemen Suchthilfe und Migrationsberatung. Nürnberg: emwe,2002

Grinberg, L. & Grinberg, R.: Psychoanalyse der Migration und des Exils. München 1990

Salman, R. u.a.(Hg.): Handbuch interkulturelle Suchthilfe. Gießen 1999

Sluzki, C.E.: Psychologische Phasen der Migration und ihre Auswirkungen. In: Hegemann, T. & Salman, R. (Hg.): Transkulturelle Psychiatrie. Bonn, 2001

Zoja, L.: Sehnsucht nach Wiedergeburt. Stuttgart 1986

Interkulturelle Kompetenz als Anforderungsprofil in der sozialen Arbeit

Stefan Gaitanides

Die Sozialarbeit mit Migranten wurde in der Vergangenheit weitgehend an nationalitäten- bzw. migrantenspezifische Sonderdienste delegiert. Interkulturelle Kommunikationsprobleme wurden durch die Einrichtung muttersprachlicher Dienste umgangen.

Die Praxis der Delegation sowie die nationalitätenspezifische Ausrichtung der Sonderdienste stößt immer mehr an Grenzen. Die Sonder- und Regeldienste können die Zukunftsaufgaben nur mehr bewältigen, wenn sie sich interkulturell öffnen bzw. die MitarbeiterInnnen interkulturelle Kompetenz erwerben.

Die Notwendigkeit zur Auseinandersetzung mit dem interkulturellen Arbeitsansatz ergibt sich dabei aus unterschiedlichen Gründen für die spezialisierten Migrantionsdienste und für die sozialen Regeldienste.

NOTWENDIGKEIT ZUR INTERKULTURELLEN AUSRICHTUNG DER MIGRATIONSDIENSTE

Die traditionellen Migrationsdienste sehen sich schon lange nicht mehr in der Lage, den Bedarf der Einwanderer nach qualifizierten sozialen Dienstleistungen zu decken. Sie sind generalistische Dienste. Theoretisch liegt ihre Stärke im Case-Work-Management – darin, dass sie für ihre Klienten die Ressourcen der übrigen sozialen Dienste erschließen.

Praktisch funktionierte die Zusammenarbeit aber in der Vergangenheit eher schlecht als recht. Die Kooperation litt auch – aus der Perspektive der MigrationsberaterInnen – unter einem Statusgefälle. Außerdem kamen die Klienten immer wieder auf ihre muttersprachlichen Berater zurück, weil sie sich bei den Regeldiensten nicht wohl fühlten oder auf interkulturelle Verständigungsschwierigkeiten stießen. Dieser Drehtüreffekt war auch bedingt durch die Neigung der MitarbeiterInnen der Regeldienste, Migranten bei Kommunikationsproblemen an die Sonderdienste weiterzuleiten ohne die weitere Kooperation zu suchen, d.h. sie mehr oder weniger „abzuschieben". Die institutionelle Trennung der Migrations- und Regeldienste erleichterte diese Überweisungspraxis. Es entwickelte sich faktisch eine Allzuständigkeit der Migrationsdienste für „ihre" Klientel und ein System organisierter Verantwortungslosigkeit bei den Regeldiensten. Die Migrationsdienste dienten als ein Alibi für die unterlassenen Integrationsmaßnahmen im Regelbereich. Diese Praxis der Delegation an die Migrationsdienste lässt sich nicht länger aufrecht erhalten.

• Die generalistischen Migrationsdienste können den wachsenden Bedarf an spezialisierten Hilfen und Beratungen nicht abdecken (präventive psychosoziale Beratung, Psychiatrienachsorge, Erziehungshilfen, Schuldnerberatung usw.).

• Die „Sozialdienste für Ausländer" – wie sie in der Vergangenheit hießen – waren auf die Anwerbeländer beschränkt. Die gewachsene nationalitätenspezifische Personalstruktur lässt auch nach der Entkoppelung der Migrationsdienste von bestimmten Nationalitäten keine rasche Umsteuerung auf den muttersprachlichen Bedarf der Neueinwanderer zu. Über ein Drittel der Einwandererpopulation (31.12.99: 37,5%) fiel bisher durch die Maschen dieses Versorgungsnetzes (darunter z.b. 292 000 Polen) (Ausländerbeauftragte 2001).

• Zudem ist der Versorgungsgrad nach Nationalitäten sehr unterschiedlich – bei den Türken z.B. viel geringer als bei den besser situierten Spaniern und Griechen (Gaitanides 1992). Durch Stellenstop und -einsparungen hat sich im Bundesdurchschnitt die Versorgungsdichte nahezu halbiert – 1986-96 von 1: 3500 auf 1: 5500 (Gaitanides 1999).

• Seit dem 1.1.99 gelten die neuen Rahmenrichtlinien der Bund-Länder-Kommission „Ausländerpolitik" für die Arbeit der Migrationsdienste. Sie beinhalten eine schrittweise Aufhebung der bisherigen Arbeitsteilung der Verbände nach Nationalitäten. In Zukunft sollen auch die „neuen" Einwanderer-Nationalitäten, „die über einen auf Dauer angelegten Aufenthaltstatus verfügen", in den Genuss der Beratungsangebote kommen. Wie schon in den früheren Richtlinien wird die Instrumentalisierung dieser Dienste als kostenloser Dolmetscherservice ausdrücklich missbilligt. In den neuen Richtlinien wird die Brückenfunktion zu den Regeldiensten besonders herausgestellt. Die Migrationsdienste werden aufgefordert, Initiativen zur besseren Vernetzung mit den Regeldiensten zu ergreifen (Bund-Länder-Kommission 1998).

Die Veränderung der Nationalitätenstruktur der Klientel sowie die veränderte Aufgabenbestimmung der Migrationsdienste zwingen die Migrationsdienste, die ethnospezifische/muttersprachliche Arbeit stärker mit dem interkulturellen Arbeitsansatz zu verknüpfen.

Migranten haben außerdem „Interkulturelle Kompetenz" nicht automatisch durch ihre Migrationserfahrung oder ihre Sozialisation in Einwandererfamilien erworben. Viele etablierte Einwanderer grenzen sich gegenüber den Neuankömmlingen durch negative Zuschreibungen ab – z.b. Angehörige der Anwerbenationalitäten gegenüber den Flüchtlingen. Auch innerhalb der Anwerbenationalitäten kursieren bei den etablierten Einwanderer-Generationen negative Stereotypen über die neu einwandernden Landsleute (Gaitanides 1999b). Auch die deutschen MitarbeiterInnen der Migrationsdienste haben sich nicht immer ausreichend mit interkulturellen Kommunikations- und Machtproblemen auseinander gesetzt (Gaitanides 2001). Von daher gibt es einen Nachholbedarf an interkultureller Qualifizierung auch bei den traditionellen Sonderdiensten für Migranten. Freilich haben deren MitarbeiterInnen den Beschäftigten der Regeldienste einige Lektionen im interkulturellen Lernen voraus – dank ihrer tagtäglichen Auseinandersetzung mit Multikulturalität bzw. ihrer Herkunftskompetenz.

DRINGLICHER HANDLUNGSBEDARF ZUR INTERKULTURELLEN ÖFFNUNG DER SOZIALEN REGELDIENSTE

Bisher hat sich die interkulturelle Lernbereitschaft bei der Mehrheit der deutschen MitarbeiterInnen des sozialen und psychosozialen Berufsfeldes noch sehr in Grenzen gehalten. Die Zugangsprobleme wurden in der Vergangenheit von den MitarbeiterInnen der Regeldienste kaum thematisiert oder ausschließlich den sprachlichen und kulturellen Zugangsproblemen der Migrantenklientel zugeschrieben, die nur von Spezialisten gelöst werden könnten.

In der jahrzehntelangen Verdrängung der Probleme steht das soziale Berufsfeld den Regierungen nicht nach. Sie haben bis zur Jahrtausendwende hartnäckig an der Lebenslüge festgehalten, Deutschland sei kein „Einwanderungsland". Der öffentlich lizenzierte kollektive Verdrängungsvorgang reduzierte den Handlungsdruck von oben.

Das Phänomen der Verdrängung erklärt sich aber auch durch sozialpsychologische Mechanismen. Nicht nur die Migranten-Klienten haben Schwellenängste, auch die MitarbeiterInnen der Regeldienste haben innere Barrieren den Migranten gegenüber. Die Migrantenklientel wurde – und wird – auf der unbewussten Ebene abgewehrt durch eine Gemengelage von Fremdenangst und Aktivierung kollektiver Schuldgefühle, von Vorurteilen und unbewusst wirkendem Ethnozentrismus, von Mangel an Kultursensibilität und Kompetenzverlust- und Überforderungsängsten (vgl. Liste der Zugangsbarrieren u.a.; ausführlich Gaitanides 1996).

ZUGANGSBARRIEREN DER DEUTSCHEN MITARBEITERINNEN SOZIALER DIENSTE ZUR MIGRANTENKLIENTEL

• Nationalistische Verteidigung sozialstaatlicher Privilegien (vereinzelt).

• Abweisende Hilfe durch ethno- und soziozentrische Ressentiments.

• Überbetonung und klischeehafte Generalisierung kultureller Unterschiede.

• Colour-blindness – Leugnung der kulturellen Differenz, rassistischer und struktureller Ausgrenzung. „Wir behandeln alle gleich!"

• Aktivierung und Abwehr verdrängter kollektiver Schuldgefühle.

• Furcht vor Mehrbelastung durch eine besonders „schwierige" und „belastete" Klientel – Entlastung durch Delegation an Sonderdienste.

• Professionelle Überforderungsgefühle, Kompetenzverlustängste.

• Mangelnde Bereitschaft und Energie umzulernen (Routine, Burn-out-Syndrom).

Ebenso sind den meisten MitarbeiterInnen die strukturellen Ausgrenzungsmechanismen nicht bewusst (Informationsdefizite, Befürchtung ausländerrechtlicher Konsequenzen bei Inanspruchnahme, Komm-Struktur und Wohnortferne, Geschlechterstruktur der Mitarbeiterschaft, keine flexiblen Zeitstrukturen bei hohen Alltagsbelastungen v.a. von Frauen, Gebühren z.B. bei Kursen in der Familienbildung usw.) (vgl. Gaitanides 1992, 1999b).
Die Fokussierung auf die erforderlichen Kompetenzen der MitarbeiterInnen in diesem Beitrag darf nicht vergessen machen, dass erfolgreiches professionelles Handeln in interkulturellen Überschneidungssituationen flankierende strukturelle Reformen zum Abbau struktureller Zugangsbarrieren zur Voraussetzung hat.
Allerdings wachsen auch ohne interkulturellen Kompetenzerwerb und strukturelle Öffnungsmaßnahmen die Migrantenanteile v.a. in *den* Regeldiensten, die die britische Forscherin Lena Dominelli als den „exclusive channel" der sozialen Arbeit bezeichnet (bei gleichzeitig andauernder Unterrepräsentanz

im präventiven Bereich – inclusive channel): Bei der Jugendgerichtshilfe, bei den Zufluchtsstätten für Frauen und Mädchen, in der Psychiatrie, im Sonderschulbereich, bei den Beratungsstellen für Mütter in schwierigen Lebenslagen, bei den niedrigschwelligen Einrichtungen der Drogenhilfe usw. (Dominelli 1992, Gaitanides 1992,1999; für die Jugendhilfe vgl. Späth 1999). Die teilweise Überrepräsentanz in diesen Bereichen ist allerdings kein Zeichen für deren interkulturelle Qualifizierung. Die Zunahme scheint schlicht eine Folge der wachsenden Probleme der Klientel und auch des Versagens des präventiven Netzes der Sozialen Dienste. In diesen Bereichen wächst allerdings der Handlungsbedarf zur Vermittlung interkultureller Kompetenz merklich, weil die MitarbeiterInnen nicht angemessen und erfolgreich mit der Migrantenklientel arbeiten können. Infolgedessen wächst der Stress und damit allmählich auch die Bereitschaft, Fortbildungsangebote wahrzunehmen, die die Arbeit erleichtern könnten (Gaitanides 1999c).

WAS IST „INTERKULTURELLE KOMPETENZ"?

Mitarbeiter des Forschungsschwerpunktes „Interkulturelle Kompetenz" an der Fachhochschule Köln/FB Sozialpädagogik haben in einer Synopse der zahlreichen Definitionen und Einzelziele interkultureller Kompetenz der – im Vergleich zur deutschsprachigen – weit fortgeschrittenen Debatte in den klassischen angelsächsischen Einwanderungsländern folgende umfassende Definition und die am häufigsten verbreiteten Einzelziele herausgefiltert: Unter interkultureller Kompetenz wird ein „set" von Fähigkeiten verstanden, die es einer Person ermöglichen, in einer kulturellen Überschneidungssituation unabhängig, kultursensibel und wirkungsvoll zu handeln" (Grosch/Groß/Leenen 2000, S.8).

Einzelziele interkultureller Kompetenz (ebd.)

- Die generelle Kulturgebundenheit menschlichen Verhaltens erkennen und akzeptieren.

- Fremdkulturelle Muster als fremd wahrnehmen können, ohne sie (positiv oder negativ) bewerten zu müssen.

- Eigene Kulturstandards identifizieren und ihre Wirkung im Kulturkontakt abschätzen (kulturelle Selbstwahrnehmung).

- Fremde Kulturstandards identifizieren und dazu weitere Sinnzusammenhänge herstellen.

- Verständnis und Respekt für fremdkulturelle Perspektiven entwickeln.
- Zwischen kulturellen Optionen situationsgerecht und begründet wählen.
- Zu und mit Angehörigen einer fremden Kultur konstruktive und wechselseitig befriedigende Beziehungen aufbauen.

Im Groben kann man/frau diese und die an anderer Stelle genannten Anforderungen in „kognitive Kompetenzen" aufteilen (kulturelles Hintergrundwissen, Kenntnisse über Historie, Struktur und Funktion von Migration, über die soziale, rechtliche und sozialpsychologische Situation von Einwanderern, über kontextspezifische Bewältigungsstrategien, über Erscheinungsformen und Erklärungsansätze ethnischer Vorurteile und Rassismus usw.) und in interkulturelle „Handlungskompetenzen" (Empathie, Rollendistanz, Ambiguitätstoleranz, kommunikative Kompetenz) – zumindest auf der analytischen Ebene (vgl. Gaitanides: Interk. Kompetenz im Anhang – Definitionen von „Handlungskompetenz" in der Tradition des „Symbolischen Interaktionismus" bzw. Habermas: „Qualifikationen des Rollenhandelns").

Nun könnte man/frau sagen: „Handlungskompetenz ist eine notwendige Voraussetzung für die Arbeit mit allen Klienten". Dies ist richtig, aber sie ist in einem besonderen Maße in interkulturellen Überschneidungssituationen gefordert, da die Differenzerfahrung und die Machtasymmetrie hier besonders groß sind.

Warum ist die Entwicklung von Handlungskompetenz für den Erwerb interkultureller Kompetenz von so großer Bedeutung?

Die Ansammlung von Wissensbeständen über die Zielgruppe allein – ohne die Ausbildung von Handlungskompetenz – kann sogar kontraproduktiv sein. Ohne die selbstreflexive Auseinandersetzung mit den eigenen unbewussten kulturellen Befangenheiten und der gesellschaftlich/politischen Interessengebundenheit von Fremdbildkonstruktionen laufen wir Gefahr, die in Seminaren und Fachtagungen erworbenen Informationen selektiv zu verarbeiten. Wir neigen dann dazu, alle Informationen, die unser Vorurteil stören, an uns vorbeirauschen zu lassen oder sie so umzuinterpretieren, dass sie in das vorgefasste Bild passen, an dem wir aus psychodynamischen oder Ungleichheit legitimierenden Gründen festhalten (zur Prävention solch schlechter Deutungsgewohnheit vgl. Gaitanides: Leitfaden zur kritischen Reflexion (scheinbarer) interkultureller Konflikte – im Anhang).

Es ist zudem schwer möglich, ein halbwegs fundiertes Wissen über die zahlreichen Herkunftsländer und Einwanderer-„Communities" zu sammeln.

Fachkräfte mit entwickelter Handlungskompetenz, die Ungewissheiten aushalten können, die sich durch Fremdheitserfahrungen, Mehrdeutigkeiten und Widersprüche nicht aus dem Gleichgewicht bringen lassen, die der distanzierten Selbst- wie Fremdwahrnehmung fähig sind, die den kulturell und sozial „Anderen" Akzeptanz und Wertschätzung entgegenbringen können – ohne die eigene Identität aufzugeben –, die in der Lage sind, sich empathisch einzufühlen, zuzuhören und Fragen zu stellen, sind auch bei Sprachschwierigkeiten und mangelhaften kulturellen Hintergrundkenntnissen in der Lage, eine tragfähige Kommunikationsbeziehung zur Migrantenklientel aufzubauen und sie zu Experten ihrer selbst zu „ermächtigen" (vgl. auch Ausführungen zur „Fremdheitskompetenz" bei Jakubeit/Schattenhofer 1996). Durch die Anbahnung eines Dialogs können sie von den Betroffenen selbst sehr viel über deren Problemdefinitionen und Bewältigungsstrategien erfahren.

Die Entwicklung von interkultureller Handlungskompetenz ist ein lebenslanger Lernprozess. Sie kann sich einerseits naturwüchsig durch Lebens- und Welt- und Berufserfahrung entwickeln – dabei v.a. durch die erfolgreiche Bewältigung von Fremdheitssituationen, Widerständen und Identitätskrisen. Andererseits kann man/frau diesem Lernprozess durch professionell angeleitete Reflexion und Übung nachhelfen.

Leider wird die systematische Vermittlung von Handlungskompetenz in der wissenslastigen Grundausbildung der sozialen Berufe noch viel zu wenig berücksichtigt, so dass die Fachkräfte später auf Zusatzausbildungen und Fortbildungen angewiesen sind. Die Vermehrung von entsprechenden Angeboten im grundständigen Studium – z.B. zur Selbsterfahrung und Praxisreflexion im Rollenspiel in interkulturellen Überschneidungs-situationen – würde der Vermittlung von interkultureller Handlungskompetenz zugute kommen.

Offenheit und Akzeptanz sind keine für immer feststehenden Kompetenzen. Sie können auch im Laufe des Lebenszyklus verfallen (vgl. Konservativismus des Alters). Der kompetente Umgang in interkulturellen Überschneidungssituationen muss auch bei jeder neuen Zielgruppe erneut auf den Prüfstand gestellt werden.

Die Trennung von kognitiver Wissensaneignung und Erwerb von Handlungskompetenz ist indessen rein analytisch. Im Begriff der „Reflexion von Selbsterfahrung und Praxis" sind beide Dimensionen miteinander verschränkt. Vorurteilshafte Einstellungen können letztlich nur durch die Revidierung kognitiver Deutungsmuster überwunden werden.

Die in der Sozialisation erworbenen und unter Medieneinfluss täglich verfestigten Bilder der eingewanderten ethnischen Minderheiten können nicht allein durch die Vermittlung alternativer Erfahrungen – z.B. in Form von Begegnungsveranstaltungen – aufgebrochen werden. Um die verfestigten kognitiven Verarbeitungsmuster von Erfahrung zu verändern, müssen diese mit alternativen theoretischen Deutungsmustern konfrontiert werden. Die Distanzierung von den ethnozentrischen alltagstheoretischen Deutungsmustern wird begünstigt durch eine allgemeine theoretische Beschäftigung mit dem Kulturbegriff, mit typischen subkulturellen Lebenswelten und Verarbeitungsmustern des sozialen Wandels, mit dem rechtlichen und sozialpsychologischen Minderheitenstatus, mit dem Phänomen des Ethnozentrismus und den psychodynamischen wie den Machtaspekten von Rassismus und Vorurteilen – um nur das Wichtigste zu nennen.

Was die Vermittlung von kulturellem Hintergrundwissen anbetrifft, unterscheidet sich der Verfasser von den radikalen Konstruktivisten im Berufsfeld und in der Wissenschaft, die meinen, der Schleier des Nichtwissens sei für den unbefangenen Umgang mit Menschen anderer Kulturen und Subkulturen und die Erforschung ihrer Lebenswirklichkeit besser als typisierendes Vorwissen (u.a. Diehm/Radtke 1999).

Professionelle Interventionen ohne lebensweltliche Kenntnisse, ohne die Kenntnis der sozialen Lagen, der Gruppenidentitäten und der subkulturellen Bewältigungsstrategien können wohl kaum zum Erfolg führen. Wie soll man/frau denn ohne wenigstens grobe Hintergrundkenntnisse der pädagogischen Devise folgen: die Menschen da abzuholen, wo sie sind!? Alles andere hieße: aus der Ignoranz eine Tugend machen. Freilich ist bei den wissenschaftlich reflektierten Deutungsmustern auch immer die Typisierungsgefahr im Auge zu behalten. Aber die Typisierungsgefahr gilt für jedwede Beziehungsarbeit, die im hermeneutischen Verstehensprozess die Lebensmuster ihrer Klientel auf dem Hintergrund hypothetischen Vorwissens herauszufinden versucht.

Um der ethnisierenden Typisierungsgefahr zu entgehen, ist es wichtig, sich von einem statischen, essentialistischen Kulturverständnis zu verabschieden. Mit Auernheimer und Schiffauer ist der Verfasser der Auffassung, dass kulturelle Orientierungssysteme keine starren Grenzen haben, historisch variabel sind und von den individuellen wie kollektiven Akteuren in Auseinandersetzung mit den je konkreten gesellschaftlich-historischen Bedingungen eigensinnig interpretiert und verändert werden (Auernheimer 1988, S. 120; vgl. auch Schiffauers Auffassung von Kultur als einer dynamischen Diskursformation 1997, S. 148f).

Jedoch sprechen die Soziologen vom „cultural lag", d.h. von der Ungleichzeitigkeit von gesellschaftlicher und kultureller Entwicklung. Die einmal im Sozialisationsprozess erworbenen kulturellen Einstellungs- und Verhaltensmuster haben eine gewisse Schwerkraft im Verlaufe der weiteren Biographie und sie werden im Erziehungsprozess an die Kinder weitergegeben – wenngleich mit nachlassender Wirkung (vgl. Nauck 2000).

Hinzu kommt, dass kulturelle Traditionen auch im Zuge kollektiver und individueller Identitätskrisen und Identitätsfindungsprozesse immer wieder neu erschaffen, konstruiert werden. Viele Migranten erklären ihre gesellschaftliche Randstellung mit der Ablehnung, auf die ihre Herkunftskultur bei der Mehrheitsgesellschaft stößt. Diesen Entwertungsvorgang versuchen viele durch die Aufwertung ihrer Herkunftskultur zu kompensieren, was dann zu den empirisch beobachten Reethnisierungstendenzen führen kann (Heitmeyer 1997).

Daraus folgt: Ethnizität und interkulturelle Kommunikationsprobleme dürfen nicht überbewertet werden. Sie sind aber auch keine zu vernachlässigende Größe und in der Arbeit mit Migranten gleichrangig zu behandeln mit anderen Aspekten der Problemgenese (Rechtsstatus, Schicht, institutionelle Rolle, Geschlecht, individuelle Biographie, lokale Besonderheiten usw.). Die zeitgenössische Sozialwissenschaft hütet sich vor monokausalen Erklärungsansätzen und vor dem Reduktionismus einer bestimmten „theoretischen Erzählung".

PLÄDOYER FÜR EINEN RESSOURCENORIENTIERTEN ANSATZ

Die kritische Auseinandersetzung mit den dominanten Fremdbildern eröffnet auch einen Blick auf die bisher von der Sozialarbeit und der Pädagogik wenig genutzten Selbsthilferessourcen.

„Ressourcenorientierung" ist mittlerweile zu einem anerkannten Arbeitsprinzip der sozialen und psychosozialen Arbeit avanciert. Aber wie bei so vielen anderen Leitvorstellungen ist die Praxis weit entfernt von der konsequenten praktischen Anwendung dieses Arbeitsansatzes auf die Zielgruppe der Migranten. Vorherrschend scheint – trotz der schon seit einem Jahrzehnt artikulierten wissenschaftlichen Kritik an der paternalistischen „Ausländerpädagogik" – immer noch eine „Defizitorientierung" (vgl. u.a. Auernheimer 1995, Diehm/Radtke 1999).

Die Migranten werden in der Praxis nach wie vor als eine Klientel mit großen Modernitätsdefiziten wahrgenommen. Das Kollektivbild von der rückständig patriarchalen Migrantenfamilie hält sich hartnäckig in den Köpfen auch der MitarbeiterInnen des sozialen Berufsfeldes, – ein Bild von Familien, die aus einer „ganz anderen Kultur" kommen und deren vorgestellte starre autoritäre Strukturen den Handlungsspielraum für die professionelle Beratung und Hilfe extrem einengen. Kinder und Frauen erscheinen als hilflose, den „Machos" und Patriarchen ausgelieferte Opfer. Die ethnischen Gruppenbeziehungen werden eher von ihrer negativen Seite wahrgenommen – als kontrollierend und die Selbstständigkeits-Entwicklung behindernd.

Ein ganz anderes Bild durchschnittlicher Migrantenfamilien zeichnen die empirischen familiensoziologischen Untersuchungen Naucks, die im „Sechsten Familienbericht der Bundesregierung" zusammengefasst sind. Dort werden erstmals anhand sorgsamer neuerer empirischer Untersuchungen die positiven Leistungen und Unterstützungspotenziale der Migrantenfamilien einer breiteren Öffentlichkeit vor Augen geführt und die Klischees von den starren autoritären Familienstrukturen grundlegend in Frage gestellt (BmFSFJ 2000 und Nauck 2000). Zwar scheinen die Migrantenfamilien auch in der Generationenfolge den traditionellen Familienzusammenhalt zu bewahren – nicht nur qua Tradition, sondern v.a. auch als Stütze in der prekären Minoritätensituation –, andererseits versuchen sie sich aber dem sozialen Wandel durch Annäherung an die „modernen" Geschlechtsrollen und Erziehungswerte anzupassen – und zwar eher im „Generationenkonvoi" als durch krasse Distanzierung der jüngeren von der älteren Generation – wie das das Klischee von der destruktiven Dynamik extremer intergenerationeller Kulturkonflikte unterstellt. Auf der Einstellungsebene jedenfalls identifizieren sich die meisten befragten Migranteneltern mit „modernen" Erziehungswerten wie „Empathie" und „Leistung" (Nauck 2000, S. 380f). Damit ist noch nicht gesagt, dass ihre Erziehungspraktiken zur Verinnerlichung dieser Prinzipien geeignet sind, aber immerhin scheint zumindest auf der Einstellungsebene ein Wertewandel stattgefunden zu haben, an dem professionelle BeraterInnen appellativ anknüpfen können (vgl. Fallstudien griechischer Migranten-Familien von Baros, Baros 2001, Kap. 7.1.6.: Zur Diskrepanz zwischen Erziehungszielen der Eltern und ihren angewandten Erziehungspraktiken, S. 183ff).

Die Fixierung auf defizitäre Bilder der Migrantenfamilien wird auch durch die „Betriebsblindheit" der sozialen Dienste begünstigt. Der Blick auf die Migrantenbevölkerung insgesamt wird durch die Generalisierung der Erfahrungen mit einer sehr belasteten Klientel verzerrt, unter der vermutlich Familien mit geringerer Anpassungsfähigkeit – d.h. auch unflexiblen bzw. dogmatisch verhärteten traditionellen Einstellungen und Verhaltensmustern – überrepräsentiert sind. Sie nehmen z.B. die Angebote der Jugendhilfe oft nicht freiwillig in Anspruch – der Not gehorchend oder unter dem Druck der Institutionen der öffentlichen Erziehung (Kindertagesstätte/Schule/Jugendamt). Die weniger belasteten Familien haben ja den Zugang zu den präventiven Beratungseinrichtungen noch nicht gefunden (Gaitanides 1999b).

Eine ressourcenorientierte Sicht auf die Migrantenbevölkerung eröffnet nicht nur Einblicke in die Modernisierungspotenziale der Migrantenfamilien, sondern auch in die traditionellen Selbsthilfenetze und Problemlösungsstrategien, die im Einwanderungskontext ein wichtiges – nicht zwangsläufig dysfunktionales – Unterstützungspotenzial darstellen. Ein ressourcenorientierter Blick führt zu Schlüsselpersonen (key persons) aus dem Umfeld, die ein konstruktives Bewältigungsmuster entwickelt haben und einen positiven Einfluss auf die nahestehenden Klienten ausüben können. Der Sechste Familienbericht hebt z.b. die starke Bedeutung von Geschwistern als emotionale Bezugspersonen und Vorbilder hervor (BmFSFJ 2000, S. 111). Überträgt man/frau die vergleichsweise geringere Bedeutung der Geschwisterbeziehungen in der individualisierteren Mehrheitsgesellschaft auf die Migrantenfamilien, wird dieses wichtige Detail des persönlichen Netzwerkes außer Acht gelassen.

Ressourcenorientierung bedeutet auch, einen Blick für die besonderen lebenspraktischen Kompetenzen entwickeln, die Menschen mit Migrations- und Minderheitenerfahrung erworben haben. So kann z.b. das sog. „Gastarbeiterdeutsch" nicht nur als ein Handicap betrachtet werden, sondern auch als die Kunst, mit geringsten sprachlichen Mitteln durch originelle und kreative Kombinatorik ein relatives Maximum an Verständigung zu erreichen.

Menschen, die im Laufe ihres Lebens mehrfach den sozialen und kulturellen Kontext wechseln mussten, erweitern durch diese Erfahrung häufig zentrale Handlungskompetenzen wie Empathie, Rollendistanz und Flexibilität.

Die klischeehafte und auf Defizite fixierte Sicht führt zwangsläufig auch zu einer pessimistischen Einschätzung der eigenen professionellen Handlungsmöglichkeiten. Viele MitarbeiterInnen meinen, sie könnten ihr erlerntes Handwerkszeug bei Migranten vergessen, weil diese aus einer ganz anderen Epoche kämen bzw. in eine ganz andere (unterentwickelte) Kultur eingeschlossen seien. Das heißt, die defizitorientierte Wahrnehmung fällt zurück auf die sozialen Helfer. Sie lässt sie auf ihren defizitären Kenntnisstand und die vorgestellten eingeschränkten Handlungsspielräume fremder Kulturen starren. So stehen sie den Problemen hilflos gegenüber und sehen nicht, dass sie doch etwas machen können und dass nicht alle erlernten Grundlagen und Techniken untauglich sind im Umgang mit dieser Klientel.

REFLEXION DER ASYMMETRIE DER MACHTBEZIEHUNG UND ABGABE VON MACHT

Das interkulturelle Paradigma läuft Gefahr, sich auf die horizontale Ebene bei der Reflexion von Kommunikationskonflikten zu beschränken. Eine einseitige Fokussierung auf die kulturelle Dimension kann zur Verschleierung der vertikalen Machtaspekte von Kommunikationsstörungen beitragen. Deshalb ist es unerlässlich, das Thema „Macht" in interkulturellen Praxisreflexionen und Fortbildungen gründlich zu bearbeiten (vgl. u.a. Kalpaka 1994, Auernheimer 1998). Oft ist es z.b. die schwache Position des Klienten – was die Verfügung über sprachliche Ressourcen und das Wissen über Rechte, Prozeduren und Institutionen anbetrifft – oder es sind die durch die dominante Kultur vermittelten Minderwertigkeitskomplexe, die die Migrantenklientel als abhängig, unterwürfig und unselbstständig erscheinen lassen, und weniger die autoritäre Prägung durch die Herkunftskultur. Angesichts des Machtgefälles regredieren viele auf ein infantiles Niveau. Das geht vielen Deutschen nicht anders, die z.b. ohne Sprachkenntnisse im Ausland in eine kindliche Hilf-mir-Haltung verfallen.

Auch ist es nicht immer Ausdruck eines traditionellen Tabus, wenn Migrantenfamilien spektakuläre familiäre Konflikte nicht mit einer Erziehungs- oder Familienberatungsstelle besprechen. Sie müssen bei manchen Problemlagen aufenthaltsrechtliche Folgen befürchten – wie z.b. bei grober Vernachlässigung der erzieherischen Pflichten oder bei Verstößen ihrer Kinder gegen das Betäubungsmittelgesetz. Diese Ängste wurden in jüngster Zeit z.b. auch durch den Fall „Mehmet" kräftig geschürt (zur Vermeidung ethnisierender Deutungen siehe auch Gaitanides: Leitfaden zur Analyse (scheinbarer) interkultureller Konflikte – im Anhang).

Bei der Analyse der Machtbeziehung geht es nicht um eine eindimensionale Identifizierung und Zuordnung von Macht- und Ohnmachtspositionen. Auch die nichtdeutschen Klienten ziehen als Überlebensstrategie sämtliche ihnen zu Verfügung stehenden Register, um im unterschwelligen Machtkampf Punkte zu sammeln. Beliebt ist z.b. die Mobilisierung von kollektiven Schuldgefühlen der Deutschen, indem die „Ausländerfeind"-Karte gezogen wird und die Berater damit in die Defensive getrieben werden. In Großbritannien nennt man/frau dies „victimism": durch Opferrhetorik schlechtes

Gewissen machen, um damit Forderungen mehr Nachdruck zu verleihen (Cohen 1994).

Ebenso sind abwertende Bemerkungen professioneller Helfer oft weniger ein Zeichen der Überheblichkeit als ein Hinweis auf überspielte Ohnmachtsgefühle und Kompetenzverlustängste. Viele MitarbeiterInnen fühlen sich völlig überfordert – angesichts der besonders aussichtslosen sozialen Lage vieler Migranten oder weil sie in der Ausbildung nicht auf die Herausforderungen der multikulturellen Einwanderungsgesellschaft vorbereitet wurden. Da liegt es nahe, vom schlechten sozialen Gewissen und von den professionellen Versagensgefühlen abzulenken, indem die Klienten selbst – durch ethnisierende Zuschreibungen – für die Unveränderbarkeit ihrer misslichen Lage verantwortlich gemacht werden. Sie seien eben lernunfähig und selber schuld, da sie zuwenig Eigeninitiative entwickelten und von ihren starren traditionellen Verhaltensorientierungen nicht lassen wollten.

Die Reflexion asymmetrischer Interaktionsbeziehungen – das wissen wir spätestens aus dem „Empowerment"-Ansatz – ist die Voraussetzung für den Abbau bevormundender Expertenmacht, durch die die Selbsthilfekräfte der Klienten blockiert werden. Der Verzicht auf den manipulativen Gebrauch dieser Macht dient letztlich der Verbesserung der Wirksamkeit der Professionellen und damit der „Selbstermächtigung" in einem nicht unterdrückenden Sinne (Pinderhughes 1998).

Die Thematisierung der Machtbeziehungen ist auch wichtig für die Entwicklung interkultureller Teams. Eine empirische Untersuchung über die Interaktionsbeziehungen in multiethnischen Teams ergab einen engen Zusammenhang zwischen hierarchischen Teamstrukturen und negativen Etikettierungen der nichtdeutschen Teammitglieder durch die deutsche Teammehrheit (Marburger u.a. 1998). In hierarchischen Organisationen wird die Nichteinhaltung von Regeln bei den MigrantenmitarbeiterInnen selektiver wahrgenommen. Sie werden unverhältnismäßig häufiger zur Einhaltung der Regeln ermahnt und durch die autoritäre Leitung infantilisiert. Sie werden als chaotisch und unwissend hingestellt und bei Normalleistungen herablassend belobigt. Bei Konflikten werden die nichtdeutschen MitarbeiterInnen von den KollegInnen häufiger im Regen stehen gelassen.

Die Marginalisierung im Team scheint umso leichter möglich, je weniger nichtdeutsche MitarbeiterInnen beschäftigt sind. Dann neigen auch die nichtdeutschen MitarbeiterInnen eher zu einer angepassten Haltung und tragen ihre Konflikte auf der Sach- bzw. Beziehungsebene weniger aus. Das Gesamtteam hat dann den trügerischen Eindruck, die MigrantInnen seien voll ins Team integriert.

151

Je mehr MigrantInnen in einem Team beschäftigt sind, desto stärker fühlen sie sich und tragen Konflikte eher aus. Sie solidarisieren sich dabei eher über den gemeinsamen Minderheitenstatus als über die ethnische Herkunft (Marburger u.a. 1998). Ungelöste Machtkonflikte begünstigen eine kontraproduktive Gruppenbildung entlang der Achse Deutsche/Ausländer. Es kommt zu einer destruktiven Polarisierung, die eine sachliche Auseinandersetzung erschwert: „Ihr wollt uns euren rigiden deutschen Arbeitsstil aufzwingen", „Was wisst ihr denn schon über unsere Klientel" – so lauten dann die typischen Vorwürfe der einen Seite. Und die andere Seite kontert: „Eure Vorgehensweise ist nicht professionell", „Es ist schwer mit euch zusammenzuarbeiten, wenn ihr uns ständig Ignoranz und Rassismus vorwerft" (Gaitanides 2001). Es kommt zur Selbstblockade des Teams und die kreativen Potenziale der im Team repräsentierten Vielfalt der Perspektiven können nicht genutzt werden.

Daraus folgt: Interkulturelle Synergieeffekte können sich nur innerhalb eines Settings partnerschaftlicher Teamstrukturen einstellen, durch die Institutionalisierung eines herrschaftsfreien, fairen und damit konstruktiven Austausches der unterschiedlichen Perspektiven. Zudem zählt auch die Zahl. Migranten sollten in der Mitarbeiterschaft die „kritische Masse" erreichen, ab der sie den Mut fassen, auch Kritik einzubringen und mit der Empathie und der Solidarität anderer MigrantenmitarbeiterInnen rechnen können (vgl. analoge Untersuchungen über Frauenminorität/-parität in Betrieben von Kanter 1977 und Übertragung auf Migranten bei Besamusca-Janssen 1999, S. 215ff). Die oben erwähnte Studie über multiethnisch besetzte Teams ergab auch, dass Macht- und Statuskonflikte nicht auf das Verhältnis Deutsche:Ausländer beschränkt sind. In Bereichen mit überwiegend nichtdeutschen MitarbeiterInnen – zumal in solchen mit autoritärer Leitung – werden z.B. die außereuropäischen MitarbeiterInnen aus Afrika, Asien und Lateinamerika häufig mit den negativen Kompetenzzuschreibungen der aus dem europäischen Ausland stammenden MitarbeiterInnen konfrontiert, die besser deutsch sprechen und größtenteils das deutsche Bildungssystem durchlaufen haben (Marburger u.a. 1998).

WEITERE EINSCHRÄNKENDE STRUKTURELLE FAKTOREN

Es gibt aber noch andere strukturelle Faktoren, die die Implementation interkultureller Kompetenz in das Berufsfeld der Regeldienste behindern. MitarbeiterInnen, die durch Sparmaßnahmen zur Mehrarbeit verpflichtet werden, können ihre Beratungs- und Hilfeangebote unter dem wachsenden

Zeitdruck immer weniger an den individuellen – also auch ethnisch differenzierten – Bedürfnissen der Klienten ausrichten. Sie müssen ihre Arbeit auf das Nötigste beschränken und sie standardisieren, damit sie sie überhaupt bewältigen können. Das kam z.b. bei einer gemeinsamen Tagung von Migrationsdiensten und Altenhilfeeinrichtungen in Berlin heraus. Die Tagung hat einen aufschlussreichen Verlauf genommen: Konfrontiert mit den Forderungen der Migrationsdienste zur interkulturellen Qualifizierung ihrer Arbeit reagierten die AltenhelferInnen zunächst mit starker Abwehr. Erst als die einschränkenden Rahmenbedingungen ihrer Arbeit erörtert wurden und die MitarbeiterInnen eindrücklich schilderten, wie wenig es beispielsweise in der Pflege nach dem neuen Pflegegesetz allgemein möglich erscheint, mit den Klienten angemessen zu kommunizieren und auf differenzierte Wünsche einzugehen, entspannte sich die Atmosphäre und konnten konstruktive Lösungsvorschläge zur Kooperation und zur Entwicklung kultursensibler Angebote diskutiert werden (IAF 2000).

REFORMPERSPEKTIVEN

Bei allem Verständnis für das Problem der Verknappung der Mittel im Zuge einer von der Sozialverwaltung einseitig zu Sparzwecken genutzten „Neuen Steuerung" darf die Mittelknappheit aber nicht zur Standardausrede für die Verschiebung der Reform der interkulturellen Öffnung der Sozialen Dienste instrumentalisiert werden. Es gibt auch trotz Ressourcenknappheit viele Spielräume für die Implementation interkultureller Kompetenz in den Regelbereich der Sozialen Dienste.

Räumt man/frau der interkulturellen Öffnung hohe Priorität ein, dann wird man/frau dies erst einmal nach innen als Leitbild artikulieren und nach außen in der Öffentlichkeitsarbeit deutlich erkennbar machen. Das kostet nichts. Und es kostet auch nichts, wenn die nächste frei werdende Stelle mit einer nichtdeutschen Fachkraft besetzt wird und nicht erst Migranten einstellt werden, wenn Mittel für zusätzliche Stellen zur Verfügung gestellt werden.

Der finanzielle Aufwand erhöht sich auch nicht dadurch, dass die knappen Fortbildungsressourcen stärker für den Erwerb interkultureller Kompetenz verwendet und die Angebotsstruktur stärker an der Lebenswirklichkeit der Migranten ausgerichtet wird – z.B. durch flexible Arbeitszeiten und aufsuchende Methoden. Kostenneutral ist auch die Kontaktaufnahme und die Entwicklung von Kooperationsbeziehungen mit den migrantenspezifischen Diensten und den Selbstorganisationen der Einwanderer-Communities.

Allerdings wird die Reform ohne die Investition zusätzlicher Mittel weiterhin viel zu langsam vorangehen. Viel mehr Mittel als bisher sollten für die Praxisbegleitforschung bereitgestellt werden, für die Qualifizierung der Fortbildung, für den Einsatz von Koordinatoren mit Querschnittsfunktion („Veränderungsagenturen") und für Ombuds-Stellen als Anlauf- und Beschwerdestellen für die Migrantenklientel im Rahmen einer breitangelegten Gleichstellungspolitik.

Auch sind bedarfsgerechte Angebote oft mit überdurchschnittlichen Kosten verbunden, wenn man/frau z.B. an die notwendige Gebührenfreiheit, Kinderbetreuung und Langfristigkeit bei der Bildungsarbeit mit unqualifizierten Migrantinnen denkt (Gaitanides 1999b).

Es bleibt zu hoffen, dass die inzwischen erleichterte Einbürgerungsmöglichkeit das politische Gewicht der Staatsbürger nichtdeutscher Herkunft erhöht und die längst überfälligen Reformen konsequenter angegangen werden – als Krisenmanagement und um Migrantenstimmen zu mobilisieren, bzw. dass im Rahmen neuer Prioritätensetzungen auch die notwendigen finanziellen Mittel dafür bereitgestellt werden.

Ohne deutliche politische Signale und Steuerungseingriffe – im Sinne einer offiziell proklamierten und institutionell abgesicherten Antidiskriminierungs- und Gleichstellungspolitik nach angelsächsischem bzw. niederländischem Muster – wird die Reform wohl ihr bisheriges Schneckentempo fortsetzen (vgl. Braham u.a. 1992). Der inzwischen von allen Parteien gepflegten Integrationsrhetorik müssen entsprechende Taten und verbindliche Maßnahmen auf der gesetzgeberischen, der administrativen und finanzpolitischen Ebene folgen.

LITERATUR

Auernheimer, Georg (1988): Der sogenannte Kulturkonflikt, Frankfurt/New York

Auernheimer, Georg (1995): Einführung in die Interkulturelle Erziehung. 2. überarbeitete Aufl. Darmstadt

Auernheimer, Georg (1998): Grundmotive und Arbeitsfelder interkultureller Bildung und Erziehung. In: Bundeszentrale für politische Bildung (Hg.): Interkulturelles Lernen. Arbeitshilfen für die politische Bildung. Bonn, S. 18-27

Ausländerbeauftragte (2001)/www.bundesauslaenderbeauftragte.de: Daten und Statistiken

Baros, Wassilios (2001): Familien in der Migration. Eine qualitative Analyse zum Beziehungsgefüge zwischen griechischen Adoleszenten und ihren Eltern im Migrationskontext. Frankfurt/M

Beauftragte der Bundesregierung für Ausländerfragen (2000): Bericht über die Lage der Ausländer in der Bundesrepublik Deutschland. Bonn

Besamusca-Janssen, Mieke/Scheve, Sigrun (1999): Interkulturelles Management in Beruf und Betrieb (hrsg. Anti-Rassismus Informations-Centrum NRW). Frankfurt

BmFSFJ, Bundesministerium für Familie, Senioren, Frauen und Jugend (2000): Familien ausländischer Herkunft in Deutschland. Sechster Familienbericht. Berlin

Braham, Peter/Rattansi, Ali/Skellington, Richard (ed.) (1992): Racism and Antiracism. Inequalities, Opportunities and Policies, Sage, London

Bund-Länder-Kommission „Ausländerpolitik" (1998): Grundsätze für Aufgaben, Arbeitsweise und Organisation der Sozialberatung für in Deutschland lebende Ausländerinnen und Ausländer in Trägerschaft von Spitzenverbänden der Freien Wohlfahrtspflege. Bonn 28.5.98

Cohen, Philip (1994): Verbotene Spiele. Theorie und Praxis antirassistischer Erziehung. Hamburg

Diehm, Isabell/Radtke, Frank-Olaf (1999): Erziehung und Migration. Eine Einführung. Stuttgart

Dominelli, Lena (1992): An uncaring Profession? An Examination of Racism in Social Work, in: Braham, Peter/Rattansi, Ali/Skellington, Richard (ed.) (1992): Racism and Antiracism. Inequalities, Opportunities and Policies, Sage, London, p. 164-176

Gaitanides, Stefan (1992): Psychosoziale Versorgung von Migrantinnen und Migranten in Frankfurt, Gutachten im Auftrag des Amtes für multikulturelle Angelegenheiten der Stadt Frankfurt. In: Institut für Sozialarbeit und Sozialpädagogik Frankfurt (ISS), Informationsdienst zur Ausländerarbeit 3/4 1992, S. 127-146

Gaitanides, Stefan (1996): Stolpersteine auf dem Weg zur interkulturellen Öffnung der Sozialen Dienste, in: Zeitschrift für Migration und Soziale Arbeit (IzA), 3-3/1996, S. 42-46

Gaitanides, Stefan (1999a): Zugangsprobleme von MigrantInnen zu den sozialen und psychosozialen Diensten und Strategien interkultureller Öffnung, in: Zeitschr. für Migration und soziale Arbeit 3+4 1999, S. 41-45

Gaitanides, Stefan (1999b): Arbeit mit Migrantenfamilien – Aktivitäten der Wohlfahrtsverbände und der Selbstorganisationen. Unveröfftl. Expertise zum 6. Familienbericht der Bundesregierung. Kurzfassung in: Sachverständigenkommission 6. Familienbericht (Hg.) (2000): Familien ausländischer Herkunft in Deutschland. Materialien Bd. II. „Lebensalltag". Opladen S. 107-144

Gaitanides, Stefan (1999c): Aus-, Fort- und Weiterbildung im Bereich der interkulturellen Sozialarbeit/Sozialpädagogik mit dem Schwerpunkt „interkulturelle Jugendarbeit", Expertise im Auftrag des Deutschen Jugendinstitutes, DJI-Arbeitspapiere Nr.1-154. München

Gaitanides, Stefan (2001): Dokumentation und Kommentierung des Qualitätszirkels „Interkulturelles Team", Teil II des Berichtes über die wissenschaftliche Begleitung des QM-Projektes mit der IG Interkulturelle Begegnung und Bildung, dem Internationalen Mütterzentrum und dem Verein AKA – Aktiv für interkulturellen Austausch in München, Veröffentlichung beim Jugendamt München in Vorbereitung

Grosch, Harald/Gross, Andreas/Leenen, Wolf Rainer (2000): Methoden interkulturellen Lehren und Lernens, hrsg. Von der ASKO Europa-Stiftung. Saarbrücken

Heitmeyer, Wilhelm/Müller, Joachim/Schröder, Helmut (1997): Verlockender Fundamentalismus. Türkische Jugendliche in Deutschland. Frankfurt/M

Hinz-Rommel, Wolfgang (1994): Interkulturelle Kompetenz. Ein neues Anforderungsprofil der sozialen Arbeit, Münster/New York

Hinz-Rommel, Wolfgang (1996): Interkulturelle Kompetenz und Qualität – zwei Dimensionen von Professionalität in der sozialen Arbeit. In: Zeitschrift für Migration und soziale Arbeit 3+4/1996, S. 20-24

IAF, Verband binationaler Familien und Partnerschaften (2000): Beratung im interkulturellen Kontext. Dokumentation einer Weiterbildung für Beraterinnen und Berater der Sozialen Dienste

Jakubeit, Gudrun/Schattenhofer, Karl (1996): Fremdheitskompetenz – Ein Weg zum aktiven Neben- und Miteinander von Deutschen und Fremden. Neue praxis 6/1996, S. 389-408

Kalpaka, Annita (1994): Theaterworkshops zum Thema „Macht – Ohnmacht – Alltagsrassismus" als selbstreflexive Lernform. In: Jäger, Siegfried (Hg.)(1994): Aus der Werkstatt: Anti-rassistische Praxen. Duisburg

Kanter, R.M. (1977): Man and Women of the corporation. New York

Landeshauptstadt München, Sozialreferat (1995): Interkulturelle Ziele das Sozialreferates für eine bessere Ausrichtung der Regeldienste auf die ausländische Wohnbevölkerung. München

Marburger, Helga/Rösch, Heidi/Dreezens-Fuhrke, Joyce/Hoch, Achim/Riesner, Silke (1998): Interkulturelle Kommunikation in multiethnischen PädagogInnenteams. Frankfurt

Nauck, Bernhard (2000): Eltern-Kind-Beziehungen in Migrantenfamilien. In: Sachverständigenkommission 6. Familienbericht (Hg.): Familien ausländischer Herkunft in Deutschland. Materialien Bd. I. „Empirische Beiträge zur Familienentwicklung und Akkulturation". Opladen, S. 347-392

Pinderhughes, Elaine (1998): Die Bedeutung von „Rasse", Ethnizität und Macht für die klinische Arbeit. In: del Mar Castro Varela, Maria/Schulze Sylvia/Vogelmann, Sylvia/Weiss, Anja (1998): Suchbewegungen. Interkulturelle Beratung und Therapie. Tübingen, S. 269-274

Schiffauer, Werner (1997): Fremde in der Stadt. Zehn Essays über Kultur und Differenz, Frankfurt/M.

Späth, Karl (1999): Inanspruchnahme von Erziehungshilfen durch Ausländer. In: Zeitschrift für Migration und soziale Arbeit 2/1999, S. 16-22

ANHANG

Stefan Gaitanides: „Interkulturelle Kompetenz"

Interkulturell kognitive Kompetenz

- Kenntnisse über Herkunftsgesellschaften/-kulturen/politische Strukturen/Geschichte etc. der Herkunftsländer von MigrantInnen,
- Kenntnisse über Herkunftssprachen und Auslandserfahrungen,
- Kenntnisse über geschichtliche Prägungen, politische/sozio-ökonomische Strukturen, kulturelle Standards und spezifische kollektive Identitätsprobleme der Mehrheitsgesellschaft des Einwanderungslandes,
- Kenntnisse über die Struktur und Entwicklung, über Ursachen und Folgen von Migrationsprozessen,
- Kenntnisse über die Einwanderersubkulturen bzw. die verschiedenen psychosozialen Reaktionsmuster und Bewältigungsstrategien von Intergrations-/-Marginalitätsproblemen,
- Kenntnisse über das migrantenspezifische Versorgungsnetz und über die spezifischen Zugangsbarrieren zu den Regelangeboten der sozialen und psychosozialen Dienste,
- Kenntnisse über die Binnendifferenzierung der Einwanderergruppen bzw. deren Schichtung,
- Kenntnisse über den rechtlichen, politischen und sozialen Status der Immigranten,
- Kenntnisse über Erscheinungsformen und Ursachen von Vorurteilsbereitschaft und Rassismus,
- Kenntnisse über theoretische Prämissen, Strategien und Methoden interkulturellen Lernens und antirassistischer Arbeit.

Interkulturelle Handlungskompetenz

Empathie

- Bereitschaft und Fähigkeit zur Einfühlung in Menschen anderer kultureller und sozialer Herkunft und Zugehörigkeit.

157

- Einfühlung in die Opfer von Vorurteilen, rassistischer Ausgrenzung und Ungleichbehandlung.

Rollendistanz

- Dezentrierte kulturelle und soziale Selbstwahrnehmungsfähigkeit.

- Fähigkeit zur Einnahme der anderen Perspektive und Relativierung der eigenen Sichtweise.

Ambiguitätstoleranz

- Fähigkeit, Ungewissheit, Unsicherheit, Fremdheit, Nichtwissen und Mehrdeutigkeiten auszuhalten.

- Neugier und Offenheit gegenüber dem Unbekannten.

- Respektierung der anderen Meinung.

- Abgrenzungs- und Konfliktfähigkeit: Das Fremde/Andere weder abwehren durch Abwertung noch sich ihm überanpassen durch Selbstverleugnung.

Kommunikative Kompetenz

- Sprachfähigkeit,

- Dialogfähigkeit, Verständigungsorientierung,

- Aushandlungsfähigkeit.

Stefan Gaitanides: Leitfaden zur Reflexion und Bearbeitung (vermeintlicher) interkultureller Konflikte

A. Handelt es sich überhaupt um einen Kulturkonflikt?

1. Vielleicht handelt es sich ja beim vermeintlichen Kulturkonflikt lediglich um ein interkulturelles Missverständnis auf Grund ethnozentrischer Deutungen?

(Interpretation des Fremdverhaltens auf dem Hintergrund der eigenen Kultur anstatt Erfassung der fremdkulturellen Bedeutung.)

2. Projiziere(n) ich/wir nicht womöglich bei mir/uns selbst verdrängte Wünsche und Aggressionen auf die Fremden/Anderen und bekämpfe(n) im Fremden/Anderen mich/uns selbst?

(Aktivierung der psychischen Abwehr angesichts der – scheinbar – geringeren Verdrängungspraxis fremdkultureller Herkunftsgruppen.)

3. Mache(n) ich/wir mir/uns nicht vielleicht ein Bild vom Fremden/Anderen, das – auf Kosten der/des Anderen – der Stabilisierung meiner/unserer Identität dient? Hierbei ist sowohl die Ebene der kollektiven Identität (Wir-Gruppen-Identität) wie des beruflichen Selbstbildes zu berücksichtigen (Rechtfertigung eigener beruflicher Defizite/Überforderungsgefühle durch die negative/defizitäre Charakterisierung der Klientel).

(Aufwertung des Selbst durch Abwertung der/des Anderen/Fremden.)

4. Konstruiere(n) ich/wir nicht vielleicht das Bild der Anderen/Fremden so, dass es meine/unsere Besserstellung und meine/unsere Privilegien rechtfertigt?

(Instrumentalisierung negativer Stereotype für die Legitimierung von Ungleichheit und Aufrechterhaltung von Machtverhältnissen.)

5. Vielleicht handelt es sich bei anderen/fremden und befremdenden Einstellungen und Verhaltensweisen weniger um fremdkulturelle Phänomene als um Schicht- oder Geschlechterprobleme, um Spätfolgen der Migration bzw. individueller biographischer Brüche und Beeinträchtigungen oder vielleicht um Reaktionen auf soziale Chancenlosigkeit, institutionelle Entmündigung sowie rechtliche und sozialpsychologische Ausgrenzung, um minoritäre Überlebensstrategien usw.?

(Kulturalismus: Überbetonung und Stereotypisierung kultureller Erklärungsansätze und Ausblendung anderer wichtiger intervenierender Ursachen-Variablen bei der Beurteilung der Einstellungen und des Verhaltens von Personen fremdkultureller Herkunft.)

Wenn auch nach diesem kritischen Durchlauf der Kulturkonflikt sich nicht restlos verflüchtigt hat (nicht alle kulturelle Differenz ist psychische Projektion und/oder interessengeleitete bzw. identitätspolitische Konstruktion!), kommt es darauf an, wie man/frau damit umgeht.

B. Klärung der Legitimitätsgrundlage der eigenen Position und Herausarbeitung eventueller ethischer Dilemmata?

Politische Ethik im liberalen Verfassungsstaat (Universelle Individualrechte versus partikulare Gruppenmoral) oder sich gegenseitig ausschließende ethnozentrische Standpunkte (unterschiedliche, partikularistische Entwürfe

„guten Lebens"/Sittlichkeitsvorstellungen historisch gewachsener Gemeinschaften)?
Berufsethische Begründung? (Verpflichtung zur professionellen Hilfe/ Dienstleistung, zu weltanschaulicher Neutralität aber auch gegenüber den Rechts- und sozialstaatlichen Vorgaben. Eigene Berufsphilosophie?)

C. Bearbeitung von Konflikten

1. Konfliktvermeidungsstrategie

Gründe für das Ausweichen vor der Konfliktaustragung (Geringfügigkeit? Anlass steht in keinem Verhältnis zu den Folgen? Angst vor unkontrollierbaren Reaktionen? vor dem Vorwurf, ethnozentrisch/rassistisch zu handeln? Abgrenzungsschwierigkeiten bzw. Loyalitätsverpflichtungen gegenüber Landsleuten? usw.) Folgen der Konfliktvermeidung (taktischer Erfolg? Welche Probleme bleiben ungelöst? Aufschaukelung von Ressentiments und Kommunikationsabbruch?).

2. Pragmatische, „weiche" Konfliktlösungsstrategie

Gemeinsame Erarbeitung „salomonischer" Lösungen, die keine Seite zwingen, ihre Interessen/Identitäten zu beschneiden/aufgeben, – unter Nutzung der Spielräume traditioneller/subkultureller Problemlösungsstrategien (Ressourcenorientierung statt Defizitorientierung) wie auch der Spielräume der Profession. Wenn nicht möglich, dann Aushandlung von Kompromissen – unter Anknüpfung an die Dilemmata im Lebensentwurf der Klienten (Schwanken zwischen Tradition und Moderne) und die spannungsreiche Doppelbindung des Berufsethos (an weltanschauliche Neutralität/Mündigkeit der Klienten und an Rechtsstaatlichkeit/Grundrechte/Emanzipationsziele).

3. Konfrontative Austragung des Konfliktes

Ethische und professionelle Gründe für die Unvermeidlichkeit der Konfrontation? Kommunikationsabbruch durch monologisches/machtbetontes/ legalistisches Vorgehen oder Bemühen um die Aufrechterhaltung einer respektvollen Kommunikationsbeziehung durch diskurs-ethisches Vorgehen (Empathie, respektvolle und dialogische Einlassung auf die Problemsicht der Klienten und rationale/verständliche/verständigungsorientierte Begründung und Legitimierung der beruflichen Entscheidungen?), durch das auf der Beziehungsebene Akzeptanz und Wertschätzung signalisiert werden. Die Haltung der Akzeptanz des Andersdenkenden und dialogisch/diskursives Argumentieren können zur Erhaltung einer vertrauensvollen Beratungsbeziehung auch im Falle der letztlichen Unvereinbarkeit der inhaltlichen Standpunkte beitragen.

Vermittlung von interkultureller Kompetenz durch Interkulturelle Trainings

am Beispiel des Projektes InkuTra – Interkulturelle Trainings –
der Arbeiterwohlfahrt Kreisverband Nürnberg[1]

Steffen Kircher

Viele Aussiedlerjugendliche scheinen nach ihrer Einreise das große Los gezogen zu haben: Sie sind Sprach-Los, Heimat-Los und Chancen-Los (Giest-Warsewa 1998, S. 360). Ein Jugendlicher beschrieb diese Situation wie folgt: „Wir haben keine Probleme, wir sind das Problem, und das wissen wir! Ich weiß nicht, bin ich Deutscher oder Russe, ich weiß nur, man will uns hier nicht haben!"[2]

Migranten – und im Besonderen junge Migranten – erfahren immer wieder, dass ihnen von Seiten der Mehrheitsgesellschaft wenig Akzeptanz entgegengebracht wird. Ihr tagtägliches Leben in Schule, Nachbarschaft und anderen sozialen Institutionen ist häufig von Ablehnung und sozialer Ausgrenzung geprägt. Wenn, wie in diesem Band, nach den Ursachen von „Migrationskriminalität" und der Kriminalisierung von Migranten gefragt wird, dann müssen entsprechend die gesellschaftlichen Strukturen mit in die Diskussion einbezogen werden. Soziale Regeldienste, präventive Hilfen und Hilfen in der Resozialisierung müssen sich den Anforderungen einer Einwanderungsgesellschaft stellen. Interkulturelle Trainings für die soziale Arbeit sind dabei ein kleiner Mosaikstein, um den tatsächlichen Bedingungen einer einwanderungsgerechten Regelversorgung gerecht zu werden. Wie die Vermittlung interkultureller Handlungskompetenz in Trainings zur Geltung kommt und wie die Trainings methodisch und didaktisch aufgebaut sind, wird im folgenden Beitrag thematisiert.

EINWANDERUNGSLAND DEUTSCHLAND

Deutschland ist ein Einwanderungsland, entsprechend ist Migration vor allem im Kontext anhaltender Globalisierungsprozesse ein fester Bestandteil

---

[1] InkuTra ist ein Modellprojekt, gefördert aus Mitteln des Bundesverwaltungsamtes.
[2] Daniel S. 17 Jahre, auf die Frage eines Sozialpädagogen, „ob er Hilfe bei Problemen braucht".

unserer Gesellschaft, wie beispielsweise die Bevölkerungszusammensetzung der Stadt Nürnberg aussagekräftig zeigt. Im Jahr 1999 hatten 17,9% Menschen ohne deutschen Pass ihren Lebensmittelpunkt in der Stadt Nürnberg. Zählt man die ca. 14% deutschen Staatsangehörigen mit Migrationhintergrund hinzu, meist sogenannte Aussiedler aus osteuropäischen Staaten, so kommt man für die Stadt Nürnberg auf einen Anteil von ca. 32% Migranten (vgl. Stadt Nürnberg – Amt für Stadtforschung 2000). In anderen Städten dürfte der Anteil von Migranten ähnlich, wenn nicht sogar höher sein. Aus diesem Faktum einer multiethnisch zusammengesetzten Einwanderungsgesellschaft ergeben sich auch zwangsläufige Konsequenzen für das Anforderungsprofil der sozialen Regelversorgung.

SOZIALE REGELDIENSTE UND MIGRATION

In den Statistiken der sozialen Regeldienste treten Menschen mit Migrationshintergrund sehr wenig bis kaum auf. Überproportional tauchen Migranten dagegen in sogenannten „Feuerwehreinrichtungen" auf, wie z.b. der Bewährungshilfe, Suchthilfe, Psychiatrie, Inobhutnahme oder im Strafvollzug.[3] Zwei Beispiele aus der Erziehungsberatung belegen dies in eindrucksvoller Weise. Im Jahr 1997 erhielten bundesweit insgesamt 248.095 junge Menschen im Alter bis zu 27 Jahren von Erziehungsberatungsstellen eine Beratung, der Anteil der Menschen ohne deutschen Pass bei einer Erziehungsberatung betrug hierbei 15.617, dies entspricht 6,2%. Bei einem Anteil von 12,8% aller jungen Menschen ohne deutschen Pass im Vergleich der Altersgruppe liegt der Anteil bei Migranten somit unter 50%. Daraus könnte man schließen, dass Migranten weniger Probleme bei der Erziehung haben, wenn nicht die Zahlen der Inobhutnahmen nach § 42 KJHG eine genau gegenteilige Tendenz aufzeigen. Unter den 31.564 Minderjährigen, die 1997 in einer Krisensituation im Rahmen einer Inobhutnahme vorläufig bei einer geeigneten Person, einer Einrichtung oder in einer sonstigen betreuten Wohnform untergebracht wurden, waren 23,5% Jugendliche ohne deutschen Pass. Der Anteil der Ausländer bei den Inobhutnahmen ist damit doppelt so hoch wie ihr Anteil an der gesamten

---

[3] Im Strafvollzug sind ca. ein Viertel der (Jugend-)Strafgefangenen und Sicherungsverwahrten Ausländer oder Staatenlose, wobei die Aussiedler nicht erfasst sind. Als Haftarten erfasst die Strafvollzugsstatistik auch nicht die in Untersuchungshaft oder Abschiebehaft sind (vgl. Beitrag von Kawamura in diesem Band).

Altersgruppe (vgl. K. Späth 2000). Aus andere Arbeitsfeldern Sozialer Arbeit, z.b. Straffälligenhilfe (vgl. Kawamura in diesem Band) wird Ähnliches berichtet. Das Beispiel der Erziehungsberatungsstellen zeigt, dass die herkömmlichen Strukturen sozialer Regeldienste nicht den Bedingungen und Anforderungen einer Einwanderungsgesellschaft entsprechen.[4]

INTERKULTURELLE ÖFFNUNG DER REGELDIENSTE

Die grundsätzliche Frage, ob wir in Deutschland deutsche Regeldienste, deutsche Schulen oder deutsche Jugendhilfeeinrichtungen haben oder ob es sich nicht vielmehr um Soziale Regeldienste in Deutschland, um Schulen in Deutschland und Jugendhilfeeinrichtungen in Deutschland handelt, ist bei der Diskussion um eine interkulturellen Öffnung wesentlich. Bei einer Bevölkerungszusammensetzung von etwa einem Drittel Migranten beantwortet sich die Frage nach deutschen Einrichtungen m.E. allerdings von selbst.

Ein Blick auf die Gründe, warum Migranten die (deutschen) sozialen Regeldienste wenig aufsuchen, ist hierbei sehr aufschlussreich. Verschiedene Forschungen und Recherchen stellen hierbei folgende Zugangshemmnisse von Migranten zu sozialen Regeldiensten fest (vgl. Gaitanides 2000 und Hinz – Rommel 1994 u.a.): Mangelndes Vertrauen in die interkulturelle Verständigungsmöglichkeit der Behörden, großes Misstrauen des Minderheitenangehörigen gegen über der dominanten Mehrheitsgesellschaft, kulturelle Hemmnisse, Sprachprobleme, mangelndes Wissen über Hilfesysteme, die schlechten Erfahrungen mit Behörden, die mittelschichtorientierten Angebote oder die Angst vor aufenthaltsrechtlichen Folgen. Zusätzlich tragen die Zugangshemmnisse der „deutschen" Mitarbeiter gegenüber der Migrantenklientel ihr übriges dazu bei. Von Migranten wird beklagt, dass sie sich oft von den Mitarbeitern der Behörden schlecht behandelt fühlen, mit Klischees und Vorurteilen besetzt und ihre sozialen Probleme dabei ethnisiert werden. Zudem betonen Mitarbeiter von Regeldiensten, dass sie sich bei der Frage der angemessenen Verhaltensweisen bei Migranten unsicher fühlen und keine adäquaten Lösungsstrategien kennen bzw. die Klienten dann lieber an Migrationsdienste überweisen.

---

[4] Es bestehen zwar migrantenspezifische Sonderdienste, doch diese können weder quantitativ noch qualitativ die Versorgung bewältigen.

Festzustellen ist, dass aufgrund der beschriebenen Sachlagen die interkulturelle Öffnung für die Soziale Arbeit und die Regelversorgung eine zwangsläufige Konsequenz sein muss. Interkulturelle Öffnung bedeutet in diesem Sinne (vgl. hierzu auch Handschuk-Schrör 2001, Hinz-Rommel 1994 u.a.):

- Weiterentwicklung von interkulturell ausgerichteten Konzeptionen in allen Arbeitsbereichen (z.b. Leitbild, Zielgruppenerweiterung),

- stärkere Berücksichtigung von Migranten bei Personalentscheidungen,

- bessere Vernetzung von Regeldiensten und Spezialdiensten,

- muttersprachliche Beratung und mehrsprachige Angebote,

- Vermittlung interkultureller Kompetenz bei Mitarbeiter in den Regeldiensten.

Die interkulturelle Öffnung und ein interkultureller Arbeitsansatz muss somit zur Querschnittsaufgabe von Sozialer Arbeit werden. Es ist die Aufgabe aller Beteiligten, dies sowohl in der Ausbildung als auch in der Praxis zum Gegenstand der Weiterentwicklung Sozialer Arbeit zu machen. Interkulturelle Trainings zur Förderung von Handlungskompetenz werden in diesem Zusammenhang zu einem wichtigen Baustein.

INTERKULTURELLE TRAININGS

Einhergehend mit dem Paradigmenwechsel in der Sozialen Arbeit vom polit-ökonomischen Ansatz in den Sechzigern, dem kompensatorischen Ansatz in den Siebzigern und dem soziokulturellen Ansatz in den Achtzigern, ist heute der interkulturelle Ansatz ausschlaggebend (vgl. Handschuck/ Schrör 2001). Dies bedeutet eine Umorientierung vom defizitorientierten und kompensatorischen Ansatz hin zu einer ressorcenorientierten Sozialarbeit mit Migranten. Der Fokus ist nicht auf die Unterschiede der Kulturen zu richten, sondern auf die vorhandenen Gemeinsamkeiten. Interkulturelle soziale Arbeit bedeutet anzuerkennen, dass Migranten nicht von vornherein Defizite haben, sondern sie bringen Ressourcen und Qualitäten mit nach Deutschland, welche es entsprechend zu fördern gilt. Diese Ressourcen sollen vor allem bei Lösungsstrategien gesucht, aktiviert und auch akzeptiert werden. Ein Paradigmenwechsel bedeutet eine stärkere Einbeziehung der Mehrheitsgesellschaft in den Integrationsprozess, nach dem Prinzip „Integration ist keine Einbahnstrasse", sondern es gehören immer zwei Seiten dazu. Entsprechend müssen in der Mehrheitsgesellschaft die notwendigen Voraussetzungen geschaffen werden. Hierbei ist die interkulturelle Öffnung der Regeldienste eine wichtige Veränderung und notwendigerweise müssen das berufliche Handeln und die Qualifikationen der Mitarbeiter den interkulturellen Ansprüchen entsprechen.

INTERKULTURELLE TRAININGS IM KONTEXT
WIRTSCHAFTLICHER UNTERNEHMEN

Bevor die interkulturelle Kompetenz und die Vermittlung dieser näher thematisiert werden soll, ist es lohnenswert, die Ursprünge interkultureller Trainings näher zu betrachten. Die ersten interkulturellen Trainings wurden Anfang der 50er Jahre in den USA für Institute und militärische Institutionen entwickelt (vgl. Breidenbach; Nyiri 2001). Im Unternehmensbereich stieg mit zunehmenden Kooperationen, Fusionen und Kontakten zwischen Muttergesellschaften und ihren ausländischen Töchtern oder Partnern in den 90er Jahre das Interesse an interkulturellen Trainingsmaßnahmen sprunghaft an. Interkulturelle Handlungskompetenz wird hierbei als der Schlüssel zum Erfolg betrachtet. Entsprechend boomen vor allem in der Unternehmenswelt die interkulturellen Beratungen und Trainings, wie eine Recherche im Internet bestätigt. Mittlerweile gibt es eine Vielzahl unterschiedlicher Konzepte und entsprechender Trainingsprogramme, die in der Regel in Form eines Auslandsaufenthaltes bzw. Vertragsverhandlungen vorbereitenden Seminars durchgeführt werden. Die Intention dieser Trainings richtet sich meist darauf, in möglichst kurzer Zeit die entsprechende Kultur und die kulturellen Eigenarten der Partner zu erschließen, um die eigenen (Macht-) Interessen schneller und effektiver durchsetzen zu können. Dass diese Rechnung nicht immer so aufgeht, zeigt folgendes Beispiel:

> Nach einem interkulturellen Wirtschaftstraining in einem deutschen Unternehmen ging der deutsche Ingenieur, mit Kulturkenntnissen ausgerüstet, davon aus, dass der Projektpartner in Ägypten einen autoritären Führungsstil gewohnt sei. Er übersah völlig, dass sein Gegenüber in Harvard studiert hatte, vier Sprachen fließend sprach und ein erfahrener Kosmopolit war. Das Resultat dieser „Orientalisierung": ein großer Eklat innerhalb des deutschen Unternehmens, gefolgt von aufwendiger Schadensbegrenzung (aus: Breidenbach, Nyiri 2001).

Ob solche „Interkulturellen Trainings", bei denen es um das Erlernen von kulturellen Stereotypen und entsprechend um Durchsetzung von (Macht-) Interessen geht, auf die Soziale Arbeit übertragbar sind, ist sehr zweifelhaft. In der Sozialen Arbeit geht es zwar auch um die Durchsetzung von

167

(Macht-) Interessen bzw. die Erfüllung von bestimmten (gesetzlichen) Vorgaben, aber in der Sozialen Arbeit steht der Aushandlungsprozess bzw. das Mandat des Klienten im Vordergrund. Bei solcher Art von Business-Trainings ist die Gefahr der Schaffung neuer Stereotypen und Klischees sehr groß. In der Sozialen Arbeit geht es nicht um Schablonen und Stereotypen, im Gegenteil: Es geht um einen Dialog und um den Abbau von Stereotypen. Daher können solche interkulturellen Wirtschaftstrainings allenfalls Anstöße für Interkulturelle Trainings geben, mehr aber auch nicht.

INTERKULTURELLE KOMPETENZEN IN DER SOZIALEN ARBEIT

Zwar verfügen die meisten Menschen von Grund auf über ein Mindestmaß an interkultureller Kompetenz, doch reichen diese Fähigkeiten nicht aus, um einer einwanderungsgerechten Regelversorgung zu entsprechen. Interkulturelle Kompetenz wird im Kontext der Sozialen Arbeit als die Befähigung verstanden, „in interkulturell geprägten Arbeitssituationen mit Angehörigen verschiedener ethnischer Gruppen und in fremdkulturellen Situationen kommunizieren und effektiv und effizient professionell tätig werden zu können" (vgl. Schwalb 1995). Das heißt, Fähigkeiten zu entwickeln, die eigenen kulturellen Orientierungssysteme zu reflektieren und die eigenen Regeln als eine unter vielen anzuerkennen. Die notwendigen Kompetenzen (sogenannte Soft-Skills), die einem solchen Verständnis gerecht werden, sind sowohl kognitiver Art (migrationsrelevantes Hintergrundwissen) als auch entsprechende Handlungskompetenzen wie Kommunikative Kompetenz, Empathiefähigkeit, Rollendistanz, Ambiguitätstoleranz oder Konfliktfähigkeit (vgl. auch Gaitanides 2000).

In Zeiten knapper werdender Ressourcen und steigender Anforderungen an die Soziale Arbeit ist man geneigt, die erwähnten Kompetenzen und Handlungsoptionen in möglichst kurzer Zeit, am besten in einem „crash-course" oder einem zweistündigem Theoriereferat zu erwerben. Die Erwartungen mancher Teilnehmer an die Trainings richten sich dabei auf konkrete Informationen zu kulturspezifischen Verhaltensmustern ihrer Klienten, nach dem Motto „Sagen sie mir doch wie die Russen oder Türken sind" (wobei die Antwort hierauf eigentlich ganz simpel ist: „Wenn Sie mir sagen, wie die Deutschen sind, dann sage ich Ihnen, wie die Russen sind"). In der Sozialen Arbeit kann zwar durchaus schon von Interesse sein, bestimmte Kulturdimensionen zu kennen, aber das ausschließliche Vermitteln von Kulturschablonen wäre kontraproduktiv. Die Gefahr der Klischeebildung ist in solchen Fällen sehr groß und gilt es zu vermeiden. Zudem muss beachtet werden, dass sich die Herkunftskultur vieler Migranten von der tatsächlich gelebten Kultur in Deutschland wesentlich unterscheidet[5] und dass es auch innerhalb einer Kultur eine große Bandbreite möglichen Verhaltens einzelner Personen gibt.

Dies bedeutet zusammengefasst: Interkulturelle Trainings müssen beim Subjekt anfangen. Die Reflexion der eigenen Kultur und Identität ist für den Erwerb von interkultureller Kompetenz eine elementare Voraussetzung. Dass dies nicht in einem kurzen „crash-course" geschehen kann, sondern einen längeren, wenn nicht sogar dauerhaften Lernprozess benötigt, dürfte verständlich sein.

ZIELE UND DIDAKTISCHE AUFBEREITUNG INTERKULTURELLER TRAININGS

Das Projekt InkuTra – Interkulturelle Trainings – der Arbeiterwohlfahrt Nürnberg hat auf Grundlage der benötigten Handlungskompetenzen (Soft-Kills) im interkulturellen Kontext folgende Lern- und Kernziele für Interkulturelle Trainings erarbeitet:

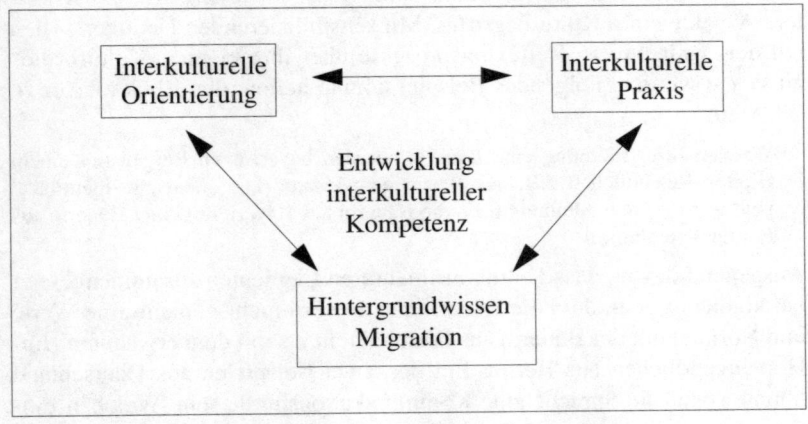

---

[5] Bei einem Jugendaustausch mit Jugendlichen aus Russland und jugendlichen Aussiedlern, stellten die Jugendlichen aus Russland immer wieder fest, dass die jugendlichen Aussiedler, welche allerdings erst seit kurzem in Deutschland sind, keine Russen wären. Das Beispiel zeigt, dass zum einen Migration Menschen verändert und zum anderen, dass auch die Kultur des Herkunftslandes sich von der gelebten Kultur im Aufnahmeland sehr unterscheidet.

169

Diese vorgestellten drei Bereiche, „Interkulturelle Orientierung", Vermittlung von „Hintergrundwissen Migration" und „Interkulturelle Praxis", sind wesentliche Pfeiler interkultureller Trainings im Sozialen Bereich. Die Grundlagen der Trainings sollen in einem kognitiven wie auch affektiven Lernprozess erfahren werden. Das heißt, durch Übungen Eigenerfahrungen zu ermöglichen, Reflexionsprozesse anzuregen, gezielte Theorie-Inputs zu geben und im Lernfeld „Interkulturelle Praxis" Handlungskompetenzen zu erproben, zu erwerben und diese auf die Arbeitspraxis zu übertragen.

INTERKULTURELLE ORIENTIERUNG

In der Interkulturellen Begegnung wird die Wahrnehmung oft auf die Nation, die Ethnie und spätestens seit dem 11. September 2001 zunehmend auch auf die Religion reduziert. Eine Auseinandersetzung mit dem Begriff Kultur ist daher für Interkulturelle Trainings unumgänglich. Wesentlich ist dabei, die Frage nach den einzelnen Aspekten von Kultur. Kultur setzt sich nicht nur aus Elementen wie Nation oder Ethnie zusammen, sondern Alter, Geschlecht, Bildung, Religion und ökonomischen Bedingungen sind weitere Aspekte eines Kulturbegriffes. Mit sensibilisierenden Übungen sollen bei den Teilnehmern Reflexionsprozesse über ihre eigene „Kulturbrille" ausgelöst werden. Folgendes Beispiel könnte helfen, den Blick hierfür zu schärfen:

> Was hat Ihrer Meinung eine Bäuerin aus den bayerischen Bergen mit einem Hiphop-Jugendlichen z.b. aus Berlin gemeinsam? Die „deutsche Identität"? Und was hat Ihrer Meinung nach die Bäuerin aus Bayern mit einer Bäuerin aus Portugal gemeinsam?

Ausgehend davon, dass Kultur aus mehreren Elementen zusammengesetzt ist, könnte es sein, dass die Bäuerin aus Bayern mehr gemeinsame Werte und Normen mit der Bäuerin aus Portugal teilt als mit dem erwähnten Hip-Hop-Jugendlichen aus Berlin. Bei den zwei Beispielen aus Deutschland könnte sogar die Sprache eine Kommunikationshürde sein. Welchen Einfluss hat in dem genannten Beispiel auch der Stadt-Land-Gegensatz? M.E. ist es schon ein wesentlicher Unterschied, ob jemand aus einer Großstadt wie Berlin oder Moskau kommt oder ob diejenige in einem kleinen bayerischen, sibirischen oder ostanatolischen Dorf lebt bzw. von dort stammt. Die gern zitierte Annahme, Kultur sei gleich Nation, ist einfach falsch, entsprechend auch die Diskussion um die deutsche Leit(d)-Kultur, ein unglaublicher Verbrauch von Zeit und Energie!

Um eine „Interkulturelle Haltung" bei den Teilnehmern zu fördern, ist, wie schon erwähnt, die Verständigung über die Zusammensetzung von Kultur und eventuellen Kulturstandards ein zentraler Aspekt. Diese Lernprozesse können aber nur gelingen, wenn sie an den eigenen Fähigkeiten und „Kulturerfahrungen" der Teilnehmer ansetzen. Übungen aus den Bereichen Kommunikation, Empathie oder stillschweigende Annahmen geben darüber hinaus die Möglichkeit, persönliche Einschätzungen als solche zu erleben und entsprechend überprüfen zu können, wie es auch folgende Übung zeigt:

Wie, denken Sie, kräht der Hahn?

Na, ist doch völlig klar, er macht Kikeriki, werden Sie vielleicht annehmen, wenn Sie aus Deutschland kommen. Ein Mensch aus Russland wird Ihnen evtl. sagen, dass er Kukeriku macht, und eine Frau aus der Mongolei könnte Ihnen antworten „Der Hahn macht Toktoktao."[6] Wer hat nun Recht und wer liegt falsch?

Die Welt klingt für jeden verschieden, dies wird an dem Beispiel deutlich. Ob die eigene Kulturbrille dabei als eine unter vielen begriffen wird, als gleichberechtigt neben den anderen stehen kann, ist allerdings auch eine Frage der Toleranz bzw. der Definitionsmacht, die in den Trainings auch unbedingt aufgegriffen und thematisiert werden muss.

Festzuhalten bleibt, dass eine Auseinandersetzung mit der eigenen kulturellen Identität die Ich-Identität stärken kann (vgl. Hanschuck/Schrör 2001). Interkulturelle Kompetenz versteht sich in diesem Zusammenhang als die Fähigkeit, Differenzen wahrzunehmen und diese Differenzen gleichberechtigt zu akzeptieren.

Zusammengefasst sollen bei der Auseinandersetzung mit einer „Interkulturellen Haltung" folgende Bereiche eine Berücksichtigung finden:

• Kultur und Bedeutung von Kulturdimensionen und Kulturstandards,

• Eigenkulturreflexion,

• Stereotypen, Vorurteile,

• Fremdheitserfahrung, Identität,

• Umgang mit Fremdem,

• Vielfalt, Eigen-, Fremdzuschreibung,

• Toleranz, Demokratie.

---

[6] Angelehnt an den Film „Wake Up" von Suzan und Jochen Menzel.

171

Für diesen Sensibilisierungsprozess eignen sich vor allem interaktive Übungen aus den Lernprogrammen „Demokratie (+) Toleranz", „Betzavta", oder „Eine Welt der Vielfalt" (siehe Literaturangaben).

MIGRANTENSPEZIFISCHES HINTERGRUND- UND FACHWISSEN

Eine zweite Säule von interkulturellen Trainings in der Sozialen Arbeit ist die Vermittlung von migrationsspezifischem Hintergrund- und Fachwissen. Wenn der Diskurs über Deutschland als Einwanderungsland inhaltlich und faktisch belegt werden soll, so ist es u.a. wichtig zu wissen:

* wie viele Migranten ungefähr in Deutschland leben (auch die Migranten mit deutschem Pass) und

* welche Migrationsmotive dieser Einwanderung zu Grunde liegen.

* Das Wissen über aufenthaltsrechtliche Bedingungen kann bei (sozialen) Problemen von Klienten durchaus eine wichtige Rolle spielen.

* Spezifisches Wissen über Herkunftsländer und politische Strukturen ist zum Beispiel bei Migranten aus Osteuropa durchaus interessant. Welche Auswirkungen haben z.B. die Zerfallsprozesse in der ehemaligen Sowjetunion auf die Migranten aus diesen Staaten (z.B. auf die Gesundheitsversorgung oder das Schulwesen)?

* Welche Erwartungen können Migranten z.B. an die Rolle eines Sozialpädagogen haben? Werden die Regeldienste von Migranten eher als Einrichtungen der Kontrolle oder der Hilfe wahrgenommen? Dies ist vor allem bei der Diskussion über die interkulturelle Öffnung von Regeldiensten eine wichtige Fragestellung. Und vor allem, wie kann erreicht werden, dass die Regeldienste von Migranten als Hilfsangebote und nicht als Kontrollinstitutionen gesehen und angenommen werden?

* Wenn von einem Paradigmenwechsel in der Sozialen Arbeit gesprochen wird, von einer defizitären zur ressourcenorientierten Sichtweise, so ist es von Bedeutung zu wissen, welche Ressourcen überhaupt vorhanden sind und wie diese gefördert werden können. Mit den Ressourcen von Migranten wird in der Praxis aber oft sehr unterschiedlich und paradox umgegangen. Zum Beispiel wird die Mehrsprachigkeit von Migranten durchweg als Qualifikation erwähnt, sprechen Migranten aber untereinander in ihrer Muttersprache, so wird dies als störend und problematisch erlebt.

- Kenntnisse über migrantenspezifische Versorgungsnetze in der Stadt und im Stadtteil sind im Zusammenhang der Förderung von Migrantenselbsthilfe unumgänglich.

- Das Thematisieren und Aufzeigen von sozialer Ausgrenzung und Rassismus ist bei dem Vorsatz der Chancengleichheit für Migranten wesentlich. Gleiches und Ungleiches kann bei der Verwirklichung von Chancengleichheit nicht gleich behandelt werden, sondern strukturelle Benachteiligungen müssen als solche erkannt und kompensiert werden.

Die Vermittlung von migrantenspezifischem Hintergrund- und Fachwissen kann natürlich nicht bedeuten, dass man nun alles über Kulturen und Herkunftsgebiete der in Deutschland lebenden Menschen mit Migrationshintergrund wissen müsste; dies ist bei der Heterogenität der Migrantengruppen gar nicht möglich. Aber es kann durchaus hilfreich sein zu wissen, wie es in den einzelnen Herkunftsgebieten ausschaut und welche sozialen Anforderungen Migranten in Deutschland bewältigen müssen. Zudem ist die Gefahr der Bildung von Klischees und „Kulturschubladen" bei der Vermittlung von migrationsspezifischem Hintergrundwissen gegeben. Wichtig ist daher, dass Interkulturelle Trainings unbedingt an der individuellen Haltung der Teilnehmer ansetzen, zu einem Abbau ethnozentrischer, bewertender und vorurteilsbehafteter Einstellungen führen und statt dessen eine tolerante, respektierende, relativistische und partnerschaftliche Haltung unterstützen.

INTERKULTURELLE PRAXIS

Anhand folgenden Beispiels aus der Praxis soll verdeutlicht werden, was „Interkulturelle Praxis" als Lernziel in Trainings bedeutet.

Eine 18-jährige Frau befindet sich im dritten Lehrjahr zur Ausbildung als Reisekauffrau. Die junge Frau, welche vor Jahren aus der ehemaligen Sowjetunion eingereist ist, wird in einem beruflich begleitenden Projekt von einer Sozialarbeiterin betreut.

Die Auszubildende ist eine gute Schülerin und nimmt ihre Aufgabe als Reisekauffrau zur vollsten Zufriedenheit des Betriebs und der Schule wahr. Kurz vor Abschluss der Lehre teilt die Auszubildende der Sozialpädagogin mit, dass sie schwanger ist und beabsichtigt, deswegen die Ausbildung abzubrechen, da sie heiraten und sich auf die „Rolle als Mutter" konzentrieren will. Die Sozialarbeiterin versteht die Gründe des Ausbildungsabbruchs nicht und versucht, die Auszubildende doch noch zum Abschluss ihrer Lehre zu bewegen, allerdings ohne Erfolg.[7]

173

Um den Fall genauer zu überprüfen, eignet sich folgendes Modell:

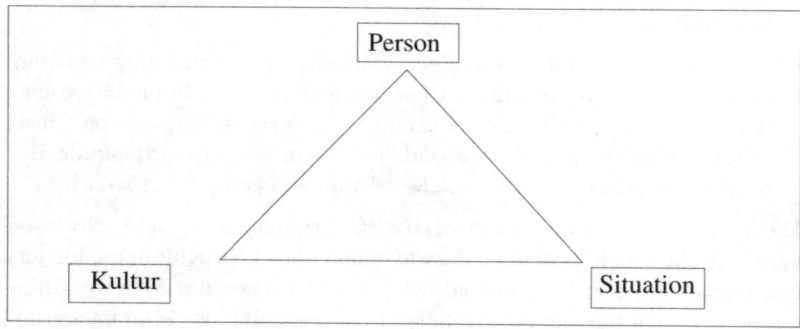

nach Marina Khanide, interkulturelle Trainerin

Grundsätzlich sollte in der Begegnung mit Migranten nicht die kulturelle Herkunft oder die ethnische Zugehörigkeit des Klienten im Zentrum stehen. Im Mittelpunkt steht immer das Individuum mit seiner vielfältigen Persönlichkeit. Beim Beispiel der jungen Auszubildenden ist es daher angebracht zu erfahren, um welche Person es sich eigentlich handelt. Faktoren wie das Alter, der Bildungsweg, die Sozialisation etc. spielen bei der Analyse eine wichtige Rolle. Eventuell gibt es hier entsprechende Antworten auf die Gründe des Ausbildungsabbruchs.

Als Zweites ist es angebracht, nach der konkreten Situation der Klientin zu fragen. Was ist in ihrem Umfeld los, welchen konkreten Anlass gab es für den Abbruch? Gab es zum Beispiel Ärger mit dem Chef oder mit Kollegen? Die Frage nach dem kulturellen Kontext der Klientin sollte erst zum Schluss der Analyse gestellt werden. Nehmen wir an, es handelt sich bei dem Grund des Ausbildungsabbruchs wirklich um einen kulturbedingten Hintergrund. Welche kulturbedingten Annahmen seitens der Auszubildenden stehen den Annahmen in Deutschland konträr gegenüber? Was bedeuteten in diesem Beispiel die unterschiedlichen Kulturdimensionen wie z.B. Kollektivismus[8] versus Individualismus. Eine kollektivistische Orientierung könnte konkret

---

[7] Das Praxisbeispiel wurde von einer Trainingsteilnehmerin genannt.

[8] Hofstede definiert Kollektivismus damit, dass er sich „... auf Gesellschaften bezieht, in denen die Menschen von Geburt an integriert sind in starke zusammenhaltende Gruppen, die ihnen das ganze Leben lang Schutz für ihre außer Frage stehende Loyalität gewähren ..." (vgl. Hofstede in Losche 2000).

für die genannte Auszubildende bedeuten, dass in ihrem Leben die Familie bzw. die Gründung einer eigenen Familie einen sehr hohen Stellenwert hat, der auf jeden Fall wesentlich höher sein könnte als Lohnarbeit oder eine abgeschlossene Ausbildung. In diesem Zusammenhang ist Lohnarbeit für die Auszubildende nicht die einzige Grundlage der Existenz- und sozialen Absicherung, welche bekanntlich in kollektivistischen Staaten nicht so stark ausgeprägt ist wie in individualistisch geprägten Staaten.[9] Der Familienverbund übernimmt somit eine wichtige Rolle bei der sozialen Absicherung, und die Notwendigkeit einer abgeschlossenen Ausbildung bekommt nicht mehr diesen hohen Stellenwert.

Demgegenüber steht die Annahme der Sozialarbeiterin, dass Selbstständigkeit und Autonomie das Bestreben eines jeden Individuums ist. Lohnarbeit ist in diesem Konzept eine grundlegende Voraussetzung, um dieses Ziel zu erreichen. Dementsprechend ist ein Gesellenbrief in Deutschland eine wichtige Voraussetzung, um im Erwerbsleben eigenständig und einigermaßen gut bezahlt zu bestehen.

Was heißt dies nun für diesen Praxisfall? Eine Patentlösung nach der Prämisse, dies ist richtig oder jenes ist falsch, kann es nicht geben. Aber deutlich wird, dass in der Arbeit mit Migranten Kulturdimensionen durchaus eine Rolle spielen können. Man könnte der Sozialarbeiterin raten, die Haltung der Klientin, die Ausbildung sofort abzubrechen, auszuhalten und zu respektieren, eine Alternative, welche mit einer „Ambiguitätstoleranz" (Aushalten von Unterschieden und Mehrdeutigkeiten) beschrieben werden könnte.

Ratsamer erscheint, der Klientin transparent zu machen, dass der Familienverbund, wie er eventuell im Herkunftsland als soziale Absicherung existierte, in Deutschland eventuell nicht in gleicher Weise trägt und somit eine abgeschlossene Ausbildung in Deutschland als soziale Absicherung durchaus lohnenswert ist. Auch wäre die Option zu überdenken, ob die junge Frau nach der Geburt ihres Kindes die Ausbildung abschließt.

An diesem Beispiel wird deutlich, dass ein wesentlicher Indikator für interkulturelle Kompetenz ein Wahrnehmen und Kennen solcher Kulturdimensionen ist. Das Dreieck „Person – Situation – Kultur" bietet hierbei eine gute Vorgehensweise, um zu überprüfen, ob es sich bei Interessenskonflikten wirklich auch um kulturbedingte Konflikte oder Irritationen handelt. Das Thematisieren von kulturbedingten Einflüssen, das bekanntlich oft im

---

[9] Wobei die fehlende soziale Absicherung auch eine Frage von Arbeitnehmerrechten ist. In Deutschland wurden diese in den letzten 150 Jahren mühsam erkämpft. Allerdings werden sie in den letzten Jahren wieder dramatisch abgebaut.

Zentrum einer Beratung steht, sollte in der interkulturellen Praxis nur ein Faktor unter vielen sein. Eine interkulturelle Sozialarbeit kommt nicht umhin, das Individuum und seine aktuelle Lebenssituation mit einzubeziehen. Nur so kann gewährleistet werden, dass Handlungsoptionen individuell und zufriedenstellend sowohl für die Sozialarbeiter als auch für den Klienten entworfen werden. Dieser Sensibilisierungsprozess, der mit interkulturellen Trainings erreicht werden soll, setzt aber wiederum die ersten zwei Schwerpunkte der interkulturellen Trainings – „Interkulturelle Haltung" und „Hintergrundwissen Migration" voraus.

ZIELGRUPPEN FÜR INTERKULTURELLE TRAININGS

Zielgruppen der Trainings sind nicht nur diejenigen, die direkt mit Klienten arbeiten, sondern alle an den Arbeitsabläufen beteiligten Personen, sowohl Sozialpädagogen, Erzieher, Berater etc. als auch Büro- und Verwaltungskräfte. Außerdem gehören Mitarbeiter mit Migrationserfahrung ebenso zur Zielgruppe. Migranten als Mitarbeiter migrationsspezifischer Spezialdienste verfügen zwar i.d.R. über Mehrsprachigkeit und Kenntnisse über ihre Herkunftskultur, aber dadurch sind sie nicht zwangsläufig interkulturell kompetent, z.B. sind Vorurteile oder mangelndes Empathieverständnis auch bei ihnen anzutreffen.

Idealtypisch wären Interkulturelle Trainings für komplette Einrichtungen oder Netzwerke. Wenn zum Beispiel von Netzwerken der Integration gesprochen wird, wie einem „Runden Tisch zur Verbesserung der Stadtteilarbeit" oder einem Arbeitskreis „Straffälligenhilfe", dann wäre es am effektivsten, alle Beteiligten, d.h. Sozialpädagogen, Bewährungshelfer, Polizei und Justizbeamte, für ein gemeinsames Training zu gewinnen (auch wenn die Beteiligten durchaus unterschiedliche Zielvorgaben und gesetzliche Aufträge haben). Die Trainings sollten möglichst über einen längeren Zeitraum stattfinden, mit dem Ziel, interkulturelle Entwicklungsprozesse anzuregen, zu begleiten und zu steuern.

In diesem Kontext sind auch sogenannte „Inhouse-Trainings" sehr interessant. Das bedeutet, Einrichtungen bei interkultureller Fallarbeit zu beraten, bei konzeptionellen Entwicklungen zu unterstützen und migrationsspezifische Angebote mit ihnen abzustimmen. Wie könnte zum Beispiel ein Elternabend in einer Schule mit hohem Migrantenanteil aussehen oder welche interkulturellen Aspekte gilt es bei der Bewährungshilfe zu beachten?

INDIKATOREN INTERKULTURELLER TRAININGS

Voraussetzung für ein erfolgreiches Training ist natürlich die Bereitschaft der Teilnehmer und der Träger sozialer Einrichtungen, sich auf das Thema Interkultur einzulassen. Damit nicht nur die Überzeugten trainiert werden, müssen auch diejenigen erreicht werden, die dem Ganzen skeptisch gegenüberstehen. Dies kann zum einen durch gutes Feedback der „trainierten" Teilnehmer geschehen; zum andern durch sogenannte Impulsseminare mit Vorgesetzten oder Führungskräften, um diese von der Notwendigkeit interkultureller Trainings für ihre Einrichtung zu überzeugen. Wichtig erscheint mir aber auch in diesem Zusammenhang, den öffentlichen Diskurs einer interkulturellen Öffnung von Regeldiensten voranzutreiben. Hier muss vor allem der (politische) Druck auf öffentliche und private Träger erhöht werden, sich mit dem Thema Interkultur näher auseinander zu setzten. Entsprechend müssen aber dafür auch die erforderlichen (finanziellen) Mittel zur Verfügung gestellt werden.

RESÜMEE

Grundsätzlich sind Interkulturelle Trainings ein kleines Mosaiksteinchen auf dem Weg einer sozial gerechten Einwanderungsgesellschaft. Nach wie vor ist das dringendste Problem der Abbau von strukturellen Benachteiligungen und Ausgrenzungsprozessen gegenüber Migranten. Hier ist vor allem der politische Diskurs gefordert, entsprechende Grundlagen, wie z.b. ein Antidiskriminierungsgesetz, umzusetzen, weitere Mittel für Sprachkurse und andere Migrationshilfen bereit zu stellen oder sogenannte „Demokratie- und Toleranzkurse" in den Lehrplan von Schulen aufzunehmen. Interkulturelle Trainings können in diesem Zusammenhang ein wichtiger Motor und Indikator sein. Sie müssen sich aber sowohl für die Träger, wie auch für die Mitarbeiter lohnen. Interkulturelle Trainings sind dann ein Gewinn, wenn durch die Trainings sowohl in beruflicher als auch persönlicher Hinsicht neue Handlungsoptionen gewonnen und Synergien freigesetzt werden (Handschuck/Schrör 2001), Synergien, die in einer einwanderungsgerechten Gesellschaft dringend erforderlich und notwendig sind.

LITERATUR

Auerheimer, Georg (2001), Migration als Herausforderung für pädagogische Institutionen, Leske+Budrich, Opladen

Bertelsmann Forschungsgruppe Politik (1998), Eine Welt der Vielfalt (A World of Difference), Verlag Bertelsmann Stiftung, Gütersloh

Breidenbach, Joana; Nyiri, Pàl (2001), Interkulturelle Kompetenz als Business, in OrganisationsEntwicklung 4-01, Frankfurt

Gaitanides, Stefan (1998), Qualifizierung der sozialen Arbeit in der multikulturellen Einwanderungsgesellschaft, in Zeitschrift für Migration und Soziale Arbeit, Heft 2-98, S. 58-62, Frankfurt

Gaitanides, Stefan (2000), in AWO LV Bayern e.V: interkulturelle Kompetenz; Qualitätsstandards für die Soziale Arbeit – Fachtag, München

Giest-Warsewa, Rudolf (1998), Junge Spätaussiedler – Ihre Lebenswelt und ihre Sichtweisen, in: DVJJ-Journal, Heft 4/98, S. 356-361

Handschuck, Sabine; Schrör, Hubertus (2001), Interkulturelle Orientierung als Qualitätsstandard sozialer Arbeit, S. 147 ff in: Auerheimer G., Migration als Herausforderung für pädagogische Institutionen

Hinz-Rommel, Wolfgang (1994), Interkulturelle Kompetenz, Waxmann Verlag, Münster

Khanide Marina (2001), Die Begegnung mit dem Unbekannten Fremden, S. 80 ff. In: das baugerüst 1/01, Nürnberg

Losche, Helga (1995) Interkulturelle Kommunikation – Sammlung praktischer Spiele und Übungen – Verlag J. Sandmann

Maroshek-Klarman, Uki (1998), Miteinander – Erfahrungen mit Betzavta, Praxishandbuch, Verlag Bertelsmann Stiftung, Gütersloh

Schwalb, Helmut (1995), Konsequenzen für die Ausbildung von Sozialarbeitern. In: Hinz-Rommel, W.; Barwig, K. (Hrsg.): Interkulturelle Öffnung sozialer Dienste, Freiburg

Späth, Karl: Erziehungsberatungen, in: Sozialmagazin 6/2000

Stadt Nürnberg – Amt für Stadtforschung und Statistik (2000)

Ulrich, Susanne (2000), Achtung (+) Toleranz, Verlag Bertelsmann Stiftung, Gütersloh

Soziale Arbeit und Migration in Europa

am Beispiel Schwedens, Italiens und Portugals

Günther Sander

In einem kurzen Beitrag einen Gesamtüberblick über alle europäischen Länder zu geben, ist natürlich nicht möglich. Außerdem liegen über viele Länder keine verlässlichen Informationen vor, und selbst dort, wo die Materiallage besser ist, sind neuere Entwicklungen in der Migrationspolitik oft noch nicht erfasst. Daher habe ich drei Länder ausgewählt, die in der Einwanderungspolitik und den Hilfsangeboten für Immigranten sehr unterschiedliche Wege gehen.

SCHWEDEN: ZWISCHEN RESTRIKTIVER BEGRENZUNG DER ARBEITSIMMIGRATION UND LIBERALER FLÜCHTLINGS- UND EINBÜRGERUNGSPOLITIK

1. Vom Auswanderungs- zum Einwanderungsland

Auch Schweden hat sich in den letzten 150 Jahren vom Aus- zum Einwanderungsland gewandelt. Zwischen 1850 und 1930 emigrierten 1,2 Millionen Menschen in die USA, die ersten größeren Einwanderungsbewegungen begannen dann während des Zweiten Weltkriegs (hauptsächlich Flüchtlinge aus den nordischen Nachbarländern und den baltischen Staaten), erst in der Nachkriegszeit kamen Einwanderer auch aus entfernteren Ländern. Im Zuge des Wirtschaftsbooms in den 50er und 60er Jahren begann die schwedische Industrie, Arbeitskräfte im europäischen Ausland anzuwerben (überwiegend aus Jugoslawien, Griechenland, Italien und der Türkei, aber auch aus der Bundesrepublik Deutschland, dem Vereinigten Königreich und Polen), hinzu kamen viele Flüchtlinge aus Ungarn. Außerdem führte das 1954 geschlossene Abkommen zwischen Dänemark, Finnland, Island, Norwegen und Schweden über einen gemeinsamen nordischen Arbeitsmarkt zu einem starken Zustrom von Einwanderern aus diesen Ländern. Die schwedische Regierung betrachtete diese „Gastarbeiter"-Immigration als ein vorübergehendes Phänomen, daher wurden auch keine spezifischen sozial- und bildungspolitischen Anstrengungen unternommen.

Als durch Ketten-Migration sich die Struktur der ausländischen Wohnbevölkerung nach und nach veränderte und vor allem die schwedischen Gewerkschaften zunehmende Konkurrenz um Arbeitsplätze befürchteten und das „Schwedische Modell" bedroht sahen, wurde 1967 vom schwedischen Parlament ein Regulierungsgesetz für nicht-skandinavische Immigranten beschlossen. Seither müssen Migranten, bevor sie nach Schweden kommen, eine Arbeitserlaubnis, einen Arbeitsplatz und eine Unterkunft vorweisen können. Dies hatte zur Folge, dass die Einwanderung von Arbeitskräften seit Beginn der 70er Jahre so gut wie völlig aufgehört hat, andererseits kamen nun – ähnlich wie in Deutschland – verstärkt Angehörige der eingewanderten Arbeitskräfte und, seit Beginn der 80er Jahre, vor allem Flüchtlinge nach Schweden; für das gesamte Jahrzehnt betrug deren Zahl 338.000. Ende 1996 lebten ca. 526.000 Ausländer in Schweden, rechnet man die 670.500 eingebürgerten Einwanderer hinzu, sind heute um 13 Prozent der etwa 8,8 Millionen Einwohner Schwedens Einwanderer oder haben wenigstens einen Elternteil, der eingewandert ist. Im Jahr 1999 kamen 11.231 Asylbewerber nach Schweden, ca. 5.600 von ihnen wurden anerkannt. Aus Asien kamen um 6.600 Asylbewerber, aus Europa gut 3.400, aus Afrika knapp 900, aus Amerika stammten ca. 300 Asylbewerber.

Innerhalb weniger Jahrzehnte hat sich Schweden aus einem sprachlich und kulturell weitgehend homogenen Land (sieht man von den Sami und Finnen als autochthonen Minderheiten ab) in eine plurikulturelle Gesellschaft mit vielen kulturellen Minderheiten und Sprachen entwickelt.

2. Reformen in der Einwanderungs- und Integrationspolitik

Parallel zur restriktiven Begrenzung der Arbeitsimmigration wurden seit Mitte der 60er Jahre zahlreiche Maßnahmen zur sozialen Integration der Einwanderer ergriffen:

- 1965: Umfassender und kostenloser Schwedischunterricht für Einwanderer.

- 1967: Gesetz über besonderen obligatorischen Unterricht in Schwedisch und anderen Fächern für Einwandererkinder im Schulalter.

- 1969: Einrichtung des Staatlichen Einwanderungsamtes.

- 1975: Neues Konzept der Einwanderungs- und Minderheitenpolitik basiert auf den Grundsätzen „Gleichberechtigung" – „Kulturelle Wahlfreiheit" – „Zusammenarbeit und Solidarität".

- 1976: Aktives und passives Wahlrecht bei lokalen und regionalen Wahlen für alle Einwanderer, die seit mindestens drei Jahren in Schweden wohnhaft sind.

- 1979: Erleichterung der Einbürgerung im neuen Staatsangehörigkeitsgesetz.

- 1986: Ombudsmann gegen ethnische Diskriminierung.

- 1999: Gesetz gegen ethnische Diskriminierung am Arbeitsplatz.

- 2001: Zulassung von doppelter Staatsangehörigkeit („Mehrstaatigkeit") und Recht auf schwedische Staatsangehörigkeit für alle in Schweden geborenen Kinder („ius soli").

3. Sozialpolitik, Bildungspolitik und Soziale Arbeit und Migration

Aus den integrationspolitischen Prämissen „Gleichberechtigung" – „Kulturelle Wahlfreiheit" – „Zusammenarbeit und Solidarität" resultiert ein „Duales System":

- Der schwedische Staat garantiert einerseits die Gleichbehandlung der Eingewanderten unter Berücksichtigung ihrer spezifischen Bedürfnisse im Sozial- und Bildungssystem und in der Regelversorgung der kommunalen sozialen Dienste;

- andererseits werden die Selbstorganisationen der Eingewanderten staatlich gefördert, gegenwärtig gibt es über 30 landesweite Migranten-Dachorganisationen. Die Option auf „kulturelle Wahlfreiheit" wird auch durch die staatliche Subventionierung der Herausgabe von Literatur in Minderheitensprachen, die Verfügbarkeit ausländischer Literatur in den öffentlichen Bibliotheken und die finanzielle Förderung der Medien der Minderheiten unterstützt. Das schwedische Radio und Fernsehen sendet Programme in mehreren Einwanderersprachen.

Im öffentlichen Bildungssystem erhalten Migrantenkinder- und Jugendliche von der Vorschule bis zum Gymnasium neben dem Unterricht in Schwedisch als zweiter Sprache „Heimatsprachenunterricht" in 127 verschiedenen Sprachen; hervorzuheben ist hier, dass dieser muttersprachliche Unterricht „Muttersprache" nicht mit „Nationalsprache" gleichsetzt und keinen Nachhilfecharakter hat wie bei uns.

Alle neuangekommenen Einwanderer, auch die Flüchtlinge, haben ein Recht auf kostenlosen Schwedischunterricht und Basisinformationen über die schwedische Gesellschaft. Der Schwedischunterricht umfasst durchschnittlich 700 Stunden, die Gemeinden sind für dieses Angebot zuständig und bieten die Kurse in den kommunalen Volkshochschulen („Komvux") an. Die Gemeinden sind ebenfalls zuständig für den Dolmetscherservice, der von etwa 125 Einwandererbüros im Land angeboten wird. Alle diese Maßnahmen werden vom Staat finanziert.

Soziale Arbeit als öffentliche Aufgabe ist in Schweden dezentralisiert und grundsätzlich den Kommunen zugewiesen, Freie Wohlfahrtsverbände spielen nur eine marginale Rolle, ein Subsidiaritätsprinzip existiert nicht. Die Ende der 70er Jahre eingerichteten kommunalen Sozialausschüsse sind, abgesehen von einzelnen Spezialbereichen, zuständig für alle der Gemeinde nach dem Sozialdienstgesetz zugewiesenen Aufgaben, darunter fallen auch die Kinder- und Jugendhilfe und die Beteiligung an der Stadtplanung. In größeren Städten können neben einem zentralen Ausschuss auch Ausschüsse in einzelnen Stadtteilen installiert werden. Für hilfesuchende Bürger ist die Abteilung „Einzel- und Familienhilfe" die zentrale Anlaufstelle, je nach Größe und Struktur der Gebietseinheit können auch spezielle Hilfsgebote, wie z.b. für Einwanderer und Flüchtlinge, eingerichtet werden, diese stellen aber keine separaten „Migrationssozialdienste" dar, sondern sind in die Regelversorgung integriert.

In mehreren schwedischen Städten mit hohem, zumeist in Vorstädten konzentrierten Migrantenanteil gibt es darüber hinaus neuartige Integrationsprojekte: Im Stockholmer Bezirk Rinkeby z.B., in dem 80 Prozent der Bewohner des Stadtteils Angehörige kultureller Minderheiten sind, finanziert die Stadt seit 1996 ein Beratungs- und Schulungs- und Unternehmensgründerzentrum und seit 2000 mit dem „Rinkeby Business House" eine eigene Business School für Arbeitslose.

ITALIEN: ZWEIFACH GEWANDELTE AUSLÄNDERPOLITIK IM LETZTEN JAHRZEHNT – VON DER LEGALISIERUNG UND GLEICHSTELLUNG DER ILLEGALEN EINWANDERER ZUR POLITIK DER ABWEHR UND AUSWEISUNG

Seit der Einigung Italiens im Jahr 1861 sind über 27 Millionen Menschen emigriert, und auch heute leben noch mehr als fünf Millionen Italiener im Ausland, davon um 700.000 in der Bundesrepublik Deutschland. Italien als klassisches Auswanderungsland ist seit Ende der 70er Jahre zum Einwanderungsland vor allem für Menschen aus Afrika, insbesondere dem Magreb, und den ost-, südosteuropäischen und asiatischen Ländern geworden. Ende der 80er Jahre stammten nach offiziellen Schätzungen um die 85

Prozent der auf eine Mio. geschätzten Ausländer in Italien aus nicht zur EG gehörenden Ländern, und rund die Hälfte von ihnen verfügte über keine Aufenthaltsgenehmigung. Zum Vergleich die Zahlen von Ende 2000:[1]

- Einwohner Italiens   57.700.000,
- Immigranten mit Aufenthaltserlaubnis (offizielle Zahlen)   1.338.153,
- hohe Schätzung (Caritas)   1.687.000.

Die zehn größten Einwanderergruppen nach Herkunftsländern:

- Marokko   159.599,
- Albanien   142.066,
- Rumänien   68.929,
- Philippinen   65.353,
- China   60.075,
- USA   47.418,
- Tunesien   45.680,
- Jugoslawien   40.039,
- Senegal   38.982,
- Deutschland   37.269.

Vor diesem Hintergrund und im Zeichen der ebenfalls Ende der 80er Jahre aufflackernden Ausländerfeindlichkeit wurde mit breiter parlamentarischer Zustimmung ein neues Gesetz zur Regelung der Einwanderung aus Nicht-EG-Ländern verabschiedet. Hervorzuheben ist, dass die italienische Einwanderungs- und Ausländerpolitik und die sozialen Dienste für Immigranten sich bis heute ausschließlich auf Arbeitsimmigranten und Flüchtlinge aus Nicht-EU-Ländern beziehen.

Die Immigrations- und Ausländerpolitik Italiens im letzten Jahrzehnt lässt sich in zwei Phasen teilen: Eine liberale Legalisierungs- und Gleichstellungspolitik zu Beginn der 90er Jahre wandelt sich seit Mitte der 90er Jahre zu einer Politik der Zuwanderungsbegrenzung und Ausweisung.

Das Gesetz Nr. 39 vom 28. Februar 1990 (besser bekannt als „Martelli-Gesetz") unterschied sich damals deutlich von den restriktiven Tendenzen der Ausländergesetzgebung vieler der übrigen Länder der EG und beinhaltete

---

[1] Quelle: Dossier Statistico Immigrazione 2001 della Caritas di Roma (www.caritasroma.it/immigrazione).

einige wichtige Neuerungen, die über traditionelle Regulierungsversuche der Einwanderung oder Verhinderung der illegalen Einwanderung hinausgingen. Das Gesetz bot zunächst allen illegal Eingewanderten die Möglichkeit, sich bei den Einwohnermeldeämtern nachträglich anzumelden und damit eine reguläre Aufenthalts- und Arbeitserlaubnis zu erhalten. Sowohl den Betroffenen, als auch den Arbeitgebern der Schwarzarbeiter wurde völlige Straffreiheit unter der Voraussetzung der Legalisierung sowohl des Aufenthalts, als auch des Arbeitsverhältnisses zugesichert. Außerdem garantierte das Gesetz den Einwanderern die volle arbeits-, sozial- und bildungsrechtliche Gleichstellung mit den italienischen Staatsbürgern.

Das Gesetz hatte also die basalen Voraussetzungen für die soziale Integration der Eingewanderten geschaffen. Der angestrebte progressive Erwerb gleicher Rechte und Pflichten durch die Immigranten hätte allerdings auch eine Berücksichtigung der Immigranten in der Sozialpolitik und den Sozial- und Gesundheitsdiensten erforderlich gemacht, aber bis heute ist auf nationaler Ebene davon noch kaum etwas zu spüren.

Alle bisherigen staatlichen Maßnahmen beschränken sich auf die Bereiche öffentliche Sicherheit, Beschäftigungspolitik und Legalisierung bzw. Verhinderung der illegalen Einwanderung; lediglich in der Bildungspolitik sind frühzeitig rechtliche Grundlagen und pädagogische Konzepte zur Integration der Migrantenkinder in das italienische Schulsystem entwickelt worden.[2] In einer Reihe von Städten wurden ab Beginn der 90er Jahre Alphabetisierungs- und Ausbildungskurse für erwachsene Immigranten zur Förderung der Integration in das Beschäftigungssystem eingerichtet.

Es stehen also immer noch Entscheidungen des Parlaments und der Regierung aus, die den Rahmen festlegen, innerhalb dessen regionale und lokale Maßnahmen zur Beschäftigungs- und Wohnungspolitik, zur Förderung sozialer Integration ergriffen werden müssten. Glücklicherweise sind einige öffentliche und private Institutionen bereits Ende der 80er Jahre im Vorgriff auf zu erwartende Regierungsbeschlüsse aktiv geworden. Fast alle diese Aktivitäten, die, je nach örtlicher politischer, ziviler und kultureller Sensibilität, auf Problemlagen von Immigranten gerichtet sind, verdanken sich dem autonomen Engagement einzelner Regionen, Provinzen und Kommunen, der Gewerkschaften und der Caritas sowie privater Initiativen, die aus eigener

---

[2] Erlasse des Unterrichtsministeriums: Nr. 205 vom 26.7.1990 („Die Pflichtschule und die ausländischen Kinder. Die interkulturelle Erziehung") u. Nr. 73 vom 2.3.1994 („Interkultureller Dialog und demokratisches Zusammenleben als Aufgaben-Projekt der Schule").

184

Kraft und sozialer Tradition gehandelt haben. Dort, wo die allgemeinen sozialen Institutionen auf einem zumindest akzeptablen Standard mit einem entwickelten Professionalisierungsgrad funktionierten (also vor allem in den traditionell links regierten Regionen und Kommunen Nord- und Mittelitaliens), konnte man feststellen, dass die Einrichtungen im Bildungs-, Sozial- und Gesundheitsbereich in der Lage gewesen sind, adäquat auf die Einwanderungssituation zu reagieren. Allerdings steht die Einführung „interkultureller Themen" in die Curricula der Ausbildungsstätten für soziale Berufe oder der Weiterbildung für Sozialarbeiter, Erzieher, Ärzte, Lehrer, Verwaltungsmitarbeiter und Erwachsenenbildner noch am Anfang.

In der gegenwärtigen Fachdiskussion um eine Neuorientierung der sozialen Dienste für Migranten in Italien wird gefordert, dass Sozialpolitik und Soziale Arbeit für Einwanderer zweigleisig angelegt sein sollte: Einerseits soll sie die nichtdiskriminierte Inanspruchnahme der allgemeinen Einrichtungen und Leistungen im Bildungs- und Sozialbereich fördern und gesellschaftliche Chancengleichheit garantieren; andererseits soll sie die Differenz und Besonderheit anderer Kulturen und deren Recht auf Entfaltung ihrer Traditionen respektieren und Diskriminierung und Ausgrenzung entgegenwirken. Die bis heute zentrale Institution der Sozialarbeit mit Einwanderern sind die sogenannten „Aufnahmezentren" (Centri di Accoglienza). Sie wenden sich vornehmlich an die Gruppe der „noch-nicht-integrierten" Neuzugewanderten und sollen erste Hilfe und Beratung leisten. Es handelt sich hier um Anlaufstellen für Immigranten, die seit Ende der 80er Jahre vielerorts in Italien entstanden sind, zunächst eher langsam und schleppend, dann in wachsender Zahl verstärkt dort, wo eine konzentrierte Präsenz von Einwanderern registriert wurde. Diese Aufnahmezentren waren zum Teil auch in regionalen Gesetzen vorgesehen, wie z.B. im Gesetz Nr. 271 vom 18.1.1990 der Region Emilia-Romagna oder im Gesetz der Region Sardinien vom 24.12.1990. Die Initiatoren und Träger dieser Zentren waren vor allem kirchliche und gewerkschaftliche Solidaritätsnetzwerke oder Kommunen in eigener Regie oder in Kooperation mit privaten Organisationen. Zuerst entstanden Zentren in Großstädten wie Mailand, Bologna, Turin, Florenz, Reggio Emilia, Modena; aber – vor allem in wirtschaftlich prosperierenden Zonen der Emilia-Romagna – dann auch in Kleinstädten auf dem Land. Die Aufnahmezentren haben die Immigranten in erster Linie in folgenden Bereichen zu betreuen und zu beraten:

- Wohnungssuche;

- Rechtsberatung und Hilfe bei der Legalisierung des Aufenthaltes und der Familienzusammenführung;

185

- Erleichterung des Zugangs zu den Gesundheits- und Sozialdiensten und den Bildungseinrichtungen;

- Förderung von Initiativen zur Einrichtung von Versammlungsräumen und der Begegnung mit anderen Migranten-Gemeinschaften;

- psychologische Beratung für diejenigen, die mit Orientierungsproblemen konfrontiert sind, die aus Brüchen und Risiken der Übergangspassagen der Migration resultieren.

Es handelt sich also um Maßnahmen, die – vor Inkrafttreten des Martelli-Gesetzes – in den institutionellen Reaktionen auf die Einwanderungsprozesse noch keine Berücksichtigung gefunden hatten. Funktion, Ziele und Arbeitsweise der Aufnahmezentren sind – wie die Ausländersozialarbeit in der Bundesrepublik in ihren Anfängen – zwangsläufig von einer Philosophie der Fürsorglichkeit und konkreter, unmittelbarer Hilfe geleitet; statt sozialpädagogischer Begleitung von Individuen und Gruppen in einer für sie existenziellen Lebensphase und der Entfaltung politischer Perspektiven müssen Probleme des alltäglichen Überlebens gelöst werden. Die Zukunft der Aufnahmezentren wird in erster Linie in der Erleichterung und beratenden Begleitung des Prozesses der Integration und Einbürgerung liegen. Aber gerade in dieser Hinsicht werden sich die Aufnahmezentren, so wie sie gegenwärtig verfasst sind, als unzulänglich erweisen, denn sie werden beim „Neuen Mitbürger" in anderen Lebensdimensionen intervenieren, auf komplexere Bedürfnisse reagieren müssen als beim „Neuangekommenen":

- Andere soziale Dienste müssen stimuliert werden, sich um Angelegenheiten der Eingliederung des Arbeitnehmers und seiner Familienangehörigen zu kümmern;

- die kulturellen Minderheiten und ihre „Kolonien" sollten angeregt und unterstützt werden, neue Formen der Begegnung und des Austauschs untereinander und mit den übrigen Institutionen, Vereinen und Initiativen vor allem auf kommunaler Ebene zu entwickeln;

- neue Konzepte und Projekte für spezifische Bedürfnisse und Problemlagen von Immigrantengruppen – wie Frauen, Kinder, Jugendliche und auch Alte – müssen entworfen werden.

Die seit Mitte der 90er Jahre wieder schrittweise rückwärtsgewandt und restriktiv orientierte italienische Einwanderungspolitik hat allerdings die Realisierungschancen einer aktiven Integrationspolitik und -sozialarbeit weiter minimiert. Verschiedene Gesetze – auch unter der Links-Mitte-Regierung nach dem Ende der ersten Regierung der Rechtskoalition Berlusconis – haben die positiven Elemente des Martelli-Gesetzes nach und nach ausgehöhlt oder rückgängig gemacht. Das Grundrecht auf Asyl steht praktisch nur noch auf dem Papier, und gegen die ungebetenen Gäste wird mit militärischer Gewalt vorgegangen (im Mai 1995 z.B. wurden 20.000 Soldaten nach Apulien beordert, um Italien vor der Landung von Albanern, Kurden und Mazedoniern zu „schützen"). Als Anfang 1998 die deutsche Bundesregierung Rom vorwarf, den Vertrag von Schengen zu verletzen, die nach Italien einreisenden Kurden nicht genügend kontrolliert zu haben und damit deren Weiterreise nach Deutschland Vorschub zu leisten, führte diese Intervention umgehend zu einem neuen Immigrationsgesetz,[3] das die vorher nicht mögliche sofortige Ausweisung illegal eingereister Ausländer erlaubte und zur Einrichtung von Internierungslagern zur Überprüfung der Identität der Flüchtlinge führte. Diese Lager wurden ebenfalls ‚Aufnahmezentren' genannt, obwohl deren Funktion mit den Aufgaben der bestehenden Aufnahmezentren nichts zu tun hat. Seit dem jüngsten Wahlsieg der Rechtskoalition[4] und der erneuten Übernahme der Regierung durch Berlusconi soll die Immigrationsgesetzgebung nach einem Gesetzentwurf vom 13. September 2001 weiter verschärft werden. Die Eckpunkte sind:

- Die Koppelung abgestufter, immer kürzerer Fristen der Aufenthaltserlaubnis an einen Arbeitsvertrag;

- die strikte Begrenzung der Familienzusammenführung;

- die Möglichkeit sofortiger Ausweisung illegal Eingewanderter sowie ambulanter Händler (vu cumprà) mit Aufenthaltsberechtigung (!), wenn sie nachgemachte Waren verkaufen

- sowie die Verlängerung der Zwangsunterbringung in Sammellagern auf 60 Tage zur effektiveren Identifizierung der illegal Immigrierten.

Scharfe Kritik am Gesetzentwurf wird vor allem von zahlreichen katholischen Organisationen, Bürgerrechtsgruppen, den Gewerkschaften und Teilen der Opposition geübt.

---

[3] Gesetz über die Immigration „Napoletano/Turco", benannt nach dem Innenminister u. der Ministerin für Soziale Solidarität der damaligen Links-Mitte-Regierung.
[4] Wahlbündnis „Pol der Freiheiten", bestehend aus der rechtspopulistischen „Forza Italia" Berlusconis; der „Alleanza Nazionale", Nachfolgepartei des faschistischen MSI unter Fini; Bossis separatistisch-rassistischer „Lega Nord" sowie zweier kleinerer christdemokratischer Parteien.

PORTUGAL: VOM AUS- ZUM EINWANDERUNGSLAND – KOMMUNALE
INTEGRATIONSPOLITIK UND LEGALISIERUNG DER
ILLEGALEN EINWANDERER

1. Portugal als Migrationsgesellschaft

Portugal ist für viele immer noch das „Armenhaus Europas", ökonomisch
und sozialpolitisch rückständig. Eher das Gegenteil ist der Fall: Portugal hat
eine stabile und weiter prosperierende Wirtschaftslage und eine der nied-
rigsten Arbeitslosenquoten in der EU. Die Zahl der Ausländer in Portugal
hat sich von 1980 (50.750 Ausländer) bis 2001 (303.289) versechsfacht und
entspricht einem Anteil von drei Prozent an der Gesamtbevölkerung (10
Millionen). In kaum zwei Jahrzehnten ist Portugal zu einem Einwanderungsland geworden,[5] gleichzeitig ist es aber immer noch eines der Auswan-
derungsländer Europas. Noch heute leben und arbeiten um vier Millionen
Portugiesen im Ausland, davon etwa 132.000 in Deutschland.

Die Migrationsgeschichte Portugals ist eng mit seiner Geschichte als Kolo-
nialmacht verknüpft. Mit Beginn der Kolonialzeit vor 500 Jahren emigrierten Portugiesen nach Brasilien, in die afrikanischen und indischen Koloni-
en, nach Timor und Japan; im 18. und 19. Jahrhundert hauptsächlich nach
Übersee und in den 60er Jahren vor allem nach Frankreich, in die Schweiz
und nach Deutschland.

Nach der Revolution vom 25. April 1974 und der Unabhängigkeit der ehemaligen Kolonien (Kapverdische Inseln, Guinea-Bissau, Sao Tomé u. Prin-
cipe, Angola, Mosambik) und der Besetzung Timors durch Indonesien
strömten allein 1974 und 1975 über 600.000 Flüchtlinge aus diesen Ländern nach Portugal und ließen sich vor allem im Großraum Lissabon nieder
(ca. 80 Prozent). Diese Einwanderer gelten zwar als gut integriert, ihre
Wohnsituation aber ist bis heute schlecht; die damals eilig hochgezogenen
Wohnblocks an der Peripherie Lissabons reichten nicht aus und sind inzwischen längst sanierungsbedürftig. Viele Einwanderer kamen damals nur in
slumähnlichen Barackensiedlungen unter, 1999 ist mit EU-Unterstützung
die Umsiedlung der ca. 150.000 Barackenbewohner in neue Stadtquartiere
mit guter Infrastruktur begonnen worden.

---

[5] Schmidt-Fink, E.: Eine umgekehrte „Reconquista"? Portugal – vom Aus- zum
Einwanderungsland. In: isoplan (Hrsg.): Ausländer in Deutschland. H. 3/2000, S.
17-18 (www.isoplan.de).

Auch heute noch unterscheidet sich die Struktur der ausländischen Wohnbevölkerung deutlich von der anderer südeuropäischer Länder. Immer noch
stammt die überwiegende Mehrheit der Eingewanderten aus den ehemaligen Kolonien, aber zunehmend auch aus den übrigen EU-Ländern; aus China, Indien, Pakistan, Bangladesch und Japan; aus Marokko und dem Senegal; aus der Ukraine, Moldawien, Rumänien, Russland und Bulgarien.
Auf die neuen Einwanderungsbewegungen hat der portugiesische Staat
nicht mit Abschottung seiner Grenzen reagiert, sondern vor allem in drei Pe-
rioden (1992 – 1996 – 2001) die außerordentliche Legalisierung der illegal
Eingewanderten ermöglicht. Dies hat die Zahl der Aufenthaltsgenehmigun-
gen im ersten Quartal 2001 von 209.109 im Dezember 2000 um 94.180 auf
303.289 steigen lassen.

2. Ansätze kommunaler Integrationspolitik in Lissabon[6]

Die portugiesische Hauptstadt definiert sich heute auch offiziell als „multikulturelle Stadt" und hat in den letzten Jahren über Sozial- und Wohnungs-
baupolitik hinaus in Kooperation mit den Organisationen der Einwanderer
und der ethnischen Minderheiten verschiedene Integrationsprojekte entwickelt. Die politische Koordinierungsinstanz ist der aus Vertretern der Stadt-
regierung, des Stadtrats und der Vereinigungen und Gruppen der Minderheiten zusammengesetzte „Rat der Gemeinschaften der Immigranten und
der ethnischen Minoritäten" beim Stadtrat Lissabons. Er berät die Stadt in
den Bereichen Wohnen, Erziehung, Jugend, Familie und Staatsbürgerschaft. Folgende Projekte wurden u.a. (teils gefördert von der EU) bislang
realisiert:

• Das städtische „Zentrum Multikultureller Ressourcen" umfasst ein wis-
senschaftliches Dokumentationszentrum (Literatur aller relevanter Fächer und ein Musikarchiv) und ein mit modernster Technik ausgestatte-
tes „Multimedia- und Internetzentrum"; außerdem werden Fort- und
Weiterbildungs-Trainingskurse angeboten u. schließlich stellt das Zentrum Materialien für Wanderausstellungen zu internationalen und interkulturellen Themen zur Verfügung

• Das Projekt „Lokale Integrations-Partnerschafts-Aktion" (LIA) entwickelt in Zusammenarbeit mit anderen europäischen Städten Konzepte
und Strategien kommunaler politischer Partizipation, sozialer Integrati-

---

6 Conselho Municipal das Comunidades Imigrantes e Minoritas Étnicas. Camara
Municipal de Lisboa. Lisboa 2000.

on und der Nichtdiskriminierung. Dem Erfahrungsaustausch dienen auch internationale Seminare und ein neues internationales EU-Projekt über „gute Praxis" und die Entwicklung von kommunalen „Leitbildern". Außerdem gab es ein zeitlich befristetes Projekt zur Information und Unterstützung der Immigranten im Zusammenhang mit der Aktualisierung der Wählerlisten („Electoral Census") 1997/89.

Zuverlässige umfassende Informationen über private Initiativen liegen mir nicht vor. Neben Aktivitäten der Gewerkschaften und Arbeiterorganisationen bemüht sich auch das „Santa Casa da Misericórdia de Lisboa" (Heiliges Haus der Barmherzigkeit von Lissabon), die größte und älteste Wohlfahrtsorganisation Portugals,[7] mit ihren sozialen Diensten und Familienhilfezentren um eine Verbesserung der oft prekären Lebensumstände der Immigranten und Minderheiten.

FAZIT

Eine vergleichbar restriktive Begrenzung der Arbeitsimmigration wie in Schweden gibt es europaweit nur in der „liberalen" Schweiz, die schwedische Flüchtlings- und Einbürgerungspolitik hingegen ist eher vorbildhaft für andere Länder. Das integrationspolitische Prinzip der „Kulturellen Wahlfreiheit" ist in sich ambivalent, es läuft letztendlich auf die Alternative „Assimilation" oder „Segregation" hinaus. Der politische Trend in Italien geht klar in Richtung Ausschluss und Ausweisung statt Integration, die öffentliche Hand stiehlt sich aus den Resten ihrer Verantwortung und halst die Migrationssozialarbeit vollends denjenigen auf, die schon bislang primär diese Arbeit gemacht haben, vor allem den kirchlichen und gewerkschaftlichen Solidaritätsnetzwerken sowie den Regionen und Kommunen, die in der Vergangenheit in eigener Regie aktiv geworden sind. Zunehmend engagieren sich auch Gruppen von Freiwilligen und Autonome Soziale Zentren (letztere waren die Mitinitiatoren der Antiglobalisierungskampagne anlässlich des G-8-Gipfels im Sommer des Jahres 2001 in Genua). Die humane Legalisierungspolitik Portugals ist beispiellos in der EU, und auch die am Beispiel Lissabons vorgestellte kommunale Partizipations- und Integrationspolitik könnte vielen Städten in Deutschland als Vorbild „Guter Praxis" dienen.

---

[7] Vgl. Christina Arendt: Das Santa Casa da Misericórdia de Lisboa, unter besonderer Berücksichtigung der sozialpädagogischen Dienste des Projekts Centro de Apoio Familiar. Unveröff. Diplomarbeit am Pädagogischen Institut der Universität Mainz. 2001.

Die Autorinnen und Autoren

Bammann, Kai, Dr. jur., Dipl.-Kriminologe,
Universität Bremen, Fachbereich 06 – Rechtswissenschaft,
Postfach 330 440, 28334 Bremen

Bukow, Wolf-Dietrich, Prof. Dr., Soziologe
Universität Köln, Seminar für Sozialwissenschaften
Gronewaldstr. 2, 50931 Köln

Czycholl, Dietmar, Dr., Dipl.-Psychologe
Leiter des Zentrums 1 der Drogenhilfe Tübingen e.V.
Bebenhäuser Str. 17, 72074 Tübingen

Gaitanides, Stefan, Prof. Dr., Soziologe,
Fachhochschule, FB – Soziale arbeit und Gesundheit, Frankfurt
Nibelungenplatz 1, 60318 Frankfurt

Geißler, Rainer, Prof. Dr., Soziologe
Universität Siegen, FB 1,
Adolf-Reichwein-Str., 57068 Siegen

Jünschke, Klaus, M.A., Sozialwissenschaftler
Universität zu Köln, Forschungsstelle für Interkulturelle Studien
Gronewaldstr. 2, 50931 Köln

Kawamura-Reindl, Gabriele, Prof., Dipl.-Kriminologin,
Dipl.-Sozialarbeiterin
Georg-Simon-Ohm-Fachhochschule, FB Sozialwesen,
Bahnhofstr. 87, 90402 Nürnberg

Keicher, Rolf, Dipl.-Sozialarbeiter
Geschäftsführer der Evangelischen Konferenz für Straffälligenhilfe
Stafflenbergstr. 76
70184 Stuttgart

Kircher, Steffen, Dipl.-Sozialpädagoge
InkuTra – interkulturelle Trainings, Arbeiterwohlfahrt Kreisverband
Nürnberg, Sachbereich Migration, Jugend & Familie,
Gostenhofer Hauptstrasse 63, 90443 Nürnberg,

Krell, Wolfgang, Dipl.-Pädagoge, Dipl. Sozialpäd. FH,
Referent bei SKM – Kath. Verband für soziale Dienste
in der Diözese Augsburg
Auf dem Kreuz 41, 86152 Augsburg

Sander, Günther, Dr., Dipl.-Pädagoge
Johannes Gutenberg-Universität Mainz,
Fachbereich 11: Philosophie/Pädagogik, Pädagogisches Institut
Colonel-Kleinmann-Weg, 55099 Mainz

Schlebusch, Stephan, Dipl.-Sozialarbeiter,
Leiter des Sozialdienstes in der JVA Düsseldorf,
Ulmenstr. 95, 40476 Düsseldorf